賢い経営のための

税務・経理・人事労務ハンドブック

2024年度版

MMP経営実務書制作委員会 著

C&R研究所

■権利について

- 本書に記述されている社名・製品名などは、一般に各社の商標または登録商標です。
- 本書では™、©、®は割愛しています。

■本書の内容について

- 本書は編者が実際に調査した結果を慎重に検討し、著述・編集しています。ただし、本書の記述内容に関わる運用結果にまつわるあらゆる損害・障害につきましては、責任を負いませんのであらかじめご了承ください。
- 本書は2024年4月現在の情報をもとに記述しています。本書に記載しているURLなどについては削除・変更になる場合がありますので、あらかじめご了承ください。
- 本書に記載しているURLの中にはリンク先がPDFファイル（URLの末尾が「.pdf」）やWordファイル（URLの末尾が「.docx」）などになっているものがありますのでご注意ください。

●本書の内容についてのお問い合わせについて

この度はC&R研究所の書籍をお買い上げいただきましてありがとうございます。本書の内容に関するお問い合わせは、「書名」「該当するページ番号」「返信先」を必ず明記の上、C&R研究所のホームページ（https://www.c-r.com/）の右上の「お問い合わせ」をクリックし、専用フォームからお送りいただくか、FAXまたは郵送で次の宛先までお送りください。お電話でのお問い合わせや本書の内容とは直接的に関係のない事柄に関するご質問にはお答えできませんので、あらかじめご了承ください。

〒950-3122 新潟県新潟市北区西名目所4083-6　株式会社 C&R研究所　編集部
FAX 025-258-2801
『賢い経営のための税務・経理・人事労務ハンドブック 2024年度版』サポート係

はじめに

尊敬する読者の皆様へ、

『賢い経営のための税務・経理・人事労務ハンドブック 2024年度版』の刊行を心よりお知らせ申し上げます。この書籍は、税務と人事に関する幅広い知識を網羅した約300ページの貴重な1冊です。

編著者陣は、私、杉田利雄をはじめ、税理士1名、社労士1名、アシスタント2名が協力して執筆しました。彼らの専門知識と情熱が、本書の完成に大いに寄与しています。

税務と人事は、企業経営において不可欠な要素です。私たちは、読者の皆様がこれらの分野で成功を収めるための実用的なアドバイスと具体的なガイダンスを提供しています。税制改革、雇用法、給与計算、労働契約、退職金制度など、幅広いトピックを網羅しています。

本書が、皆様のビジネスやキャリアにおいて有益な情報源となり、新たな知識と洞察をもたらすことを願っております。

本書を手に取り、知識の旅に出かけてみてください。皆様の成功を心より応援しております。

2024年4月

杉田利雄

CONTENTS

第3章 会社の人事・労務

第1章

会社の設立・資金調達

SECTION 001

会社設立後の手続

●会社の労働保険加入手続

従業員（正社員やアルバイト、パートなどの名称・雇用形態にかかわらず）を1人でも雇用する場合は労働保険の加入が必要となります。

また、雇用保険加入手続の際に「保険関係成立届」の控えが必要となるため、先に労働基準監督署で手続きを済ませる必要があります。

なお、労働保険は事業の種類により、一元適用事業（労災保険と雇用保険を1つの労働保険とする一般的な法人）と二元適用事業に区別され、書類の提出方法が異なります。

※手続きの詳細についてはSec.058を参照

申請書類	・保険関係成立届 ・概算保険料申告書
添付書類	法人登記簿謄本 ※事業場の所在地が登記上の所在地と異なる場合は、賃貸借契約書のコピーなども必要
提出期限	・保険関係成立届 :保険関係が成立した日の翌日から10日以内 ・概算保険料申告書 :保険関係が成立した日の翌日から50日以内
提出先	所轄の労働基準監督署

●会社・従業員の雇用保険加入手続

申請書類	・雇用保険適用事業所設置届 ・雇用保険被保険者資格取得届
添付書類	・「保険関係成立届」の事業主控（労働基準監督署の受理済のもの） ・法人登記簿謄本、事業許可証、工事契約書など ・賃金台帳、労働者名簿、出勤簿（タイムカード） ※事業場の所在地が登記上の所在地と異なる場合は、賃貸借契約書などのコピーが必要
提出期限	・雇用保険適用事業所設置届 :適用事業に該当した日の翌日から10日以内 ・雇用保険被保険者資格取得届 :入社日（資格取得日）の翌月10日まで
提出先	管轄のハローワーク

●会社の社会保険加入手続

申請書類	・健康保険・厚生年金保険新規適用届 ・健康保険・厚生年金保険料口座振替納付申出書（口座振替を希望する場合のみ）
添付書類	・法人登記簿謄本（原本） ※事業所の所在地が登記上の所在地と異なる場合は、賃貸借契約書のコピーなども必要
提出期限	会社設立から（適用事業所に該当してから）5日以内
提出先	管轄の年金事務所（事務センター）または健康保険組合

●従業員の社会保険加入手続

申請書類	・健康保険・厚生年金保険被保険者資格取得届
添付書類	なし
提出期限	入社日（資格取得日）から5日以内
提出先	管轄の年金事務所（事務センター）または健康保険組合

※従業員に被扶養者・被扶養配偶者がいる場合はSec.071を参照

SECTION 002

資金調達の意義

企業活動において必要な資金は、設立時の資本金と事業活動による収支の剰余分だけで賄えるならば新たな資金調達をする必要がありません。しかし、実際は売上高の急激な伸びや事業拡大などに伴う「運転資金の不足」による資金調達も必要することが多いようです。一方で、事業の縮小や外部環境（政治、社会、技術革新、景気変動など）の変化に対応し「事業維持を図る」ための資金調達をしばしば行います。

●資金調達の類型

資金調達には次の通り大きく3類型があります。これに加えて、金融商品取引法（金商法）や銀行法などの法律の改正やFinTechの進展などにより、さまざまな手法や金融サービスがあります。代表的なものをここでは紹介します。

▶アセットファイナンス（資産処分など）

企業が保有する資産を売却して現金化します。低コストでスピーディに現金を得られますが、資産がなければ活用できません。

▶デットファイナンス（借入金など）

負債を増やして資金調達を行います。具体的には銀行からの借り入れや債券の発行などがあります。

▶エクイティファイナンス（増資など）

株式の発行によって資金調達を行います。また、ベンチャーキャピタルなどの投資機関から出資を受ける方法もあります。

資金調達手段		説明
アセットファイナンス	ファクタリング	売掛債権を売却する。手数料がかかるが、信用力の高い取引先であれば比較的容易に売却できる
デットファイナンス	銀行融資	一定の審査を通過した上で融資が受けられる
	日本政策金融公庫からの融資	中小企業や個人事業主が活用できる制度
	地方自治体の制度融資	自治体の紹介の元、金融機関から融資を受けられる制度
	ビジネスローン	銀行や消費者金融が提供するサービス
	手形割引	商業手形を銀行が買い取ることで資金調達を行う
	私募債	社債を発行して投資家から資金を得る方法
	家族などからの借り入れ	家族、知人など、ごく親しい人からお金を借りるのも資金調達の一種
エクイティファイナンス	ベンチャーキャピタル	返済義務のない融資を受けられる
	エンジェル投資家	将来性のある起業家に私財を投じて資金を援助してくれる投資家
	クラウドファンディング	インターネットサービスを使って投資家を募る
	助成金・補助金	国や自治体による企業への支援策

●経営環境や企業目的による資金調達の使い分け

▶キャッシュフローへの影響

資金調達によって一時的な現預金は増えますが、以降、返済や利息の負担が増え、企業の資金繰りが厳しくなる可能性があります。

▶業績不振による返済困難

業績が思うように伸びず、借金返済を含む事業計画が頓挫し、資金調達で借り入れた資金の返済が困難になる場合があります。

▶株式の希薄化

自己資本調達の際に発行した新株式により、既存株主の所有割合が減少し、経営権(株主議決権)が希薄化する可能性があります。

2023年の現状では、以上の資金調達手段や調達時の留意事項が考えられます。しかし、事業経営は変化への対応が大切です。急激な生成AIの進歩やデジタル通貨の進展、金融行政の変化を見極め、企業の成長や発展に最適な資金調達を選定することが大切です。

第2章

会社の税務・会計・経理

法人税とは

●法人税

法人税とは、事業法人が得た利益に対して課税される国税です。これは、事業法人が国や地方自治体に対して納める税金の1つであり、公共の福祉や社会インフラの整備、教育などに使われます。また、法人税は、企業の利益に応じて課税されるため、公平な税制を実現するために重要な役割を果たしています。

●法人事業税

一方、法人事業税は、法人が行う事業活動に対して、事務所や事業所が所在する都道府県が法人に課する地方税です。法人事業税は、公共施設などの都道府県の行政サービスを法人が最も利用することが多いという点に注目し、その都道府県の行政サービスにかかる必要経費を負担すべきだという考えに基づいて設けられた税金です。

●法人税の計算方法の概要

法人税の計算方法の概要は、下記の手順で計算されます。法人税の納付先は、法人の本店が所在する地域を所轄する税務署です。

(1)課税所得の計算

まず、益金から損金を引いた金額を課税所得とします。益金とは、商品・製品などの販売による売上収入や土地・建物の売却収入などです。一方、損金は、売上原価や販売費、災害などによる損失など費用・損失に当たるものです。

(2)法人税率の確認

課税所得を計算したら、次に、適用される法人税率を確認します。法人税の税率は、法人の種類や資本金、所得の額によって変動します。

(3)法人税額の計算

課税所得と法人税率が確認できたら、これらを乗じて、法人税額を計算します。計算の際に1円未満の端数があるときは、切り捨てとなります。さらに、税額控除を適用する場合は、その金額を差し引きます。

以上が、事業法人にとっての法人税の概要説明です。具体的な計算方法や税率は、事業法人の種類や規模、所得の額などなどの他に経済動向に応じた臨時的な課税や減税、免税などが課させることがあります。実際の課税計算や納税に際しては、所轄の税務署や税理士・公認会計士などの税務専門家にご相談いただくことをおすすめします。

SECTION 004

事業年度とは

事業年度とは、法人が決算書を作成し、最終的に法人税の納付額を算出するための1年以内の期間を指します。この期間は、法令で定めるものや法人の定款、寄附行為、規則、規約その他これらに準ずるものに定められます。

事業年度は、期間を区切ってその期間内における収益や費用、資本などの動きについて計算し、経営状況や実績を公開するために設定されます。事業年度の経営状況や実績を数値化して確定させる作業が決算であり、この作業を行う事業年度末の期間が決算期です。

法人の事業年度は、基本的に会社の都合などにより自由に決められます。つまり、1年に限らず何カ月で設定しても問題はありません。ただし、会社法では1年を超えない範囲とされており、例外として事業年度を変更した年において、最長1年半以内まで延長可能です。

●法人税法における事業年度

事業年度とは、税金計算に必要な所得の計算期間です。事業年度の期間が1年を超える場合には、各事業年度開始の日から1年ごとに区分した期間を一事業年度とみなし、最後に端数が生じた場合はその端数を一事業年度とします。

株式会社が解散などをした場合における清算中の事業年度は、当該株式会社が定款で定めた事業年度にかかわらず、会社法第494条第1項に規定する清算事務年度になります。

法令・定款などによる定めの有無	会計期間など	事業年度
法令または定款などに会計期間の定めがある場合	1年を超えないとき	その期間
	1年を超えるとき	その期間を開始の日以後1年ごとに区分した各期間（最後に1年未満の期間を生じたときは、その1年未満の期間）
法令または定款などに会計期間の定めがない場合	設立の日(注1)以後2カ月以内に会計期間を定めて納税地の所轄税務署長に届け出たとき	・その期間が1年を超えないとき → その期間 ・その期間が1年を超えるとき → その期間を開始の日以後1年ごとに区分した各期間（最後に1年未満の期間を生じたときは、その1年未満の期間）
	設立の日(注1)以後2カ月以内に会計期間を定めた届出がないとき	納税地の所轄税務署長が会計期間として指定した期間。ただし、人格のない社団などについては1月1日から12月31日までの期間

（注1）公益法人など、または人格のない社団などについては収益事業を開始した日です。なお、法人が定款などに定める会計期間を変更し、またはその定款において新たに会計期間を定めた場合には、遅滞なく、その変更前後の会計期間または新たに定めた会計期間を納税地の所轄税務署長に「異動届出書」により届け出る必要があります。

●会計期間

会計期間とは、会計における損益の計算期間のことを指します。財務諸表を作成する際には、記録した損益や資産状況を一定の期間でまとめる必要があります。会計期間という考え方は、半永久的に継続する企業のある時点の損益をステークホルダーに説明するために生まれました。

以上の情報から、会計期間は企業の財務状況を時間的に区切って評価・分析するための重要な概念であることがわかります。これにより、企業の経営者や投資家は、企業の財務状況や業績を適切に理解し、意思決定を行うことが可能になります。

●用語の意味

会計期間に関する用語には下表のものがあります。

用語	意味
期首	会計期間の開始日
期末	会計期間の最終日、かつ決算日
期中	期首から期末までの期間

たとえば、会計期間が4月1日から3月31日の場合、期首は4月1日、期末は3月31日、期中は4月1日から3月31日の間となります。

また、会計期間を表す言葉として、下表の用語もあります。

用語	意味
当期	現在進行中の会計期間
前期	当期の1つ前の会計期間
翌期	当期の次の会計期間

●決算

決算とは、会計期間の損益を計算し、決算日時点での資産状況を確定させて財務諸表を作成する手続きのことを指します。これにより、企業の財務状況を明確に把握し、適切な経営判断を下すことが可能になります。

決算の種類	説明
本決算	期末に行う会計期間全体の決算。どの会社も行う必要のあるもの
中間決算	会計期間の半分で行う決算。
四半期決算	会計期間を3カ月ごとの4つの期間に分けて行う決算
月次決算	会計期間中、毎月行う決算

これらの決算は、企業の財務状況を定期的に把握し、適切な経営判断を下すために重要です。また、ステークホルダーに対する透明性を確保するためにも、これらの決算報告は必要とされます。

所得金額の計算とは

●法人税の仕組み

▶法人税の定義

法人税は、法人が企業活動により得られる所得に対して課される税金です。法人の所得金額は、益金の額から損金の額を引いた金額となります。

▶益金と損金

益金は、商品や製品の販売、土地や建物の売却などから得られる収入です。一方、損金は売上原価、販売費、災害による損失などが含まれます。企業会計上の当期利益を基礎に、法人税法の規定に基づく加算や減算(税務調整)を行い、所得金額を算出します。

▶法人税額の計算

所得金額に対して税率を適用し、さらに必要な場合は税額控除を行って最終的な法人税額を決定します。

●納税義務者

法人税を納める義務のある法人について、法人税法は内国法人と外国法人に区分しています。内国法人とは国内に本店または主たる事務所を有する法人をいい、外国法人とは内国法人以外の法人をいいます。

内国法人は次表の通り区分され、その法人の区分に応じて納税義務等が規定されています。なお、人格のない社団など(法人でない社団または財団で代表者または管理人の定めがあるもの)は、法人とみなして、法人税法の規定が適用されます。

▶法人税法における内国法人の区分

内国法人の区分	法人の性格・目的など	具体的な法人の例
公共法人	公共的性格を持つ法人	法別表第一《公共法人の表》に掲げる法人 ・地方公共団体、株式会社日本政策金融公庫、日本放送協会など
公益法人等	公益を目的とする事業を行う法人など	法別表第二《公益法人等の表》に掲げる法人 ・社会医療法人、学校法人、公益社団(財団)法人、社会福祉法人、宗教法人など 他の法律によって公益法人等とみなされている法人(注1) ・特定非営利活動法人(NPO法人)、認可地縁団体など
人格のない社団等	法人でない社団または財団で代表者または管理人の定めがあるもの	PTA、同窓会、同業者団体など
協同組合等	組合員の相互扶助を目的とする法人	法別表第三《協同組合等の表》に掲げる法人 ・農業協同組合、漁業協同組合、消費生活協同組合、信用金庫など
普通法人	上記以外の法人	株式会社、合名会社、合資会社、合同会社、医療法人(社会医療法人を除く)など

(注1)たとえば、特定非営利活動法人(NPO法人)は特定非営利活動促進法第70条第1項《税法上の特例》の規定により、認可地縁団体は地方自治法第260条の2第16項《地縁による団体》の規定によりそれぞれ公益法人等とみなされます。

●課税所得の範囲

法人税は、法人税法の規定により算出された各事業年度の所得(課税所得)に対して一定の税率を乗じて計算します。内国法人の課税所得の範囲は、その法人の区分に応じて下表のとおり規定されています。

▶法人の区分と課税所得の範囲

内国法人の区分	課税所得の範囲
公共法人	(納税義務なし)
公益法人等	収益事業(注2)から生じた所得に対して課税
人格のない社団等	
協同組合等	すべての所得に対して課税
普通法人	

(注2)収益事業とは、令第5条第1項各号《収益事業の範囲》に列挙されている物品販売業等の34の事業で継続して事業場を設けて行われるものをいいます。たとえば、お寺(宗教法人)が境内の一部を駐車場として賃貸すること(駐車場業)、幼稚園(学校法人)が園児に制服・制帽等を販売すること(物品販売業)などが該当します。

令第5条第1項各号に列挙されている収益事業は、次の通りです。

①物品販売業　②不動産販売業
③金銭貸付業　④物品貸付業
⑤不動産貸付業　⑥製造業
⑦通信業、放送業　⑧運送業、運送取扱業
⑨倉庫業　⑩請負業
⑪印刷業　⑫出版業
⑬写真業　⑭席貸業
⑮旅館業　⑯料理飲食店業
⑰周旋業　⑱代理業
⑲仲立業　⑳問屋業
㉑鉱業　㉒土石採取業
㉓浴場業　㉔理容業
㉕美容業　㉖興行業
㉗遊技所業　㉘遊覧所業
㉙医療保健業　㉚技芸教授業
㉛駐車場業　㉜信用保証業
㉝無体財産権提供業　㉞労働者派遣業

●法人税の税率

法人税の税率について整理します。

- 普通法人の場合、原則として法人税の税率は23.2%です。
- 1億円以下の普通法人の場合、各事業年度終了時における資本金の額等が1億円以下である普通法人などの所得金額のうち年800万円以下の部分の金額については、19%の税率が適用されます。
- 中小企業者等の特例として、平成24年4月1日から令和5年3月31日までの間に開始する事業年度については、その金額について、税率を15%とする軽減措置が講じられています。

以上は、2024年3月時点のガイドラインです。税率の変更などは年度ごとに見直される可能性があります。具体的な税務処理については、国税庁のホームページや所轄税務署、税理士などの専門家にご相談・ご確認ください。

●青色申告

法人の青色申告は、税金の申告方法の1つであり、法人税の申告時に用いられます。青色申告は、さまざまな特典を受けられることから「承認制」となっており、事前に青色申告の承認申請書を所轄の税務署に提出しなければなりません。

▶青色申告のメリット

法人が青色申告を行うと、次のような節税メリットがあります。

メリット	説明
欠損金の繰越控除	ある事業年度に「欠損金」が生じた場合、翌年以後の最長10年にわたって「将来の黒字」と相殺できる制度
欠損金の繰戻還付	ある事業年度に「欠損金」が生じた場合、前期に支払った税金を還付できる制度
少額減価償却資産の取得価額の損金算入の特例	取得価額30万円未満の減価償却資産を購入した場合は、一定の要件のもとに年間300万円まで一括で経費に計上できる特例を利用できる

▶青色申告の手続き

青色申告の申請手続きは、税務署に「青色申告の承認申請書」を提出します。この承認申請書には期限が定められています。届出の提出期限は、事業年度開始の前日までです。ただし、設立初年度の法人は、設立の日から3カ月以内が期限となります。そのため、会社を設立したら、早めに青色申告の申請を済ませておくとよいでしょう。詳細は国税庁のホームページを参照してください。

●簿書類の保存

法人の帳簿書類の保存についての基本は次の通りです。

▶帳簿の備付けと記録

法人は、帳簿(注3)を備え付け、その取引を記録しなければなりません。帳簿には、仕訳帳や総勘定元帳の他、現金出納帳、売掛金元帳、買掛金元帳、固定資産台帳、売上帳、仕入帳などが含まれます。

(注3)「帳簿」には、仕訳帳および総勘定元帳に加え、たとえば、現金出納帳、売掛金元帳、買掛金元帳、固定資産台帳、売上帳、仕入帳などがあります。

▶書類の作成と受領

法人は、取引などに関して作成し、または受領した書類(注4)を保存しなければなりません。これらの書類には、棚卸表、貸借対照表、損益計算書、注文書、契約書、領収書などが含まれます。

(注4)「書類」には、たとえば棚卸表、貸借対照表、損益計算書、注文書、契約書、領収書などがあります。

▶保存期間

これらの帳簿と書類は、その事業年度の確定申告書の提出期限の翌日から7年間保存しなければなりません。ただし、青色申告書を提出した事業年度で欠損金額(青色繰越欠損金)が生じた事業年度または青色申告書を提出しなかった事業年度で災害損失欠損金額が生じた事業年度においては、10年間(平成30年4月1日前に開始した事業年度は9年間)となります。

SECTION 006

益金の認識

●益金算入

益金算入は、法人税申告書の「税務調整」の際に、企業会計上は収益ではないものの、法人税法上は益金の額に算入するものを指します。これは、企業会計上の利益に上乗せするもので、具体的には、退職給付引当金や修正申告の対象となった売上計上漏れ額などが挙げられます。

また、益金とは、資本等の取引によるものを除いた法人の資産の増加をきたす収益の額とされます。

一般に、法人税の課税所得金額は、企業会計上の利益(当期純利益)に加算項目(益金算入、損金不算入)を加算し、減算項目(益金ぐ算入、損金算入)を減算して計算されます。

これより、当期純利益に対する加算項目の「益金算入」がある場合、会計上の利益よりも所得が大きくなるため、損益計算書の利益をもとに計算される法人税等の額よりも実際の納税額が増加する結果となります。

●収益と益金の違い

会計上の利益を計算するための「利益」と、法人税法上の「益金」とはよく似ていますが、微妙に意味が異なります。利益を計算するときには「その会社は儲かっているのか?」という視点で計算を行いますが、税金の計算をする際には「他の人と比べて不公平がないか?」を基本的な視点で計算を行います。

下記に、益金算入のプロセスを表形式で示します。

項目	説明
企業会計上の利益(当期純利益)	企業の会計年度における純利益
加算項目(益金算入、損金不算入)	企業会計上は収益ではないが、法人税法上は益金の額に算入するもの(例:退職給付引当金、修正申告の対象となった売上計上漏れ額)
減算項目(益金不算入、損金算入)	企業会計上の利益から減算する項目
課税所得金額	企業会計上の利益に加算項目を加え、減算項目を引いた金額

SECTION 007 損金の認識

●損金とは

「損金」は、資本等の取引を除き、法人の資産の減少の原因となる原価や費用、損失などの額を指します。一方、「益金」は、資本等の取引を除き、法人の資産を増加させる収益の額を指します。会社の利益は「収益−費用」で計算され、所得金額は「益金−損金」で計算されます。

「益金=収益」「費用=損金」であれば、利益と所得は一致しますが、実際には利益と所得は必ずしも一致しません。つまり、「益金=収益」「費用=損金」とはならないという点に注意が必要です。

●損金と費用の違い

会計上の利益は、収益から費用を引いて計算し、税務上は益金から損金を引いて計算します。そのため、会計の費用と税務の損金はほとんど一致します。しかし、会計と税務の目的の違いから一致しないこともあります。会社の利益は、会社法などによって計算され、その目的は株主に対して会社の経営成績や財政状態を報告することです。

一方、所得金額は税金が課税されることを目的としており、納税者がその支払能力に応じて公平に税を負担するよう計算されます。

●法人税の税務調整

法人税法の損金は、法人税の計算において、収益から差し引くことができる費用や損失の額のことを指します。損金は、法人税という法律上の考え方であり、会計上の費用とは異なります。つまり、会計上は費用になるものでも、税法上は損金にならないケースがあります。

具体的には、取引先を接待するためににお金を使った場合、会計上は、実際に支払った交際費が全額費用になります。しかし、税法上は、法人の交際費の原則として損金にはできません。このように、会計上は費用にできても、税法上は損金と認められないものがあります。

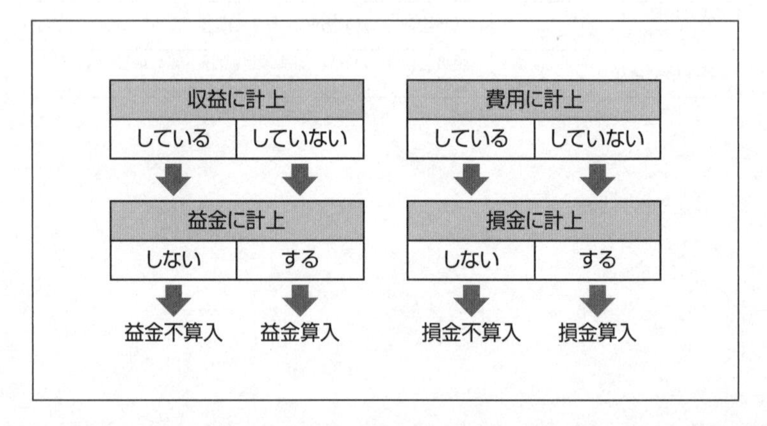

●損金不算入とは

「損金不算入」は、費用に計上しても税法上、損金とならないことを指します。たとえば、会社が支払った役員給与を費用に計上した場合でも、一定の役員給与以外は損金になりません。そのため、会社が費用に計上しても、税法では損金不算入となります。

したがって、納税額のもととなる所得金額は、会社の利益に益金不算入をマイナスして益金算入をプラスし、さらに損金不算入をプラスして損金算入をマイナスし、計算します。

●損金経理とは

「損金経理」は、確定決算において費用または損失として会計処理をすることを指します。法人税法、租税特別措置法では、「企業の意思は確定決算によって明確になる」という考え方があります。この考え方に基づいて、一定の支出および損失については、損金経理を条件として損金の額に算入することが認められています。そのため、損金経理をしない支出や損失は、その分を法人税申告書で減算するなどの申告調整をしても認められません。

損金経理をしないと損金として認められないものには、減価償却費、評価損、貸倒損失、引当金の繰入などがあります。

SECTION 008 売上原価

●売上原価とは

売上原価は、販売した商品や提供したサービスの仕入れや製造に直接的にかかった費用のことを指します。

具体的には、次の2点がポイントとなります。

(1)売上に対して計上する費用

売上原価は、売上に対して直接的に発生した費用を表します。ただし、売れ残っている在庫にかかった分は含まれません。

(2)粗利(売上総利益)の算出に用いられる

粗利は売上から売上原価を引いたもので、損益計算書の上部に表記されます。粗利率が高いほど「採算が合うビジネス」といえます。

●売上原価の計算方法

売上原価は、当期中に販売した商品に対して発生した費用を計算します。具体的な金額は次の計算式で求めます。

①当期中に販売した個数 = 期首在庫 + 当期仕入れ − 期末在庫
②売上原価 = 商品単価 × 当期中に販売した個数

たとえば、単価100円の商品について、前期末の在庫分が500個、当期に仕入れた分が3,000個、当期末の在庫が400個だった場合、売上原価は次のように計算されます。

当期中に販売した個数 = 500個 + 3,000個 − 400個 = 3,100個
売上原価 = 100円 × 3,100個 = 31万円

●売上原価に該当する勘定科目

売上原価を仕訳する際に使用される勘定科目には、次のものがあります。

- 期首商品棚卸高
- 当期仕入高
- 仕入値引高
- 仕入返品高
- 仕入割戻し高
- 期末商品棚卸高

これらの科目は、売上原価の計算や決算整理仕訳に必要です。

●売上原価の考え方は業種で異なる

売上原価の範囲は業種によって異なります。下記に業種ごとの売上原価の考え方を示します。

(1)小売業

仕入に必要とした費用が売上原価となります。売れ残った商品に関しても計上を必要とする点に注意が必要です。

(2)サービス業

提供したサービスに必要となる費用が売上原価となります。外注費などが該当します。

(3)飲食業

材料費のみを売上原価とし、人件費や光熱費は含まれません。

(4)製造業

製造にかかる直接的な費用が売上原価となります。

SECTION 009

事前確定届出給与とは

事前確定届出給与とは、その役員の職務につき所定の時期に、確定した額の金銭または確定した数の株式(出資を含む。以下同じ)もしくは新株予約権もしくは確定した額の金銭債権に係る特定譲渡制限付株式もしくは特定新株予約権を交付する旨の定めに基づいて支給される給与で、「定期同額給与(注)」および後述の「業績連動給与」のいずれにも該当しないものを指します。

事前確定届出給与は、役員に対して所定の時期に確定額を支給する旨を定め、事前に税務署に届出をした給与のことを指します。この制度を利用することで、役員に対する賞与なども損金算入が可能となります。

具体的には次の手続きが必要です。

手続き	説明
①事前に決める	株主総会などで支給日と支給金額を事前に確定させる
②期限内に届出書を提出する	期限までに、税務署に対して「事前確定届出給与に関する届出書」を提出する必要がある
③決めた通りに支払う	株主総会で決めた(税務署に届け出た)支給日・支給金額の通りに支払う

この制度は、非常勤の役員や会計参与に対して年に数回だけ報酬を支払ったり賞与を支払ったりするケースにも利用されます。ただし、一度でも届出内容と異なる条件で支給した場合、不一致箇所のみならず、その年度の事前確定届出給与分すべてが損金不算入と見なされるため注意が必要です。

また、届出は事業年度ごとに提出する必要があり、赤字の場合でも規定した時期に確定額を支払わなければなりません。

(注)支給時期が1カ月以下の一定期間ごとで、その事業年度内の各支給時期における支給額が同額である給与を指します。

●業績連動給与とは

業績連動給与とは、役員の給与の一部または全体が会社の業績に連動する形で決定される給与のことを指します。具体的には、会社の売上や利益などの業績指標が一定の目標を達成した場合、または前年度比で向上した場合などに、役員に対して追加の給与(ボーナスやインセンティブなど)が支給される制度を指します。

この制度の目的は、役員が会社の業績向上に直接的な動機付けを持つことで、経営の質を向上させることです。役員自身が会社の業績によって給与が変動するため、経営に対する責任感や業績向上への意欲が高まると考えられます。

ただし、業績連動給与は適切に設計・運用しなければなりません。業績目標が不適切に高すぎると、達成が困難でモチベーションが下がる可能性があります。逆に、目標が低すぎると、簡単に達成できてしまい、経営改善のインセンティブが働かない可能性があります。

また、短期的な業績だけに給与が連動すると、長期的な経営視点が欠け、結果として会社の持続的な成長を阻害する可能性もあります。

そのため、業績連動給与の設定にはバランスが求められます。

SECTION 010

使用人給与

●損金算入される使用人給与

使用人給与とは、法人がその使用人に対して支払う給与のことを指します。原則として、使用人給与の額は損金として計上されます。これは、給与が会社の運営に必要な費用であるためです。

ただし、例外的に、法人の役員と特殊の関係にある使用人に対して支給する給与のうち、不相当に高額な部分は損金算入されません。これは、適正な経営判断に基づかない給与支払いが税務上の損金として認められないためです。

●不相当に高額な部分の使用人給与

▶退職給与を除く給与

法人の役員と特殊の関係にある使用人に支給した給与(退職給与を除く)のうち、その使用人の職務内容、その法人の収益、使用人への給与の支給状況、同業他社の使用人給与の支給状況に照らして、不相当に高額な部分は損金算入されません。

▶退職給与

法人の役員と特殊の関係にある使用人に支給した退職給与のうち、その使用人の業務従事期間、退職の事情などに照らして、不相当に高額な部分も損金算入されません。これは、退職給与が適正な水準を超えている場合、それは会社の運営に必要な費用とは認められないためです。

SECTION 011 交際費

●交際費等とは

交際費、接待費、機密費その他の費用で、法人が、その得意先、仕入先その他事業に関係のある者などに対する接待、供応、慰安、贈答その他これらに類する行為(以下「接待等」)のために支出するものをいいます。

●交際費等の範囲から除かれるもの

次に掲げる費用は交際費等から除かれます。

(1)専ら従業員の慰安のために行われる運動会、演芸会、旅行等のために通常要する費用

(2)飲食その他これに類する行為(以下、「飲食等」)のために要する費用(専らその法人の役員もしくは従業員またはこれらの親族に対する接待等のために支出するものを除く)であって、その支出する金額を飲食等に参加した者の数で割って計算した金額が5,000円以下である費用(注1)

(注1)費用の金額基準である5,000円の判定や交際費等の額の計算は、法人の適用している消費税等の経理処理(税抜経理方式または税込経理方式)により算定した価額により行います。

なお、この規定は次の事項を記載した書類を保存している場合に限り適用されます。

①飲食等のあった年月日
②飲食等に参加した得意先、仕入先その他事業に関係のある者等の氏名または名称およびその関係
③飲食等に参加した者の数
④その飲食等に要した費用の額、飲食店等の名称および所在地(店舗がない等の理由で名称または所在地が明らかでないときは、領収書等に記載された支払先の氏名または名称、住所等)
⑤その他飲食等に要した費用であることを明らかにするために必要な事項

(3)その他の費用

①カレンダー、手帳、扇子、うちわ、手ぬぐいその他これらに類する物品を贈与するために通常要する費用
②会議に関連して、茶菓、弁当その他これらに類する飲食物を供与するために通常要する費用
③新聞、雑誌等の出版物または放送番組を編集するために行われる座談会その他記事の収集のために、または放送のための取材に通常要する費用

●期末の資本金の額または出資金の額が1億円以下である等の法人(注2)の計算法・計算式

(1)平成25年3月31日以前に開始する事業年度

損金不算入額は、交際費等の額のうち、600万円(平成21年3月31日以前に終了した事業年度においては400万円)にその事業年度の月数を乗じ、これを12で除して計算した金額(以下「旧定額控除限度額」)に達するまでの金額の10%に相当する金額と、交際費等の額が旧定額控除限度額に達するまでの金額を超える場合におけるその超える部分の金額の合計額となります。

(2)平成25年4月1日から平成26年3月31日までの間に開始する事業年度

損金不算入額は、前ページに記載した交際費等の額のうち、800万円にその事業年度の月数を乗じ、これを12で除して計算した金額(以下「定額控除限度額」)に達するまでの金額を超える部分の金額となります。

(3)平成26年4月1日以後に開始する事業年度

損金不算入額は、次のいずれかの金額となります。

①交際費等の額のうち、飲食その他これに類する行為のために要する費用(専らその法人の役員もしくは従業員またはこれらの親族に対する接待等のために支出するものを除く)の50%に相当する金額を超える部分の金額

②上記2の金額(定額控除限度額)を超える部分の金額

(注2)法人税法第66条第5項第2号もしくは第3号に規定する法人(資本金の額または出資金の額が5億円以上の法人の100%子法人等)または租税特別措置法第61条の4第2項第2号に規定する法人(通算法人との間に通算完全支配関係がある他の通算法人のうちいずれかの法人の資本金の額または出資金の額が1億円を超える法人である場合におけるその通算法人など)の損金不算入額は、上記の「期末の資本金の額または出資金の額が1億円以下である等の法人」ではなく、次ページにある「前ページ以外の法人」により計算します。

●前ページ以外の法人

(1) 平成25年4月1日から平成26年3月31日までの間に開始する事業年度
損金不算入額は、支出する交際費等の額の全額となります。

(2) 平成26年4月1日以後に開始する事業年度
損金不算入額は、前ページの「期末の資本金の額または出資金の額が1億円以下である等の法人」の(3)の①の金額となります。

(3) 令和2年4月1日以後に開始する事業年度
①期末の資本金の額または出資金の額が100億円を超える法人(注3)の損金不算入額は、支出する交際費等の額の全額となります。
②上記①以外の法人の損金不算入額は、前ページの「期末の資本金の額または出資金の額が1億円以下である等の法人」の(3)の①の金額となります。

(注3) 令和4年4月1日以後に開始する事業年度においては、期末の資本金の額または出資金の額が100億円を超える法人以外の法人で、通算法人との間に通算完全支配関係がある他の通算法人のうちいずれかの法人の適用年度終了の日における資本金の額または出資金の額が100億円を超える場合におけるその通算法人を含みます。

SECTION 012
使途秘匿金の支出がある場合の課税の特例

●使途秘匿金とは

使途秘匿金とは、法人が支出した金銭のうち、相当の理由なく帳簿書類に相手方の氏名・名称、住所・所在地および支出事由が記載されていないものを指します。

●使途秘匿金の支出がある場合の課税の概要

法人税においては、使途秘匿金の支出額に対し、ペナルティとしてその支出額の40%を法人税額として追加課税が行われます。

この特例は、使途秘匿金の支出を抑制するために設けられた制度であり、営利活動に関連した企業が使途秘匿金を用いることを抑制することが目的であることから、個人は特例の対象外です。外国法人(「恒久的施設」の有無にかかわらず)にも同様にこの特例が適用されます。

また、公共法人は特例の適用対象からは除かれ、公益法人等や人格のない社団等については、収益事業に関連した部分のみが対象となります。

保険料の経理処理

●定期生命保険に関する経理処理

法人保険のうち、定期生命保険に分類されるのは逓増定期保険や長期平準定期保険などです。保険期間が終身ではなく10年や20年などの一定期間に設定され、死亡保障を得られる法人保険を指します。

法人保険の保険料支払い時の処理については、下表を参照してください。

最高解約返戻率	資産計上期間	資産計上額	取り崩し期間(注1)
50%以下	―	全額損金算入	―
50%超～70%以下(注2)	保険期間の当初40%の期間	支払保険料×40%（支払保険料×60%は損金計上）	保険期間の75%相当経過後、保険期間終了日までの期間で均等に取り崩して損金計上
70%超～85%以下	保険期間の当初40%の期間	支払保険料×60%（支払保険料×40%は損金計上）	保険期間の75%相当経過後、保険期間終了日までの期間で均等に取り崩して損金計上
85%超	①保険期間の開始日から最高解約返戻率となる期間等の終了日まで ②①の期間経過後において、年換算保険料に対する解約払戻金の増加割合が0.7を超える期間があれば、その期間の終わりまで	保険期間開始日から10年経過日までは、保険料×最高解約返戻率×90%を資産計上 11年目以降は、支払保険料×最高解約返戻率×70%を資産計上（残りの割合は損金として計上）	解約返戻金が最高金額になったあと、保険期間終了日までの期間で均等に取り崩し

（注1）取り崩しとは、残りの保険契約期間の年数に応じて、均等に分けること。

（注2）解約返戻率が50%超～70%以下で、なおかつ被保険者1人当たりの年換算保険料合計額が30万円以下の場合は、保険料の全額を損金に算入することが可能。

●法人保険の保険金・解約返戻金の受取時の処理

定期生命保険の場合、法人が保険金や解約返戻金を受け取ると、それまで資産として計上していた保険料（前払い保険料）を取り崩します。そして、今まで資産計上していた保険料よりも死亡保険金・解約返戻金の方が大きければ差額分として雑収入として益金に算入します。

反対に、死亡保険金・解約返戻金の方が少なければ、差額分は雑損失として損金に算入します。

●第三分野の法人保険（医療保険・がん保険）に関する経理処理

第三分野の法人保険とは、医療保険やがん保険を指します。医療保険・がん保険は、主に定期タイプの保険商品と、保険が一生涯続く終身タイプの保険商品があります。

それぞれで保険料の経理処理方法が異なるので、注意してください。

保険料支払い時の経理処理については、下表を参照してください。

保険タイプ	経理処理	
定期、もしくは終身型の保険料全期払いの場合	法人保険の定期生命保険と同様の経理処理を行う。	
終身タイプの保険料短期払いの場合	1人あたりの年間支払い保険料の合計が30万円以下の場合	全額を損金に計上する。複数の保険会社で第三分野の保険に加入している場合も、保険料を合計して計算する
	1人あたりの年間支払い保険料の合計が30万円を超える場合	保険料の払込期間中は、支払い保険料のうち「年間保険料×保険料払込期間÷保険期間(注3)」で求めた金額を支払保険料として損金に算入する。残りは資産として計上する

(注3) 保険期間は「116歳－契約年齢」で計算します。保険料の払込期間の終了後は、被保険者が116歳になるまで先程求めた支払い保険料を損金に計上します。そして、資産計上していた分の保険料を取り崩します。

●医療保険の給付金受取時の処理

医療保険の給付金（入院・通院給付金、手術給付金など）を受け取った場合、全額を雑収入として益金に算入します。

※契約者を法人、被保険者を社長・役員・従業員、給付金受取人を法人とした場合

●養老保険に関する経理処理

養老保険は、被保険者が保険期間中に死亡した場合には死亡保険金、生存したまま保険期間満期を迎えた場合には満期保険金を受け取ることができる法人保険です。養老保険の場合、契約形態によって保険料・保険金の経理処理の方法が異なります。

保険料支払い時の処理については、下表を参照ください。

保険受取人		経理処理
死亡保険金	満期保険金	
法人		全額資産計上
役員・従業員の遺族	役員・従業員	全額損金計上（給与扱い）
役員・従業員の遺族	法人	1/2資産計上、1/2経費計上 （福利厚生費扱い）

●終身型生命保険に関する経理処理

法人保険のうち、終身型の生命保険は被保険者が亡くなるまで保険期間なので、必ず死亡保険金を受け取ることができます。

▶保険料支払い時の処理

契約者を法人、被保険者を社長・役員、保険金受取人を法人とした場合、支払い保険料は、全額を資産として計上します。

▶死亡保険金・解約返戻金受取時の処理

契約者を法人、被保険者を社長・役員、保険金受取人を法人とした場合、法人が終身保険の死亡保険金や解約返戻金を受け取った場合、それまで資産として計上していた保険料(前払い保険料)を取り崩します。そして、今まで資産計上していた保険料よりも死亡保険金・解約返戻金の方が大きければ差額分として雑収入として益金に算入します。

反対に、死亡保険金・解約返戻金の方が少なければ、差額分は雑損失として損金に算入します。

SECTION 014 租税公課

租税公課は事業に関して納めた税金や行政機関などへの支払い手数料を示す勘定科目です。法人が納付する租税公課等については原則として損金の額に算入されますが、たとえば、次の「損金の額に算入されない主な租税公課等」に挙げる租税公課等については損金の額に算入されません。

●損金の額に算入されない主な租税公課等

損金の額に算入されない主な租税公課等は次の通りです。

- 法人税、地方法人税、都道府県民税および市町村民税の本税
- 各種加算税および各種加算金、延滞税および延滞金（地方税の納期限の延長に係る延滞金は除く）ならびに過怠税
- 罰金および科料（外国または外国の地方公共団体が課する罰金または科料に相当するものを含む）ならびに過料
- 法人税額から控除する所得税、復興特別所得税および外国法人税

●租税の損金算入時期

損金の額に算入される租税の損金算入時期については、それぞれ次の通りです。

▶申告納税方式による租税

酒税、事業税、事業所税などの申告納税方式による租税については、納税申告書を提出した事業年度です。また、更正または決定のあったものについては、その更正または決定のあった事業年度となります。

収入金額または棚卸資産の評価額に含めた申告期限未到来の酒税等や、製造原価、工事原価その他これらに準ずる原価に含めた申告期限未到来の事業に係る事業所税を損金経理により未払金に計上したときは、その損金経理をした事業年度となります。

▶賦課課税方式による租税

不動産取得税、自動車税、固定資産税、都市計画税などの賦課課税方式による租税については、賦課決定のあった事業年度となります。

納期の開始の日の属する事業年度または実際に納付した日の属する事業年度において損金経理をした場合には、その損金経理をした事業年度となります。

▶特別徴収方式による租税

ゴルフ場利用税、軽油引取税などの特別徴収方式による租税については、納入申告書を提出した事業年度です。また、更正または決定のあったものについては、その更正または決定のあった事業年度となります。

収入金額のうちに申告期限未到来のこれらの租税の納入すべき金額が含まれている場合において、その金額を損金経理により未払金に計上したときは、その損金経理をした事業年度となります。

▶利子税・延滞金

国税の利子税や地方税の納期限の延長に係る延滞金は、納付した事業年度となります。

その事業年度の期間に対応する未納額を損金経理により未払金に計上したときは、その損金経理をした事業年度となります。

SECTION 015
減価償却

●減価償却とは

事業などの業務のために用いられる建物、建物附属設備、機械装置、器具備品、車両運搬具などの資産は、一般的には時間の経過などによってその価値が減っていきます。このような資産を減価償却資産といいます。

減価償却資産の取得に要した金額は、取得したときに全額必要経費になるのではなく、その資産の使用可能期間の全期間にわたり分割して必要経費としていくべきものです。この使用可能期間に当たるものとして法定耐用年数が財務省令の別表に定められています。

減価償却とは、減価償却資産の取得に要した金額を一定の方法によって各年分の必要経費として配分していく手続です。

●減価償却費の計算方法

減価償却費は、耐用年数をもとに算出されます。耐用年数は国税庁が定める「耐用年数表」にて種類や用途ごとに決められています。なお、土地や借地権は、法人税法上、年月が経過しても劣化しないと考えられるため、減価償却をしません。

減価償却の方法には、主に「定額法」と「定率法」の2種類があります。

法人が減価償却計算において、定率法と定額法を使い分けることは一般的です。どちらの方法を選択するかは、資産の性質や法人の財務戦略によって異なります。

●定率法(均等償却法)

資産の取得価格を均等な割合で毎年償却します。資産の使用年数や劣化の度合いに関係なく、毎年同じ金額が償却されます。

資産の価値減少が均一に予測される場合や、法人が資産の使用寿命を正確に把握している場合に適しています。

●定額法(定率減価償却法)

毎年同じ金額を償却します。資産の使用年数や劣化の度合いにかかわらず、毎年同じ金額が償却されます。

資産の価値減少が定量的に予測できる場合や、法人が将来の償却負担を均一化したい場合に適しています。

●定率法と定額法の使い分け

法人は、資産の種類や会計上の目的に応じて、定率法と定額法を柔軟に組み合わせて使用することができます。たとえば、長期的な減価償却と将来の償却負担の均一化を目的として、定額法を採用し、特定の年や期間で特定の資産の価値減少が予想される場合に、その期間に限って定率法を使用することがあります。

しかし、減価償却方法の選択には税務上の影響もあるため、法人は税務上の規制や税務上の優遇措置なども考慮して決定する必要があります。税務上の処理は、法人が使用する減価償却方法に影響を与えることがあるので、税理士や公認会計士などの専門家の助言を受けたいとところです。

SECTION 016

少額の減価償却資産

●少額の減価償却資産とは

少額の減価償却資産とは、次のいずれかに該当するものです。

- 使用可能期間が1年未満のもの
- 取得価額が10万円未満のもの

この取得価額は、通常1単位として取引されるその単位ごとに判定します。たとえば、応接セットの場合は、通常、テーブルと椅子が1組で取引されるので、1組で10万円未満になるかどうかを判定します。カーテンの場合は、1枚で機能するものではなく、1つの部屋で数枚が組み合わされて機能するので、部屋ごとにその合計額が10万円未満になるかどうかを判定します。

また、令和4年4月1日以後に取得などをした取得価額が10万円未満の減価償却資産については、貸付け(主要な事業として行われるものは除く)の用に供したものが除かれます。

なお、取得価額が20万円未満の減価償却資産については、各事業年度ごとに、その全部または一部を一括したものの取得価額の合計額を3年間で償却する一括償却資産の損金算入の規定を選択することができます。

また、少額の減価償却資産は、事業の用に供した事業年度においてその取得価額の全額を損金経理している場合に、損金の額に算入することができます。したがって、いったん資産に計上したものをその後の事業年度で一時に損金経理をしても損金の額に算入することはできないので注意してください。

中小企業者等が、取得価額が30万円未満である減価償却資産を平成18年4月1日から令和6年3月31日までの間に取得などして事業の用に供した場合には、一定の要件のもとに、その取得価額に相当する金額を損金の額に算入することができます。

●適用対象法人

この特例の対象となる法人は、青色申告法人である中小企業者または農業協同組合等で、常時使用する従業員の数が500人以下(令和2年3月31日までの取得などについては、1000人以下)の法人に限られます。

中小企業者とは、次の❶および❷に掲げる法人をいいます。なお、平成31年4月1日以後に開始する事業年度においては、中小企業者のうち適用除外事業者(その事業年度開始の日前3年以内に終了した各事業年度の所得金額の年平均額が15億円を超える法人等をいう)に該当するものは除かれます。

❶資本金の額または出資金の額が1億円以下の法人のうち次の(1)から(3)に掲げる法人以外の法人

(1)その発行済株式または出資(平成31年4月1日以後に開始する事業年度においては、自己の株式または出資を除きます。以下同じ)の総数または総額の2分の1以上を同一の大規模法人(注1)に所有されている法人

(2)上記(1)のほか、その発行済株式または出資の総数または総額の3分の2以上を複数の大規模法人(注1)に所有されている法人

(注1)大規模法人とは、次のイからニに掲げる法人をいい、中小企業投資育成株式会社を除きます。なお、ハおよびニに掲げる法人については、平成31年4月1日以後に開始する事業年度において、大規模法人となります。

イ 資本金の額または出資金の額が1億円を超える法人

ロ 資本または出資を有しない法人のうち常時使用する従業員の数が1,000人を超える法人

ハ 大法人(次の①から③に掲げる法人をいいます。以下同じ)との間にその大法人による完全支配関係がある法人

①資本金の額または出資金の額が5億円以上の法人

②相互会社および外国相互会社のうち、常時使用する従業員の数が1,000人を超える法人

③受託法人

ニ 100%グループ内の複数の大法人に発行済株式または出資の全部を直接または間接に保有されている法人(上記ハに掲げる法人を除きます)

(3)受託法人(注2)

(注2)受託法人とは、法人課税信託の受託者である法人のことを指します。受託法人の課税に関しては、国税庁のホームページを参照したり、税理士などの専門家に相談することをお勧めします。

❷資本または出資を有しない法人のうち常時使用する従業員の数が1,000人以下の法人(受託法人を除きます)

●適用対象資産

この特例の対象となる資産は、取得価額が30万円未満の減価償却資産(以下「少額減価償却資産」という)です。

ただし、適用を受ける事業年度における少額減価償却資産の取得価額の合計額が300万円(事業年度が1年に満たない場合には300万円を12で除し、これにその事業年度の月数を掛けた金額。月数は、暦に従って計算し、1カ月に満たない端数を生じたときは、これを1カ月とする)を超えるときは、その取得価額の合計額のうち300万円に達するまでの少額減価償却資産の取得価額の合計額が限度となります。

なお、令和4年4月1日以後に取得などする場合は、少額減価償却資産から貸付け(主要な事業として行われるものは除く)の用に供したものが除かれます。

●取り扱い

法人が取得した少額の減価償却資産については、その法人がこの減価償却資産を事業の用に供した事業年度において、その取得価額に相当する金額を損金経理した場合には、その損金経理をした金額は、損金の額に算入されます。

SECTION 017

特別償却の種類

●特別償却とは

租税特別措置法において認められている特別償却は次の通りです。

- 中小企業者等の機械等の特別償却(措法42の6)
- 国家戦略特別区域における機械等の特別償却(措法42の10)
- 国際戦略総合特別区域における機械等の特別償却(措法42の11)
- 地域経済牽引事業の促進区域内における特定事業用機械等の特別償却(措法42の11の2)
- 地方活力向上地域等における特定建物等の特別償却(措法42の11の3)
- 中小企業者等の特定経営力向上設備等の特別償却(措法42の12の4)
- 認定特定高度情報通信技術活用設備の特別償却(措法42の12の6)
- 事業適応設備の特別償却(措法42の12の7)
- 特定船舶の特別償却(措法43)
- 港湾隣接地域における技術基準適合施設の特別償却(措法43の2)
- 被災代替資産等の特別償却(措法43の3)
- 関西文化学術研究都市の文化学術研究地区における文化学術研究施設の特別償却(措法44)
- 特定事業継続力強化設備等の特別償却(措法44の2)
- 共同利用施設の特別償却(措法44の3)
- 特定地域における工業用機械等の特別償却(措法45)
- 医療用機器等の特別償却(措法45の2)
- 障害者を雇用する場合の特定機械装置の割増償却(措法46)
- 事業再編計画の認定を受けた場合の事業再編促進機械等の割増償却(措法46の2)
- 特定都市再生建築物の割増償却(措法47)

●中小企業者等が機械等を取得した場合の特別償却又は法人税額の特別控除(措法42の6)

税特別措置法第42条の6には、中小企業者等が機械等を取得した場合の特別償却または法人税額の特別控除についての規定があります。この規定によれば、中小企業者等が新品の機械や装置を取得し、それを国内にある製造業、建設業などの指定事業の用に供した場合、その指定事業の用に供した日を含む事業年度において、特別償却または税額控除を適用できます。

特別償却の場合、償却限度額は、普通償却限度額と特別償却限度額(基準取得価額の30%相当額)との合計額となります。一方、税額控除の場合、税額控除限度額は基準取得価額の7%相当額となります。

ただし、この制度の適用を受けるためには、一定の要件を満たす必要があります。たとえば、適用対象となる法人は青色申告法人である必要があり、また、対象となる資産は新品であること、指定期間内に取得または製作され、指定事業の用に供されることなどが要件として挙げられます。

詳細な適用条件や手続きについては、税務専門家や税務署にご相談いただくことをお勧めします。

●中小企業者等が特定経営力向上設備等を取得した場合の特別償却又は法人税額の特別控除(措法42の12の4)

租税特別措置法第42条の12の4には、中小企業者等が特定経営力向上設備等を取得した場合の特別償却または法人税額の特別控除についての規定があります。

この規定によれば、青色申告書を提出する中小企業者等が、指定期間内に新品の特定経営力向上設備等を取得または製作もしくは建設し、それを国内にあるその法人の指定事業の用に供した場合、その指定事業の用に供した日を含む事業年度において、特別償却または税額控除を適用できます。

特別償却の場合、償却限度額は、取得価額から普通償却限度額を控除した金額に相当する金額となり、普通償却限度額と併せてその取得価額の全額を償却(即時償却)することができます。一方、税額控除の場合、税額控除限度額は特定経営力向上設備等の取得価額の7%相当額(特定中小企業者等においては10%)となります。

ただし、この制度の適用を受けるためには、一定の要件を満たす必要があります。たとえば、適用対象となる法人は青色申告法人である必要があり、また、対象となる資産は新品であること、指定期間内に取得または製作され、指定事業の用に供されることなどが要件として挙げられます。

詳細な適用条件や手続きについては、税務専門家や税務署にご相談いただくことをお勧めします。

SECTION 018

圧縮記帳

圧縮記帳とは、特定の固定資産を購入する場合に、固定資産購入に関連した保険金や補助金などを受け入れたときに、当該金額を固定資産の取得原価から控除(圧縮)する会計処理です。

圧縮記帳の目的は、その補助金などや売却益などに対する法人税の課税を将来に繰り延べることです。したがって圧縮記帳は、課税の免除ではありませんし、軽減されるのも一時的なのもに過ぎません。

圧縮記帳によって処理を行った場合には一時的には税金が軽減されることになりますが、いずれはその軽減された税金が取り戻されることになります。

圧縮記帳が適用できるのは、次のような場合です。

- 土地や建物を交換したとき
- 特定資産の買換え
- 国庫補助金等で取得した資産
- 工事負担金で取得した資産
- 保険金等で取得した固定資産等

ただし、詳細な適用条件や手続きについては、税務専門家や税務署にご相談いただくことをお勧めします。

●圧縮記帳の事例

事例として、簿価1億円の土地・建物を15億円で売却し、新たに15億円の土地・建物を購入した場合で考えてみましょう。

会社が固定資産を売却して売却益が出た場合、その売却益には税金がかかので、次のような仕訳を行うことになります。

(借方)　現金　　　15億円 ／(貸方)　土地建物　1億円
(借方)　土地建物　15億円 ／(貸方)　現金　　　15億円

しかし、このケースは、実際には売却した土地建物と購入した土地建物が取り代わっただけで、実際には利益は出ていません。利益が出ていないにもかかわらず、売却益に税金がかかるとすれば、企業は売却したい土地建物と同規模の土地建物を購入することができなくなってしまうでしょう。

そこで、税法の圧縮記帳を適用し、次の仕訳を行います。

(借方)　固定資産圧縮損　14億円 ／(貸方)　土地建物　14億円

購入した資産の帳簿価値について、その帳簿の上で生じる利益分だけマイナスにし損金算入します。「圧縮記帳」は、このように帳簿価額をマイナスすることです。

●圧縮記帳の考え方

圧縮記帳は、税金の金額の軽減ではなく、課税(納税)の繰り延べ制度です。圧縮後の簿価は、減価償却の対象となります。売却益と圧縮損が相殺されて結果として一時的には税金が軽減されます。

この「一時的に」とは、新しく購入した建物については、圧縮記帳したあとの帳簿簿価をもとに減価償却することになり、圧縮記帳によるマイナスは、その後の減価償却によって取り戻されます。

●圧縮記帳の対象となる資産

圧縮記帳には、法人税法で規定しているものと租税特別措置法で規定しているものがあります。

▶法人税法で規定しているもの

法人税法で規定しているものは次のような場合です。

- 国庫補助金等で固定資産等を購入した場合
- 固定資産が火事などに遭い、そのときにもらった保険金で代わりに資産を購入した場合
- 固定資産同士を交換した場合

▶租税特別措置法で規定しているもの

租税特別措置法で規定しているものは次のような場合です。

- 固定資産が収容されて、もらった保証金で代わりに資産を購入した場合
- 特定資産の買換等によって資産を取得した場合

なお、租税特別措置法によって圧縮記帳を行った資産は、原則として特別償却または税額控除が適用できません。

圧縮記帳の税務処理方法は、複数あり専門知識を要します。具体的な処理については、所轄の税務署や国税庁のホームページ閲覧もしくは税理士などの専門家に相談することをお勧めします。

SECTION 019

主な減価償却資産の耐用年数表

●建物

構造・用途	細目	耐用年数(年)
木造・合成樹脂造のもの	事務所用のもの	24
	店舗用・住宅用のもの	22
	飲食店用のもの	20
	旅館用・ホテル用・病院用・車庫用のもの	17
	公衆浴場用のもの	12
	工場用・倉庫用のもの(一般用)	15
木骨モルタル造のもの	事務所用のもの	22
	店舗用・住宅用のもの	20
	飲食店用のもの	19
	旅館用・ホテル用・病院用・車庫用のもの	15
	公衆浴場用のもの	11
	工場用・倉庫用のもの(一般用)	14
鉄骨鉄筋コンクリート造・鉄筋コンクリート造のもの	事務所用のもの	50
	住宅用のもの	47
	飲食店用のもの	
	延べ面積のうちに占める木造内装部分の面積が30%を超えるもの	34
	その他のもの	41
	旅館用・ホテル用のもの	
	延べ面積のうちに占める木造内装部分の面積が30%を超えるもの	31
	その他のもの	39
	店舗用・病院用のもの	39
	車庫用のもの	38
	公衆浴場用のもの	31
	工場用・倉庫用のもの(一般用)	38
れんが造・石造・ブロック造のもの	事務所用のもの	41
	店舗用・住宅用・飲食店用のもの	38
	旅館用・ホテル用・病院用のもの	36
	車庫用のもの	34
	公衆浴場用のもの	30
	工場用・倉庫用のもの(一般用)	34

構造・用途	細目	耐用年数(年)
金属造のもの	事務所用のもの	
	骨格材の肉厚が、(以下同じ)	
	4mmを超えるもの	38
	3mmを超え、4mm以下のもの	30
	3mm以下のもの	22
	店舗用・住宅用のもの	
	4mmを超えるもの	34
	3mmを超え、4mm以下のもの	27
	3mm以下のもの	19
	飲食店用・車庫用のもの	
	4mmを超えるもの	31
	3mmを超え、4mm以下のもの	25
	3mm以下のもの	19
	旅館用・ホテル用・病院用のもの	
	4mmを超えるもの	29
	3mmを超え、4mm以下のもの	24
	3mm以下のもの	17
	公衆浴場用のもの	
	4mmを超えるもの	27
	3mmを超え、4mm以下のもの	19
	3mm以下のもの	15
	工場用・倉庫用のもの(一般用)	
	4mmを超えるもの	31
	3mmを超え、4mm以下のもの	24
	3mm以下のもの	17

●建物附属設備

構造・用途	細目	耐用年数(年)
アーケード・日よけ設備	主として金属製のもの	15
	その他のもの	8
店用簡易装備		3
電気設備(照明設備を含む)	蓄電池電源設備	6
	その他のもの	15
給排水・衛生設備、ガス設備		15

●車両・運搬具

構造・用途	細目	耐用年数(年)
一般用のもの(特殊自動車・次の運送事業用等以外のもの)	自動車(2輪・3輪自動車を除く)	
	小型車(総排気量が0.66リットル以下のもの)	4
	貨物自動車	
	ダンプ式のもの	4
	その他のもの	5
	報道通信用のもの	5
	その他のもの	6
	2輪・3輪自動車	2
	自転車	2
	リヤカー	4
運送事業用・貸自動車業用・自動車教習所用のもの	自動車(2輪・3輪自動車を含み、乗合自動車を除く)	
	小型車(貨物自動車にあっては積載量が2トン以下、その他のものにあっては総排気量が2リットル以下のもの)	3
	大型乗用車(総排気量が3リットル以上のもの)	5
	その他のもの	4
	乗合自動車	5
	自転車、リヤカー	2
	被けん引車その他のもの	4

●工具

構造・用途	細目	耐用年数(年)
測定工具、検査工具(電気・電子を利用するものを含む)		5
治具、取付工具		3
切削工具		2
型(型枠を含む)、鍛圧工具、打抜工具	プレスその他の金属加工用金型、合成樹脂、ゴム・ガラス成型用金型、鋳造用型	2
	その他のもの	3
活字、活字に常用される金属	購入活字(活字の形状のまま反復使用するものに限る)	2
	自製活字、活字に常用される金属	8

●器具・備品

構造・用途	細目	耐用年数(年)
家具、電気機器、ガス機器、家庭用品(他に掲げてあるものを除く)	事務机、事務いす、キャビネット	
	主として金属製のもの	15
	その他のもの	8
	応接セット	
	接客業用のもの	5
	その他のもの	8
	ベッド	8
	児童用机、いす	5
	陳列だな、陳列ケース	
	冷凍機付・冷蔵機付のもの	6
	その他のもの	8
	その他の家具	
	接客業用のもの	5
	その他のもの	
	主として金属製のもの	15
	その他のもの	8
	ラジオ、テレビジョン、テープレコーダーその他の音響機器	5
	冷房用・暖房用機器	6
	電気冷蔵庫、電気洗濯機その他これらに類する電気・ガス機器	6
	氷冷蔵庫、冷蔵ストッカー(電気式のものを除く)	4
	カーテン、座ぶとん、寝具、丹前その他これらに類する繊維製品	3
	じゅうたんその他の床用敷物	
	小売業用・接客業用・放送用・レコード吹込用・劇場用のもの	3
	その他のもの	6
	室内装飾品	
	主として金属製のもの	15
	その他のもの	8
	食事・ちゅう房用品	
	陶磁器製・ガラス製のもの	2
	その他のもの	5
	その他のもの	
	主として金属製のもの	15
	その他のもの	8

構造・用途	細目	耐用年数(年)
事務機器、通信機器	謄写機器、タイプライター	
	孔版印刷・印書業用のもの	3
	その他のもの	5
	電子計算機	
	パーソナルコンピュータ(サーバー用のものを除く)	4
	その他のもの	5
	複写機、計算機(電子計算機を除く)、金銭登録機、タイムレコーダーその他これらに類するもの	5
	その他の事務機器	5
	テレタイプライター、ファクシミリ	5
	インターホーン、放送用設備	6
	電話設備その他の通信機器	
	デジタル構内交換設備、デジタルボタン電話設備	6
	その他のもの	10
時計、試験機器、測定機器	時計	10
	度量衡器	5
	試験・測定機器	5
光学機器、写真製作機器	カメラ、映画撮影機、映写機、望遠鏡	5
	引伸機、焼付機、乾燥機、顕微鏡	8
看板、広告器具	看板、ネオンサイン、気球	3
	マネキン人形、模型	2
	その他のもの	
	主として金属製のもの	10
	その他のもの	5
容器、金庫	ボンベ	
	溶接製のもの	6
	鍛造製のもの	
	塩素用のもの	8
	その他のもの	10
	ドラムかん、コンテナーその他の容器	
	大型コンテナー(長さが6m以上のものに限る)	7
	その他のもの	
	金属製のもの	3
	その他のもの	2
	金庫	
	手さげ金庫	5
	その他のもの	20
理容・美容機器		5

構造・用途	細目	耐用年数(年)
医療機器	消毒殺菌用機器	4
	手術機器	5
	血液透析または血しょう交換用機器	7
	ハバードタンクその他の作動部分を有する機能回復訓練機器	6
	調剤機器	6
	歯科診療用ユニット	7
	光学検査機器	
	ファイバースコープ	6
	その他のもの	8
	その他のもの	
	レントゲンその他の電子装置を使用する機器	
	移動式のもの、救急医療用のもの、自動血液分析器	4
	その他のもの	6
	その他のもの	
	陶磁器製・ガラス製のもの	3
	主として金属製のもの	10
	その他のもの	5
娯楽・スポーツ器具	たまつき用具	8
	パチンコ器、ビンゴ器その他これらに類する球戯用具、射的用具	2
	ご、しょうぎ、まあじゃん、その他の遊戯具	5
	スポーツ具	3

●機械・装置

構造・用途	細目	耐用年数(年)
食料品製造業用設備		10
飲料・たばこ・飼料製造業用設備		10
繊維工業用設備	炭素繊維製造設備	
	黒鉛化炉	3
	その他の設備	7
	その他の設備	7
木材・木製品(家具を除く)製造業用設備		8
家具・装備品製造業用設備		11
パルプ・紙・紙加工品製造業用設備		12

構造・用途	細目	耐用年数(年)
印刷業・印刷関連業用設備	デジタル印刷システム設備	4
	製本業用設備	7
	新聞業用設備 　モノタイプ・写真・通信設備 　その他の設備	 3 10
	その他の設備	10
ゴム製品製造業用設備		9
なめし革・なめし革製品・毛皮製造業用設備		9
窯業・土石製品製造業用設備		9
鉄鋼業用設備	表面処理鋼材・鉄粉製造業・鉄スクラップ加工処理業用設備	5
	純鉄・原鉄・ベースメタル・フェロアロイ・鉄素形材・鋳鉄管製造業用設備	9
	その他の設備	14
金属製品製造業用設備	金属被覆、彫刻業・打はく、金属製ネームプレート製造業用設備	6
	その他の設備	10
林業用設備		5
鉱業・採石業・砂利採取業用設備	石油・天然ガス鉱業用設備 　坑井設備 　掘さく設備 　その他の設備	 3 6 12
	その他の設備	6
総合工事業用設備		6
倉庫業用設備		12
運輸に附帯するサービス業用設備		10
飲食料品卸売業用設備		10
飲食料品小売業用設備		9
その他の小売業用設備	ガソリン・液化石油ガススタンド設備	8
	その他の設備 　主として金属製のもの 　その他のもの	 17 8
宿泊業用設備		10
飲食店業用設備		8
洗濯業・理容業・美容業・浴場業用設備		13
その他の生活関連サービス業用設備		6
自動車整備業用設備		15

繰延資産

●繰延資産とは

繰延資産は、支払い後の経費のうち、経営上、長期間効果が見込めるものを指します。イメージ的には、前払費用に近い概念です。下記に具体的な内容と事例、会計的な側面と税務的な側面を説明します。

▶会計上の繰延資産

会計上の繰延資産は、会計ルールに基づいて定められるもので、利益を正確に計算するためのルールです。主な事例としては下記があります。

事例	説明
開業費	開業時にかかった費用（例：設立準備行為、広告費、接待費）
開発費	新技術や新市場開拓のための費用（例：広告費、調査費）
株式交付費	株式募集の際の費用（例：広告費）

会計上の繰延資産は、任意償却として好きなタイミングで経費にできます。

▶税法上の繰延資産

税法上の繰延資産は、税法で定められた年数で経費にしていくものです。主な事例としては下記があります。

事例	説明
公共的施設の設置・改良費	商店街のアーケードや街灯の設置費用など
資産の賃借権利金	建物賃借の際の権利金、礼金など返還されないもの
広告宣伝用資産を贈与費用	広告のための看板や陳列棚の贈与など

税法上の繰延資産は、定額法で経費にしていきます。また、支出額が20万円未満の場合は、支出した年に全額経費にできます。

繰延資産は、会計と税務の両面で異なる取り扱いがあるので、適切に処理することが重要です。

▶税法上の繰延資産

税法上の繰延資産とは、税法に基づいて資産として計上される項目のことを指します。税法上の繰延資産は、その支出効果が1年以上に及ぶため、一度に費用として計上するのではなく、数年間にわたって償却します。下表に、主な税法上の繰延資産を示します。

項目	説明	償却期間
資産を賃借するための権利金	賃貸借契約時の礼金など	5年
広告宣伝用資産	広告宣伝のために資産を贈与した費用	耐用年数の10分の7に相当する年数（耐用年数が5年を超えるときは5年）
役務の提供の権利金	フランチャイズへの加盟金や、ノウハウの使用料など	5年
公共的施設の負担金	自社が直接的あるいは間接的に便益を受ける公共的施設の設置や改良のための費用	耐用年数の10分の7に相当する年数

税法上の繰延資産、税務上の規定に基づいて計上し、償却します。これにより、税負担を適切に管理し、会社の財務状況を最適化することが可能になります。

これらの項目は、会社の財務状況や経営戦略により、適切に管理される必要があります。

SECTION 021 資本的支出と修繕費の取り扱い

資本的支出と修繕費は、固定資産に対する支出をどのように会計処理するかを決定するために重要な概念です、

資本的支出と修繕費の区群は、税務上、重要な意味を持ちます。資本的支出は固定資産として計上され、その価値は数年にわたって減価償却されます。一方、修繕費はその年の経費としてすぐに控除できます。

資本的支出と修繕費の区分は、次のように判断します。

区分	判断基準
資本的支出	固定資産の使用可能期間を延長または価値を増加させる部分に対応する金額。たとえば、建物の増築、構築物の拡張、延長等は建物等の取得に当たる。また、機械の部分品を特に品質又は性能の高いものに取り替えた場合のその取替えに要した費用のうち通常の取替えの場合にその取替えに要すると認められる費用の額を超える部分の金額も資本的支出に該当する
修繕費	固定資産の通常の維持管理のため、またはき損した固定資産につきその原状を回復するために要したと認められる部分の金額

資本的支出と修繕費の区分が明らかでない場合には、法人が、その金額の30%相当額を修繕費とし、残額を資本的支出として経理することができます。

資本的支出に対しては、減価償却費として費用化します。減価償却費は、資本的支出を行った資産の耐用年数に応じて、毎年一定額を費用化することになります。資本的支出後の減価償却資産の償却方法については、国税庁のホームページに詳細が記載されています。

●資本的支出を行った場合の減価償却

資本的支出を行った場合の減価償却は次のようになります。

▶平成19年3月31日以前に行った資本的支出

その資本的支出を行った減価償却資産の取得価額に、その資本的支出を加算して減価償却を行います。

▶平成19年4月1日以後に行った資本的支出

(1)原則

その資本的支出を行った減価償却資産と種類および耐用年数を同じくする減価償却資産を新たに取得したものとして、その資本的支出を取得価額として減価償却を行います。

(2)特例

イ　平成19年3月31日以前に取得した減価償却資産に資本的支出を行った場合

上記(1)の原則にかかわらず、その資本的支出を行った減価償却資産の取得価額に、その資本的支出を加算して減価償却を行うことができます。

ロ　定率法を採用している減価償却資産に資本的支出を行った場合

平成19年4月1日以後に取得した定率法を採用している減価償却資産に資本的支出を行った場合、資本的支出を行った翌年1月1日において、その資本的支出を行った減価償却資産の期首未償却残高と上記(1)の原則により新たに取得したものとされた減価償却資産(資本的支出の部分)の期首未償却残高の合計額を取得価額とする一の減価償却資産を新たに取得したものとして減価償却を行うことができます。

(注)平成23年12月の償却率の改正により、平成24年4月1日以後に取得したものとされる減価償却資産については200%定率法を、平成24年3月31日以前に取得した減価償却資産は250%定率法を適用することになります。このように、異なる償却率が適用されることから、平成24年3月31日以前に取得した減価償却資産(以下「旧減価償却資産」)に平成24年4月1日以後に資本的支出を行った場合には、旧減価償却資産とその資本的支出を合算して一の減価償却資産を新たに取得したものとする特例の適用はありません。

ハ　同一年中に複数回の資本的支出を行った場合の特例

同一年中に複数回行った資本的支出につき定率法を採用している場合で、上記ロの適用を受けない場合には、資本的支出を行った翌年1月1日において、上記(1)の原則により新たに取得したものとされた減価償却資産(資本的支出の部分)のうち、種類および耐用年数を同じくするものの期首未償却残高の合計額を取得価額とする一の減価償却資産を新たに取得したものとして減価償却を行うことができます。

なお、平成24年中に複数回の資本的支出を行った場合は、平成24年3月31日までに行った資本的支出により新たに取得したものとされる減価償却資産と平成24年4月1日以後に行った資本的支出により新たに取得したものとされる減価償却資産とは、異なる種類および耐用年数の資産とみなされます。

●修繕費とならないものの判定

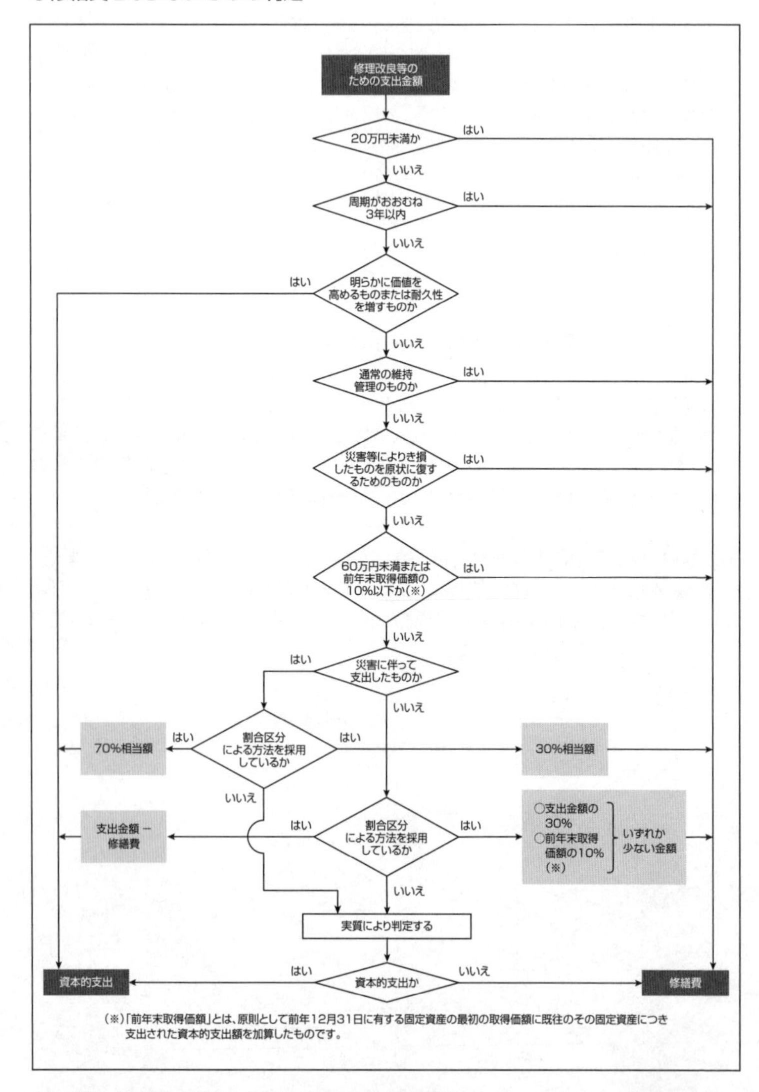

●出典「No.1379　修繕費とならないものの判定」(国税庁)

URL https://www.nta.go.jp/taxes/shiraberu/taxanswer/shotoku/1379.htm

SECTION 022 貸倒損失

●貸倒損失とは

貸倒損失とは、売掛金や貸付金などの債権が回収できなくなった(貸し倒れた)場合に、その分を損失にすることを指します。しかし、税法上は貸倒損失を計上できるケースが限られています。

具体的には、次の3つの要件のいずれかに該当する場合に貸倒損失として計上できます。

要件	説明
法律上の貸倒	債務者の弁済が法律の適用により免除されたこと
事実上の貸倒	債務者の状況から見て債権の全額が回収できないと明らかになった場合
形式上の貸倒	一定期間、取引を停止した後に弁済がない場合

それぞれの要件には特定の条件があり、それらを満たさなければ損金算入が認められないこともあります。したがって、貸倒損失の処理を行う際は、これらの要件を正確に理解し、適切に対応することが重要です。また、貸倒損失が発生した場合、その事実を客観的に証明できる書類の用意が必要となります。これは、貸倒損失が税務調査でも厳しく確認される傾向にあるためです。

法人の有する金銭債権について、貸倒損失の計上が認められるための事実とその対象となる金額および損金算入時期は次の通りです。

▶法律上の貸倒(金銭債権が切り捨てられた場合)

次に掲げるような事実に基づいて切り捨てられた金額は、その事実が生じた事業年度の損金の額に算入されます。

- 会社更生法、金融機関等の更生手続の特例等に関する法律、会社法、民事再生法の規定により切り捨てられた金額
- 法令の規定による整理手続によらない債権者集会の協議決定および行政機関や金融機関などのあっせんによる協議で、合理的な基準によって切り捨てられた金額
- 債務者の債務超過の状態が相当期間継続し、その金銭債権の弁済を受けることができない場合に、その債務者に対して、書面で明らかにした債務免除額

▶事実上の貸倒(金銭債権の全額が回収不能となった場合)

債務者の資産状況、支払能力等からその全額が回収できないことが明らかになった場合は、その明らかになった事業年度において貸倒れとして損金経理することができます。ただし、担保物があるときは、その担保物を処分した後でなければ損金経理はできません。

なお、保証債務は現実に履行した後でなければ貸倒れの対象とすることはできません。

▶形式上の貸倒(一定期間取引停止後弁済がない場合など)

次に掲げる事実が発生した場合には、その債務者に対する売掛債権(貸付金などは含まない)について、その売掛債権の額から備忘価額を控除した残額を貸倒れとして損金経理をすることができます。

- 継続的な取引を行っていた債務者の資産状況、支払能力などが悪化したため、その債務者との取引を停止した場合において、その取引停止のときと最後の弁済のときなどのうち、最も遅いときから1年以上経過したとき(ただし、その売掛債権について担保物のある場合は除く)(注1)
- 同一地域の債務者に対する売掛債権の総額が取立費用より少なく、支払を督促しても弁済がない場合

(注1)不動産取引のように、たまたま取引を行った債務者に対する売掛債権については、この取扱いの適用はありません。

貸倒引当金

●貸倒引当金の概要

貸倒引当金は、貸借対照表に表示される引当金の一部で、将来発生する可能性が高い特定の損失または費用に対して設定されます。引当金の表示により、投資家などに有用な情報が提供されると考えられています。引当金には、当期以前の事象に起因していることや金額を合理的に見積もれることが要件となります。同様に、貸倒引当金も将来の金銭債権が取り立て不能になる可能性がある場合に設定され、将来の損失の可能性を示す目的を持っています。

●貸倒引当金の対象となる債権

①売掛金、貸付金

②未収の譲渡代金、未収加工料、未収請負金、未収手数料、未収保管料、未収地代家賃、または貸付金の未収利子で益金の額に算入されたもの

③他人のために立替払をした場合の立替金(「貸倒引当金に設定すべきでない金銭債権」の④に当たるものを除く)

④未収の損害賠償金で益金の額に算入されたもの

⑤保証債務を履行した場合の求償権

⑥売掛金、貸付金などの債権について取得した受取手形

⑦売掛金、貸付金などの債権について取得した先日付小切手のうち法人が一括評価金銭債権に含めたもの

⑧延払基準を適用している場合の割賦未収金など

⑨売買があったものとされる法人税法上のリース取引のリース料のうち、支払期日の到来していないもの

⑩工事進行基準を適用している場合のその工事の目的物を引き渡す前の工事未収金(平成20年4月1日以後に開始する事業年度)

●貸倒引当金に設定すべきでない金銭債権

①預貯金およびその未収利子、公社債の未収利子、未収配当その他これらに類する債権

②保証金、敷金、預け金その他これらに類する債権

③手付金、前渡金などのように資産の取得の代価又は費用の支出に充てるものとして支出した金額

④前払給料、概算払旅費、前渡交際費などのように将来精算される費用の前払として、一時的に仮払金、立替金などとして経理されている金額

⑤金融機関における他店為替貸借の決済取引に伴う未決済為替貸勘定の金額

⑥証券会社または証券金融会社に対し、借株の担保として差し入れた信用取引に係る株式の売却代金に相当する金額

⑦雇用保険法、雇用対策法、障害者の雇用の促進などに関する法律などの法令の規定に基づき交付を受ける給付金などの未収金

⑧仕入割戻しの未収金

⑨保険会社における代理店貸勘定の金額
⑩法人税法第61条の5第1項（デリバティブ取引に係る利益相当額の益金算入など）に規定する未決済デリバティブ取引に係る差金勘定などの金額
⑪法人がいわゆる特定目的会社（SPC）を用いて売掛債権などの証券化を行った場合において、その特定目的会社の発行する証券などのうちその法人が保有することとなったもの
⑫工事進行基準を適用している場合のその工事の目的物を引き渡す前の工事未収金（平成20年3月31日までに開始する事業年度）

●貸倒損失とは

貸倒損失は金銭債権が回収不能になったときに使う科目で、貸倒引当金とは異なり、貸倒損失は確定額であることが特徴です。

●貸倒引当金の計算方法

貸倒引当金の計算方法には、実績繰入率と法定繰入率の2つがあります。実績繰入率は過去3年間の貸倒損失発生額に基づいて計算され、法定繰入率は中小法人や公益法人向けの特例を適用した場合の計算方法です。業種別の法定繰入率も異なるので、適切な計算方法を選択する必要があります。

▶実績繰入率に基づく計算（原則）

貸倒引当金の設定対象事業年度末の一括評価金銭債権の帳簿価額に、過去3年間の貸倒損失発生額に基づく実績繰入率を乗じて計算します。

繰入限度額 ＝ 期末一括評価金銭債権の帳簿価額の合計額 × 貸倒実績率

貸倒実績率は、次の算式により、小数点以下4位未満を切り上げて計算します。

$$\text{貸倒実績率} = \frac{\left(\begin{array}{l}\text{その事業年度開始の日前3年以内に開始した各事業年度}\\\text{の売掛債権等の貸倒損失の額の合計額}\\+\ \text{その各事業年度の個別評価分の貸倒引当金繰入額}\\\quad\text{の損金算入額の合計額}\\-\ \text{その各事業年度の個別評価分の貸倒引当金戻入額}\\\quad\text{の益金算入額の合計額}\end{array}\right) \times \dfrac{12}{\text{左の各事業年度の月数の合計数}}}{\begin{array}{l}\text{その事業年度開始の日前3年以内に開始した}\\\text{各事業年度終了のときにおける一括評価金銭}\\\text{債権の帳簿価額の合計額}\end{array} \div \text{左の各事業年度の数}}$$

▶法定繰入率に基づく計算（中小法人または公益法人等もしくは協同組合等向けの特例）

資本金5億円以上の企業を親会社に持つ100%子会社などを除き、資本金1億円以下の中小企業、公益法人などは、前述の「実績繰入率に基づく計算（原則）」に代えて、繰入限度額の計算によることが認められています。

繰入限度額 ＝（期末一括評価金銭債権の帳簿価額の合計額 － 実質的に債権とみられないものの金額）× 法定繰入率

業種別の法定繰入率は下表の通りです。

業種	割合
卸売業や小売業（飲食業含む）	1.0%
製造業	0.8%
金融業や保険業	0.3%
割賦販売小売業、個別信用購入・包括信用購入あっせん業	1.3%
その他	0.6%

出典や詳細については下記URLを参照してください。

●出典「No.5501　一括評価金銭債権に係る貸倒引当金の設定」（国税庁）
URL https://www.nta.go.jp/taxes/shiraberu/taxanswer/hojin/5501.htm

リース取引についての取扱いの概要（平成20年4月1日以後契約分）

●概要

法人が平成20年4月1日以後に締結する契約に係る賃貸借（リース）取引のうち一定のもの（以下「法人税法上のリース取引」という）については、その取引の目的となる資産（以下「リース資産」という）の賃貸人から賃借人への引渡し（以下「リース譲渡」という）のときにそのリース資産の売買があったものとされます。

また、法人が譲受人から譲渡人に対する法人税法上のリース取引による賃貸を条件に資産の売買（いわゆるセール・アンド・リースバック取引）を行った場合において、その資産の種類、その売買および賃貸に至るまでの事情などに照らし、これら一連の取引が実質的に金銭の貸借であると認められるときは、その売買はなかったものとされ、かつ、その譲受人（賃貸人）からその譲渡人（賃借人）に対する金銭の貸付けがあったものとされます。

●法人税法上のリース取引

法人税法上のリース取引とは、資産の賃貸借（次の「資産の賃貸借から除かれるものの範囲」に掲げるものを除く）のうち、次の要件のすべてを満たすものをいいます。

- リース期間中の中途解約が禁止されているものであることまたは賃借人が中途解約する場合には未経過期間に対応するリース料の額の合計額のおおむね全部（原則として90％以上）を支払うこととされているものなどであること。
- 賃借人がリース資産からもたらされる経済的な利益を実質的に享受することができ、かつ、リース資産の使用に伴って生ずる費用を実質的に負担すべきこととされているものであること。

なお、リース期間（契約の解除をすることができないものとされている期間に限る）において賃借人が支払うリース料の額の合計額がその資産の取得のために通常要する価額のおおむね90％相当額を超える場合には、リース資産の使用に伴って生ずる費用を実質的に負担すべきこととされているものであることに該当します。

●資産の賃貸借から除かれるものの範囲

土地の賃貸借のうち次に掲げるものは、法人税法上のリース取引の範囲から除かれます。

①法人税法施行令第138条（借地権の設定等により地価が著しく低下する場合の土地等の帳簿価額の一部の損金算入）の規定の適用があるもの

②次に掲げる要件（これらに準ずるものを含みます。）のいずれにも該当しないもの

- 賃貸借期間の終了時または中途において、その土地が無償または名目的な対価でその賃借人に譲渡されるものであること
- 賃貸借期間の終了時または中途において、その土地を著しく有利な価額で買い取る権利がその賃借人に与えられているものであること

●賃貸人等における処理

▶売買があったものとされる場合

リース譲渡は長期割賦販売等に含まれます。したがって、その賃貸人は、リース譲渡の日の属する事業年度においてリース譲渡に係る収益および費用の額を計上する方法(原則的な方法)のほか、通常の延払基準の方法、リース譲渡に係る延払基準の方法またはリース譲渡に係る収益および費用の計上方法(注1)の特例により、リース譲渡に係る収益および費用の額を計上することが認められています。

(注1)リース譲渡に係る収益および費用の計上方法については、「https://www.nta.go.jp/taxes/shiraberu/taxanswer/hojin/5703.htm」を参照してください。

▶金銭の貸付けがあったものとされる場合

法人税法上のリース取引が金銭の貸付けがあったものとされる場合には、その資産の売買により譲受人(賃貸人)が譲渡人(賃借人)に支払った金額は貸付金の額として取り扱われ、譲受人が収受すべきリース料の額の合計額のうちその貸付金の額に相当する金額については、その貸付金の返済を受けた額として取り扱われます。

●賃借人等における処理

▶売買があったものとされる場合

法人税法上のリース取引が売買があったものとされる場合には、その賃借人は、そのリース資産を自己の資産として次のリース取引の区分に応じて償却します。

この場合において、賃借人である法人がリース料の額を損金経理しているときには、そのリース料の額は償却費として損金経理をした金額に含まれます。

No.	取引の区分	処理方法
①	所有権移転外リース取引	リース期間定額法
②	①以外のリース取引	資産の種類に応じてその法人が選定している償却方法

▶金銭の貸付けがあったものとされる場合

法人税法上のリース取引が金銭の貸付けがあったものとされる場合には、その資産の売買により譲渡人(賃借人)が譲受人(賃貸人)から受け入れた金額は借入金の額として取り扱われ、譲渡人が支払うべきリース料の額の合計額のうちその借入金の額に相当する金額については、その借入金の返済額として取り扱われます。

●所有権移転外リース取引の意義

所有権移転外リース取引とは、平成20年4月1日以後に締結される契約に係る法人税法上のリース取引(以下「リース取引」という)のうち、次のいずれにも該当しないものです。

- リース期間の終了時または中途において、そのリース取引に係る契約において定められているリース資産が無償または名目的な対価の額でそのリース取引に係る賃借人に譲渡されるものであること。
- リース期間の終了後、無償と変わらない名目的な再リース料によって再リースをすることがリース契約において定められているものであること
- リース期間の終了時または中途においてリース資産を著しく有利な価額で買い取る権利が賃借人に与えられているものであること
- 賃借人の特別な注文によって製作される機械装置のようにリース資産がその使用可能期間中その賃借人によってのみ使用されると見込まれるものであることまたは建築用足場材のようにリース資産の識別が困難であると認められるものであること
- 賃貸人に対してリース資産の取得資金の全部または一部を貸し付けている金融機関などが、賃借人から資金を受け入れ、その資金をしてその賃借人のリース取引などの債務のうちその賃貸人の借入金の元利に対応する部分の引受けをする構造になっているものであること
- リース期間がリース資産の法定耐用年数に比して相当短いもの(賃借人の法人税の負担を著しく軽減することになると認められるものに限る)であること(注2)

(注2)「リース期間がリース資産の法定耐用年数に比して相当短いもの」とは、リース期間がリース資産の法定耐用年数の70%(法定耐用年数が10年以上のリース資産については60%)に相当する年数(1年未満の端数切捨て)を下回る期間であるものをいいます。

●所有権移転外リース取引に係るリース資産についての取扱い

所有権移転外リース取引により賃借人が取得したものとされるリース資産である減価償却資産については、償却方法がリース期間定額法とされます。また、このリース資産については、次のような制度は適用がありません。

- 圧縮記帳(法法47、措法65の7など)
- 特別償却(措法42の6、42の10など)
- 少額減価償却資産の損金算入(法令133)
- 一括償却資産の損金算入(法令133の2)

SECTION 025

法人の青色申告について

●法人青色申告のメリット

法人青色申告には下記の主なメリットがあります。

(1)赤字(欠損金)の10年間繰り越し

青色申告では、その年の赤字を10年間繰り越すことができます。これは「欠損金の繰越控除」と呼ばれる制度で、赤字と黒字を相殺できます。

(2)赤字(欠損金)の繰り戻し還付

青色申告で赤字が出た場合、繰り越しに加えて「繰り戻し還付」も選べます。これは前年度に支払った法人税の一部を現金で還付請求できる制度です。

(3)少額減価償却資産の損金算入

中小企業は30万円未満の資産を一括で経費にできます。これは「少額減価償却資産の損金算入」という制度で、パソコンやOA機器、オフィス家具などが対象です。

(4)新品の装置・機械を購入した年の法人税控除

青色申告を利用する中小企業は、新品の装置・機械を購入した年に「法人税控除」が適用されます。

●赤字繰り越しの適用条件

欠損金の繰越控除を受けるためには次の条件が必要です。

①赤字が発生した事業年度に「青色申告」で確定申告している。
②その後も確定申告を続けている。
③規定の帳簿書類を保管している。

法人の赤字繰り越しは「青色申告が承認された年度」から適用されます。青色申告前にさかのぼって赤字を繰り越すことはできません。

●中小企業の少額減価償却資産の損金算入

青色申告法人(従業員数500人以下の中小企業)は、30万円未満の資産を一括で経費にできます。パソコンやOA機器、オフィス家具などが対象です。白色申告法人の場合は10万円未満の資産に対し、経費として一括計上ができます。

●新品の装置・機械を購入した年の法人税控除

中小企業である法人が青色申告を利用すると、新品の装置・機械を購入した年に「法人税控除」が適用されます。機械、装置、ソフトウェア、車両が対象となります。

●青色申告の申請時期と提出先

青色申告承認申請書は、事業年度が始まる日の前日までに提出します。提出先は、法人登記で登録した本店所在地(納税地)を所轄する「税務署」です。

法人税率

法人税の税率は、次表の法人の区分に応じ、それぞれ次表の通りとされています。

※次表の【　】は、協同組合等または特定の医療法人が連結親法人である場合の税率です。

区分				適用関係（開始事業年度）			
				平28.4.1以後	平30.4.1以後	平31.4.1以後	令4.4.1以後
普通法人	資本金1億円以下の法人など[注1]	年800万円以下の部分	下記以外の法人	15%	15%	15%	15%
			適用除外事業者[注2]			19%[注3]	19%[注3]
		年800万円超の部分		23.40%	23.20%	23.20%	23.20%
	上記以外の普通法人			23.40%	23.20%	23.20%	23.20%
協同組合等[注4]		年800万円以下の部分		15%【16%】	15%【16%】	15%【16%】	15%
		年800万円超の部分		19%【20%】	19%【20%】	19%【20%】	19%
公益法人等	公益社団法人、公益財団法人または非営利型法人	収益事業から生じた所得	年800万円以下の部分	15%	15%	15%	15%
			年800万円超の部分	23.40%	23.20%	23.20%	23.20%
	公益法人等とみなされているもの[注5]		年800万円以下の部分	15%	15%	15%	15%
			年800万円超の部分	23.40%	23.20%	23.20%	23.20%
	上記以外の公益法人等		年800万円以下の部分	15%	15%	15%	15%
			年800万円超の部分	19%	19%	19%	19%
人格のない社団等			年800万円以下の部分	15%	15%	15%	15%
			年800万円超の部分	23.40%	23.20%	23.20%	23.20%
特定の医療法人[注6]		年800万円以下の部分	下記以外の法人	15%【16%】	15%【16%】	15%【16%】	15%
			適用除外事業者[注2]			19%【20%】[注7]	19%[注7]
		年800万円超の部分		19%【20%】	19%【20%】	19%【20%】	19%

（注1）対象となる法人は、各事業年度終了時において資本金の額もしくは出資金の額が1億円以下であるものまたは資本もしくは出資を有しないもの（（注6）に掲げる特定の医療法人を除く）です。ただし、各事業年度終了時において次の法人に該当するものについては、除かれます。

（1）相互会社および外国相互会社

（2）大法人（次に掲げる法人をいう）との間にその大法人による完全支配関係がある普通法人

①資本金の額または出資金の額が5億円以上の法人

②相互会社および外国相互会社

③受託法人

（3）普通法人との間に完全支配関係があるすべての大法人が有する株式および出資の全部をそのすべての大法人のうちいずれか一の法人が有するものとみなした場合においてそのいずれか一の法人とその普通法人との間にそのいずれか一の法人による完全支配関係があることとなるときのその普通法人（②の法人を除く）

（4）投資法人

（5）特定目的会社

（6）受託法人

(注2) 適用除外事業者には、通算制度における適用除外事業者を含みます。

(注3) 平成31年4月1日以後に開始する事業年度において適用除外事業者(その事業年度開始の日前3年以内に終了した各事業年度の所得金額の年平均額が15億円を超える法人等をいう。令和4年4月1日以後に開始する事業年度においては、通算制度における適用除外事業者(注2)を含む)に該当する法人の年800万円以下の部分については、19%の税率が適用されます。

(注4) 協同組合等で、その事業年度における物品供給事業のうち店舗において行われるものに係る収入金額の年平均額が1,000億円以上であるなどの一定の要件を満たすものの年10億円超の部分については、22%の税率が適用されます。

(注5) 公益法人等とみなされているものとは、認可地縁団体、管理組合法人および団地管理組合法人、法人である政党等、防災街区整備事業組合、特定非営利活動法人ならびにマンション建替組合、マンション敷地売却組合および敷地分割組合をいいます。

(注6) 特定の医療法人とは、措法第67条の2第1項に規定する国税庁長官の認定を受けたものをいいます。

(注7) 平成31年4月1日以後に開始する事業年度において適用除外事業者(令和4年4月1日以後に開始する事業年度においては、通算制度における適用除外事業者(注2)を含む)に該当する法人の年800万円以下の部分については、19%(その特定の医療法人が連結親法人である場合には、20%)の税率が適用されます。

SECTION 027
確定申告を間違えたとき

法定申告期限後に計算違いなど、申告内容の間違いに気が付いた場合は、次の方法で訂正してください。

●納める税金が多過ぎた場合や還付される税金が少な過ぎた場合

更正の請求という手続ができる場合があります。この手続は、更正の請求書を税務署長に提出することにより行います。更正の請求書が提出されると、税務署ではその内容の検討をして、納め過ぎの税金がある等(繰越損失の金額が増える場合を含む)と認めた場合には、減額更正(更正の請求をした人にその内容が通知されます)をして税金を還付または繰越損失の金額を増加することになります。よって、所得金額の増減や所得控除の追加があっても、最終的な税額または繰越損失の金額に異動がない場合は、更正の請求はできません。

更正の請求ができる期間は、原則として法定申告期限から5年以内です。

●納める税金が少な過ぎた場合や還付される税金が多過ぎた場合

この場合には、修正申告により誤った内容を訂正します。修正申告をする場合には、次の点に注意してください。

(1)誤りに気がついたらできるだけ早く修正申告してください。

税務署の調査を受けた後で修正申告をしたり、税務署から申告税額の更正を受けたりすると、新たに納める税金のほかに過少申告加算税がかかります。この過少申告加算税の金額は、新たに納めることになった税金の10%相当額です。ただし、新たに納める税金が当初の申告納税額と50万円とのいずれか多い金額を超えている場合、その超えている部分については15%になります。

※税務署の調査を受ける前に自主的に修正申告をすれば、過少申告加算税はかかりません。ただし、平成29年1月1日以後に法定申告期が到来するもの(平成28年分以後)については、調査の事前通知の後にした場合は、50万円までは5%、50万円を超える部分は10%の割合を乗じた金額の過少申告加算税がかかります。

※確定申告が期限後申告の場合は無申告加算税がかかる場合があります。

(2)新たに納める税金は、修正申告書を提出する日が納期限となるので、その日に納めてください。

SECTION 028

給与所得の源泉徴収税額表(令和6年分)

●月額表(平成24年3月31日財務省告示第115号別表第一(令和2年3月31日財務省告示第81号改正))

その月の社会保険料等控除後の給与等の金額		甲								乙
		扶養親族等の数								
		0人	1人	2人	3人	4人	5人	6人	7人	
以上	未満	税額								税額
円	円	円	円	円	円	円	円	円	円	円
88,000	円未満	0	0	0	0	0	0	0	0	その月の社会保険料等控除後の給与等の金額の3.063%に相当する金額
88,000	89,000	130	0	0	0	0	0	0	0	3,200
89,000	90,000	180	0	0	0	0	0	0	0	3,200
90,000	91,000	230	0	0	0	0	0	0	0	3,200
91,000	92,000	290	0	0	0	0	0	0	0	3,200
92,000	93,000	340	0	0	0	0	0	0	0	3,300
93,000	94,000	390	0	0	0	0	0	0	0	3,300
94,000	95,000	440	0	0	0	0	0	0	0	3,300
95,000	96,000	490	0	0	0	0	0	0	0	3,400
96,000	97,000	540	0	0	0	0	0	0	0	3,400
97,000	98,000	590	0	0	0	0	0	0	0	3,500
98,000	99,000	640	0	0	0	0	0	0	0	3,500
99,000	101,000	720	0	0	0	0	0	0	0	3,600
101,000	103,000	830	0	0	0	0	0	0	0	3,600
103,000	105,000	930	0	0	0	0	0	0	0	3,700
105,000	107,000	1,030	0	0	0	0	0	0	0	3,800
107,000	109,000	1,130	0	0	0	0	0	0	0	3,800
109,000	111,000	1,240	0	0	0	0	0	0	0	3,900
111,000	113,000	1,340	0	0	0	0	0	0	0	4,000
113,000	115,000	1,440	0	0	0	0	0	0	0	4,100
115,000	117,000	1,540	0	0	0	0	0	0	0	4,100
117,000	119,000	1,640	0	0	0	0	0	0	0	4,200
119,000	121,000	1,750	120	0	0	0	0	0	0	4,300
121,000	123,000	1,850	220	0	0	0	0	0	0	4,500
123,000	125,000	1,950	330	0	0	0	0	0	0	4,800
125,000	127,000	2,050	430	0	0	0	0	0	0	5,100
127,000	129,000	2,150	530	0	0	0	0	0	0	5,400
129,000	131,000	2,260	630	0	0	0	0	0	0	5,700
131,000	133,000	2,360	740	0	0	0	0	0	0	6,000
133,000	135,000	2,460	840	0	0	0	0	0	0	6,300
135,000	137,000	2,550	930	0	0	0	0	0	0	6,600

その月の社会保険料等控除後の給与等の金額		甲								乙
		扶養親族等の数								
		0人	1人	2人	3人	4人	5人	6人	7人	
以上	未満	税額								税額
円	円	円	円	円	円	円	円	円	円	円
137,000	139,000	2,610	990	0	0	0	0	0	0	6,800
139,000	141,000	2,680	1,050	0	0	0	0	0	0	7,100
141,000	143,000	2,740	1,110	0	0	0	0	0	0	7,500
143,000	145,000	2,800	1,170	0	0	0	0	0	0	7,800
145,000	147,000	2,860	1,240	0	0	0	0	0	0	8,100
147,000	149,000	2,920	1,300	0	0	0	0	0	0	8,400
149,000	151,000	2,980	1,360	0	0	0	0	0	0	8,700
151,000	153,000	3,050	1,430	0	0	0	0	0	0	9,000
153,000	155,000	3,120	1,500	0	0	0	0	0	0	9,300
155,000	157,000	3,200	1,570	0	0	0	0	0	0	9,600
157,000	159,000	3,270	1,640	0	0	0	0	0	0	9,900
159,000	161,000	3,340	1,720	100	0	0	0	0	0	10,200
161,000	163,000	3,410	1,790	170	0	0	0	0	0	10,500
163,000	165,000	3,480	1,860	250	0	0	0	0	0	10,800
165,000	167,000	3,550	1,930	320	0	0	0	0	0	11,100
167,000	169,000	3,620	2,000	390	0	0	0	0	0	11,400
169,000	171,000	3,700	2,070	460	0	0	0	0	0	11,700
171,000	173,000	3,770	2,140	530	0	0	0	0	0	12,000
173,000	175,000	3,840	2,220	600	0	0	0	0	0	12,400
175,000	177,000	3,910	2,290	670	0	0	0	0	0	12,700
177,000	179,000	3,980	2,360	750	0	0	0	0	0	13,200
179,000	181,000	4,050	2,430	820	0	0	0	0	0	13,900
181,000	183,000	4,120	2,500	890	0	0	0	0	0	14,600
183,000	185,000	4,200	2,570	960	0	0	0	0	0	15,300
185,000	187,000	4,270	2,640	1,030	0	0	0	0	0	16,000
187,000	189,000	4,340	2,720	1,100	0	0	0	0	0	16,700
189,000	191,000	4,410	2,790	1,170	0	0	0	0	0	17,500
191,000	193,000	4,480	2,860	1,250	0	0	0	0	0	18,100
193,000	195,000	4,550	2,930	1,320	0	0	0	0	0	18,800
195,000	197,000	4,630	3,000	1,390	0	0	0	0	0	19,500
197,000	199,000	4,700	3,070	1,460	0	0	0	0	0	20,200
199,000	201,000	4,770	3,140	1,530	0	0	0	0	0	20,900
201,000	203,000	4,840	3,220	1,600	0	0	0	0	0	21,500
203,000	205,000	4,910	3,290	1,670	0	0	0	0	0	22,200
205,000	207,000	4,980	3,360	1,750	130	0	0	0	0	22,700
207,000	209,000	5,050	3,430	1,820	200	0	0	0	0	23,300
209,000	211,000	5,130	3,500	1,890	280	0	0	0	0	23,900
211,000	213,000	5,200	3,570	1,960	350	0	0	0	0	24,400
213,000	215,000	5,270	3,640	2,030	420	0	0	0	0	25,000
215,000	217,000	5,340	3,720	2,100	490	0	0	0	0	25,500

その月の社会保険料等控除後の給与等の金額		甲								乙
		扶養親族等の数								
		0人	1人	2人	3人	4人	5人	6人	7人	
以上	未満	税額								税額
円	円	円	円	円	円	円	円	円	円	円
217,000	219,000	5,410	3,790	2,170	560	0	0	0	0	26,100
219,000	221,000	5,480	3,860	2,250	630	0	0	0	0	26,800
221,000	224,000	5,560	3,950	2,340	710	0	0	0	0	27,400
224,000	227,000	5,680	4,060	2,440	830	0	0	0	0	28,400
227,000	230,000	5,780	4,170	2,550	930	0	0	0	0	29,300
230,000	233,000	5,890	4,280	2,650	1,040	0	0	0	0	30,300
233,000	236,000	5,990	4,380	2,770	1,140	0	0	0	0	31,300
236,000	239,000	6,110	4,490	2,870	1,260	0	0	0	0	32,400
239,000	242,000	6,210	4,590	2,980	1,360	0	0	0	0	33,400
242,000	245,000	6,320	4,710	3,080	1,470	0	0	0	0	34,400
245,000	248,000	6,420	4,810	3,200	1,570	0	0	0	0	35,400
248,000	251,000	6,530	4,920	3,300	1,680	0	0	0	0	36,400
251,000	254,000	6,640	5,020	3,410	1,790	170	0	0	0	37,500
254,000	257,000	6,750	5,140	3,510	1,900	290	0	0	0	38,500
257,000	260,000	6,850	5,240	3,620	2,000	390	0	0	0	39,400
260,000	263,000	6,960	5,350	3,730	2,110	500	0	0	0	40,400
263,000	266,000	7,070	5,450	3,840	2,220	600	0	0	0	41,500
266,000	269,000	7,180	5,560	3,940	2,330	710	0	0	0	42,500
269,000	272,000	7,280	5,670	4,050	2,430	820	0	0	0	43,500
272,000	275,000	7,390	5,780	4,160	2,540	930	0	0	0	44,500
275,000	278,000	7,490	5,880	4,270	2,640	1,030	0	0	0	45,500
278,000	281,000	7,610	5,990	4,370	2,760	1,140	0	0	0	46,600
281,000	284,000	7,710	6,100	4,480	2,860	1,250	0	0	0	47,600
284,000	287,000	7,820	6,210	4,580	2,970	1,360	0	0	0	48,600
287,000	290,000	7,920	6,310	4,700	3,070	1,460	0	0	0	49,700
290,000	293,000	8,040	6,420	4,800	3,190	1,570	0	0	0	50,900
293,000	296,000	8,140	6,520	4,910	3,290	1,670	0	0	0	52,100
296,000	299,000	8,250	6,640	5,010	3,400	1,790	160	0	0	52,900
299,000	302,000	8,420	6,740	5,130	3,510	1,890	280	0	0	53,700
302,000	305,000	8,670	6,860	5,250	3,630	2,010	400	0	0	54,500
305,000	308,000	8,910	6,980	5,370	3,760	2,130	520	0	0	55,200
308,000	311,000	9,160	7,110	5,490	3,880	2,260	640	0	0	56,100
311,000	314,000	9,400	7,230	5,620	4,000	2,380	770	0	0	56,900
314,000	317,000	9,650	7,350	5,740	4,120	2,500	890	0	0	57,800
317,000	320,000	9,890	7,470	5,860	4,250	2,620	1,010	0	0	58,800
320,000	323,000	10,140	7,600	5,980	4,370	2,750	1,130	0	0	59,800
323,000	326,000	10,380	7,720	6,110	4,490	2,870	1,260	0	0	60,900
326,000	329,000	10,630	7,840	6,230	4,610	2,990	1,380	0	0	61,900
329,000	332,000	10,870	7,960	6,350	4,740	3,110	1,500	0	0	62,900
332,000	335,000	11,120	8,090	6,470	4,860	3,240	1,620	0	0	63,900

その月の社会保険料等控除後の給与等の金額		甲								乙
		扶養親族等の数								
		0人	1人	2人	3人	4人	5人	6人	7人	
以上	未満	税額								税額
円	円	円	円	円	円	円	円	円	円	円
335,000	338,000	11,360	8,210	6,600	4,980	3,360	1,750	130	0	64,900
338,000	341,000	11,610	8,370	6,720	5,110	3,480	1,870	260	0	66,000
341,000	344,000	11,850	8,620	6,840	5,230	3,600	1,990	380	0	67,000
344,000	347,000	12,100	8,860	6,960	5,350	3,730	2,110	500	0	68,000
347,000	350,000	12,340	9,110	7,090	5,470	3,850	2,240	620	0	69,000
350,000	353,000	12,590	9,350	7,210	5,600	3,970	2,360	750	0	70,000
353,000	356,000	12,830	9,600	7,330	5,720	4,090	2,480	870	0	71,100
356,000	359,000	13,080	9,840	7,450	5,840	4,220	2,600	990	0	72,100
359,000	362,000	13,320	10,090	7,580	5,960	4,340	2,730	1,110	0	73,100
362,000	365,000	13,570	10,330	7,700	6,090	4,460	2,850	1,240	0	74,200
365,000	368,000	13,810	10,580	7,820	6,210	4,580	2,970	1,360	0	75,200
368,000	371,000	14,060	10,820	7,940	6,330	4,710	3,090	1,480	0	76,200
371,000	374,000	14,300	11,070	8,070	6,450	4,830	3,220	1,600	0	77,100
374,000	377,000	14,550	11,310	8,190	6,580	4,950	3,340	1,730	100	78,100
377,000	380,000	14,790	11,560	8,320	6,700	5,070	3,460	1,850	220	79,000
380,000	383,000	15,040	11,800	8,570	6,820	5,200	3,580	1,970	350	79,900
383,000	386,000	15,280	12,050	8,810	6,940	5,320	3,710	2,090	470	81,400
386,000	389,000	15,530	12,290	9,060	7,070	5,440	3,830	2,220	590	83,100
389,000	392,000	15,770	12,540	9,300	7,190	5,560	3,950	2,340	710	84,700
392,000	395,000	16,020	12,780	9,550	7,310	5,690	4,070	2,460	840	86,500
395,000	398,000	16,260	13,030	9,790	7,430	5,810	4,200	2,580	960	88,200
398,000	401,000	16,510	13,270	10,040	7,560	5,930	4,320	2,710	1,080	89,800
401,000	404,000	16,750	13,520	10,280	7,680	6,050	4,440	2,830	1,200	91,600
404,000	407,000	17,000	13,760	10,530	7,800	6,180	4,560	2,950	1,330	93,300
407,000	410,000	17,240	14,010	10,770	7,920	6,300	4,690	3,070	1,450	95,000
410,000	413,000	17,490	14,250	11,020	8,050	6,420	4,810	3,200	1,570	96,700
413,000	416,000	17,730	14,500	11,260	8,170	6,540	4,930	3,320	1,690	98,300
416,000	419,000	17,980	14,740	11,510	8,290	6,670	5,050	3,440	1,820	100,100
419,000	422,000	18,220	14,990	11,750	8,530	6,790	5,180	3,560	1,940	101,800
422,000	425,000	18,470	15,230	12,000	8,770	6,910	5,300	3,690	2,060	103,400
425,000	428,000	18,710	15,480	12,240	9,020	7,030	5,420	3,810	2,180	105,200
428,000	431,000	18,960	15,720	12,490	9,260	7,160	5,540	3,930	2,310	106,900
431,000	434,000	19,210	15,970	12,730	9,510	7,280	5,670	4,050	2,430	108,500
434,000	437,000	19,450	16,210	12,980	9,750	7,400	5,790	4,180	2,550	110,300
437,000	440,000	19,700	16,460	13,220	10,000	7,520	5,910	4,300	2,680	112,000
440,000	443,000	20,090	16,700	13,470	10,240	7,650	6,030	4,420	2,800	113,600
443,000	446,000	20,580	16,950	13,710	10,490	7,770	6,160	4,540	2,920	115,400
446,000	449,000	21,070	17,190	13,960	10,730	7,890	6,280	4,670	3,040	117,100
449,000	452,000	21,560	17,440	14,200	10,980	8,010	6,400	4,790	3,170	118,700
452,000	455,000	22,050	17,680	14,450	11,220	8,140	6,520	4,910	3,290	120,500

その月の社会保険料等控除後の給与等の金額		甲								乙
		扶養親族等の数								
		0人	1人	2人	3人	4人	5人	6人	7人	
以上	未満	税額								税額
円	円	円	円	円	円	円	円	円	円	円
455,000	458,000	22,540	17,930	14,690	11,470	8,260	6,650	5,030	3,410	122,200
458,000	461,000	23,030	18,170	14,940	11,710	8,470	6,770	5,160	3,530	123,800
461,000	464,000	23,520	18,420	15,180	11,960	8,720	6,890	5,280	3,660	125,600
464,000	467,000	24,010	18,660	15,430	12,200	8,960	7,010	5,400	3,780	127,300
467,000	470,000	24,500	18,910	15,670	12,450	9,210	7,140	5,520	3,900	129,000
470,000	473,000	24,990	19,150	15,920	12,690	9,450	7,260	5,650	4,020	130,700
473,000	476,000	25,480	19,400	16,160	12,940	9,700	7,380	5,770	4,150	132,300
476,000	479,000	25,970	19,640	16,410	13,180	9,940	7,500	5,890	4,270	134,000
479,000	482,000	26,460	20,000	16,650	13,430	10,190	7,630	6,010	4,390	135,600
482,000	485,000	26,950	20,490	16,900	13,670	10,430	7,750	6,140	4,510	137,200
485,000	488,000	27,440	20,980	17,140	13,920	10,680	7,870	6,260	4,640	138,800
488,000	491,000	27,930	21,470	17,390	14,160	10,920	7,990	6,380	4,760	140,400
491,000	494,000	28,420	21,960	17,630	14,410	11,170	8,120	6,500	4,880	142,000
494,000	497,000	28,910	22,450	17,880	14,650	11,410	8,240	6,630	5,000	143,700
497,000	500,000	29,400	22,940	18,120	14,900	11,660	8,420	6,750	5,130	145,200
500,000	503,000	29,890	23,430	18,370	15,140	11,900	8,670	6,870	5,250	146,800
503,000	506,000	30,380	23,920	18,610	15,390	12,150	8,910	6,990	5,370	148,500
506,000	509,000	30,880	24,410	18,860	15,630	12,390	9,160	7,120	5,490	150,100
509,000	512,000	31,370	24,900	19,100	15,880	12,640	9,400	7,240	5,620	151,600
512,000	515,000	31,860	25,390	19,350	16,120	12,890	9,650	7,360	5,740	153,300
515,000	518,000	32,350	25,880	19,590	16,370	13,130	9,890	7,480	5,860	154,900
518,000	521,000	32,840	26,370	19,900	16,610	13,380	10,140	7,610	5,980	156,500
521,000	524,000	33,330	26,860	20,390	16,860	13,620	10,380	7,730	6,110	158,100
524,000	527,000	33,820	27,350	20,880	17,100	13,870	10,630	7,850	6,230	159,600
527,000	530,000	34,310	27,840	21,370	17,350	14,110	10,870	7,970	6,350	161,000
530,000	533,000	34,800	28,330	21,860	17,590	14,360	11,120	8,100	6,470	162,500
533,000	536,000	35,290	28,820	22,350	17,840	14,600	11,360	8,220	6,600	164,000
536,000	539,000	35,780	29,310	22,840	18,080	14,850	11,610	8,380	6,720	165,400
539,000	542,000	36,270	29,800	23,330	18,330	15,090	11,850	8,630	6,840	166,900
542,000	545,000	36,760	30,290	23,820	18,570	15,340	12,100	8,870	6,960	168,400
545,000	548,000	37,250	30,780	24,310	18,820	15,580	12,340	9,120	7,090	169,900
548,000	551,000	37,740	31,270	24,800	19,060	15,830	12,590	9,360	7,210	171,300
551,000	554,000	38,280	31,810	25,340	19,330	16,100	12,860	9,630	7,350	172,800
554,000	557,000	38,830	32,370	25,890	19,600	16,380	13,140	9,900	7,480	174,300
557,000	560,000	39,380	32,920	26,440	19,980	16,650	13,420	10,180	7,630	175,700
560,000	563,000	39,930	33,470	27,000	20,530	16,930	13,690	10,460	7,760	177,200
563,000	566,000	40,480	34,020	27,550	21,080	17,200	13,970	10,730	7,900	178,700
566,000	569,000	41,030	34,570	28,100	21,630	17,480	14,240	11,010	8,040	180,100
569,000	572,000	41,590	35,120	28,650	22,190	17,760	14,520	11,280	8,180	181,600
572,000	575,000	42,140	35,670	29,200	22,740	18,030	14,790	11,560	8,330	183,100

その月の社会保険料等控除後の給与等の金額		甲								乙
		扶養親族等の数								
		0人	1人	2人	3人	4人	5人	6人	7人	
以上	未満	税額								税額
円	円	円	円	円	円	円	円	円	円	円
575,000	578,000	42,690	36,230	29,750	23,290	18,310	15,070	11,830	8,610	184,600
578,000	581,000	43,240	36,780	30,300	23,840	18,580	15,350	12,110	8,880	186,000
581,000	584,000	43,790	37,330	30,850	24,390	18,860	15,620	12,380	9,160	187,500
584,000	587,000	44,340	37,880	31,410	24,940	19,130	15,900	12,660	9,430	189,000
587,000	590,000	44,890	38,430	31,960	25,490	19,410	16,170	12,940	9,710	190,400
590,000	593,000	45,440	38,980	32,510	26,050	19,680	16,450	13,210	9,990	191,900
593,000	596,000	46,000	39,530	33,060	26,600	20,130	16,720	13,490	10,260	193,400
596,000	599,000	46,550	40,080	33,610	27,150	20,690	17,000	13,760	10,540	194,800
599,000	602,000	47,100	40,640	34,160	27,700	21,240	17,280	14,040	10,810	196,300
602,000	605,000	47,650	41,190	34,710	28,250	21,790	17,550	14,310	11,090	197,800
605,000	608,000	48,200	41,740	35,270	28,800	22,340	17,830	14,590	11,360	199,300
608,000	611,000	48,750	42,290	35,820	29,350	22,890	18,100	14,870	11,640	200,700
611,000	614,000	49,300	42,840	36,370	29,910	23,440	18,380	15,140	11,920	202,200
614,000	617,000	49,860	43,390	36,920	30,460	23,990	18,650	15,420	12,190	203,700
617,000	620,000	50,410	43,940	37,470	31,010	24,540	18,930	15,690	12,470	205,100
620,000	623,000	50,960	44,500	38,020	31,560	25,100	19,210	15,970	12,740	206,700
623,000	626,000	51,510	45,050	38,570	32,110	25,650	19,480	16,240	13,020	208,100
626,000	629,000	52,060	45,600	39,120	32,660	26,200	19,760	16,520	13,290	209,500
629,000	632,000	52,610	46,150	39,680	33,210	26,750	20,280	16,800	13,570	211,000
632,000	635,000	53,160	46,700	40,230	33,760	27,300	20,830	17,070	13,840	212,500
635,000	638,000	53,710	47,250	40,780	34,320	27,850	21,380	17,350	14,120	214,000
638,000	641,000	54,270	47,800	41,330	34,870	28,400	21,930	17,620	14,400	214,900
641,000	644,000	54,820	48,350	41,880	35,420	28,960	22,480	17,900	14,670	215,900
644,000	647,000	55,370	48,910	42,430	35,970	29,510	23,030	18,170	14,950	217,000
647,000	650,000	55,920	49,460	42,980	36,520	30,060	23,590	18,450	15,220	218,000
650,000	653,000	56,470	50,010	43,540	37,070	30,610	24,140	18,730	15,500	219,000
653,000	656,000	57,020	50,560	44,090	37,620	31,160	24,690	19,000	15,770	220,000
656,000	659,000	57,570	51,110	44,640	38,180	31,710	25,240	19,280	16,050	221,000
659,000	662,000	58,130	51,660	45,190	38,730	32,260	25,790	19,550	16,330	222,100
662,000	665,000	58,680	52,210	45,740	39,280	32,810	26,340	19,880	16,600	223,100
665,000	668,000	59,230	52,770	46,290	39,830	33,370	26,890	20,430	16,880	224,100
668,000	671,000	59,780	53,320	46,840	40,380	33,920	27,440	20,980	17,150	225,000
671,000	674,000	60,330	53,870	47,390	40,930	34,470	28,000	21,530	17,430	226,000
674,000	677,000	60,880	54,420	47,950	41,480	35,020	28,550	22,080	17,700	227,100
677,000	680,000	61,430	54,970	48,500	42,030	35,570	29,100	22,640	17,980	228,100
680,000	683,000	61,980	55,520	49,050	42,590	36,120	29,650	23,190	18,260	229,100
683,000	686,000	62,540	56,070	49,600	43,140	36,670	30,200	23,740	18,530	230,400
686,000	689,000	63,090	56,620	50,150	43,690	37,230	30,750	24,290	18,810	232,100
689,000	692,000	63,640	57,180	50,700	44,240	37,780	31,300	24,840	19,080	233,600
692,000	695,000	64,190	57,730	51,250	44,790	38,330	31,860	25,390	19,360	235,100

その月の社会保険料等控除後の給与等の金額		甲								乙
		扶養親族等の数								
		0人	1人	2人	3人	4人	5人	6人	7人	
以上	未満	税額								税額
円	円	円	円	円	円	円	円	円	円	円
695,000	698,000	64,740	58,280	51,810	45,340	38,880	32,410	25,940	19,630	236,700
698,000	701,000	65,290	58,830	52,360	45,890	39,430	32,960	26,490	20,030	238,200
701,000	704,000	65,840	59,380	52,910	46,450	39,980	33,510	27,050	20,580	239,700
704,000	707,000	66,400	59,930	53,460	47,000	40,530	34,060	27,600	21,130	241,300
707,000	710,000	66,960	60,480	54,020	47,550	41,090	34,620	28,150	21,690	242,900
710,000	713,000	67,570	61,100	54,630	48,160	41,700	35,230	28,760	22,300	244,400
713,000	716,000	68,180	61,710	55,250	48,770	42,310	35,850	29,370	22,910	246,000
716,000	719,000	68,790	62,320	55,860	49,390	42,920	36,460	29,990	23,520	247,500
719,000	722,000	69,410	62,930	56,470	50,000	43,540	37,070	30,600	24,140	249,000
722,000	725,000	70,020	63,550	57,080	50,610	44,150	37,690	31,210	24,750	250,600
725,000	728,000	70,630	64,160	57,700	51,220	44,760	38,300	31,820	25,360	252,200
728,000	731,000	71,250	64,770	58,310	51,840	45,370	38,910	32,440	25,970	253,700
731,000	734,000	71,860	65,380	58,920	52,450	45,990	39,520	33,050	26,590	255,300
734,000	737,000	72,470	66,000	59,530	53,060	46,600	40,140	33,660	27,200	256,800
737,000	740,000	73,080	66,610	60,150	53,670	47,210	40,750	34,270	27,810	258,300
740,000円		73,390	66,920	60,450	53,980	47,520	41,050	34,580	28,120	259,800
740,000円を超え780,000円に満たない金額		740,000円の場合の税額に、その月の社会保険料等控除後の給与等の金額のうち740,000円を超える金額の20.42%に相当する金額を加算した金額								259,800円に、その月の社会保険料等控除後の給与等の金額のうち740,000円を超える金額の40.84%に相当する金額を加算した金額
780,000円		81,560	75,090	68,620	62,150	55,690	49,220	42,750	36,290	
780,000円を超え950,000円に満たない金額		780,000円の場合の税額に、その月の社会保険料等控除後の給与等の金額のうち780,000円を超える金額の23.483%に相当する金額を加算した金額								
950,000円		121,480	115,010	108,540	102,070	95,610	89,140	82,670	76,210	
950,000円を超え1,700,000円に満たない金額		950,000円の場合の税額に、その月の社会保険料等控除後の給与等の金額のうち950,000円を超える金額の33.693%に相当する金額を加算した金額								
1,700,000円		374,180	367,710	361,240	354,770	348,310	341,840	335,370	328,910	651,900
1,700,000円を超え2,170,000円に満たない金額		1,700,000円の場合の税額に、その月の社会保険料等控除後の給与等の金額のうち1,700,000円を超える金額の40.84%に相当する金額を加算した金額								651,900円に、その月の社会保険料等控除後の給与等の金額のうち1,700,000円を超える金額の45.945 %に相当する金額を加算した金額
950,000円		121,480	115,010	108,540	102,070	95,610	89,140	82,670	76,210	
2,170,000円を超え2,210,000円に満たない金額		2,170,000円の場合の税額に、その月の社会保険料等控除後の給与等の金額のうち2,170,000円を超える金額の40.84%に相当する金額を加算した金額								
1,700,000円		374,180	367,710	361,240	354,770	348,310	341,840	335,370	328,910	
2,210,000円を超え2,250,000円に満たない金額		2,210,000円の場合の税額に、その月の社会保険料等控除後の給与等の金額のうち2,210,000円を超える金額の40.84%に相当する金額を加算した金額								
2,250,000円		615,120	608,650	602,190	595,710	589,250	582,790	576,310	569,850	
2,250,000円を超え3,500,000円に満たない金額		2,250,000円の場合の税額に、その月の社会保険料等控除後の給与等の金額のうち2,250,000円を超える金額の40.84%に相当する金額を加算した金額								

その月の社会保険料等控除後の給与等の金額		甲								乙
		扶養親族等の数								
		0人	1人	2人	3人	4人	5人	6人	7人	
以上	未満	税額								税額
円	円	円	円	円	円	円	円	円	円	円
3,500,000円		1,125,620	1,119,150	1,112,690	1,106,210	1,099,750	1,093,290	1,086,810	1,080,350	651,900円に、その月の社会保険料等控除後の給与等の金額のうち1,700,000円を超える金額の45.945％に相当する金額を加算した金額
3,500,000円を超える金額		3,500,000円の場合の税額に、その月の社会保険料等控除後の給与等の金額のうち3,500,000円を超える金額の45.945%に相当する金額を加算した金額								
扶養親族等の数が7人を超える場合には、扶養親族等の数が7人の場合の税額から、その7人を超える1人ごとに1,610円を控除した金額										従たる給与についての扶養控除等申告書が提出されている場合には、当該申告書に記載された扶養親族等の数に応じ、扶養親族等1人ごとに1,610円を、上の各欄によって求めた税額から控除した金額

（注）この表における用語の意味は、次の通りです。

1 「扶養親族」とは、源泉控除対象配偶者および控除対象扶養親族をいいます。

2 「社会保険料等」とは、所得税法第74条第2項（社会保険料控除）に規定する社会保険料及び同法第75条第2項（小規模企業共済等掛金控除）に規定する小規模企業共済等掛金をいいます。

（備考）税額の求め方は、次の通りです。

1 「給与所得者の扶養控除等申告書」（以下この表において「扶養控除等申告書」といいます。）の提出があった人

(1)まず、その人のその月の給与等の金額から、その給与等の金額から控除される社会保険料等の金額を控除した金額を求めます。

(2)次に、扶養控除等申告書により申告された扶養親族等（その申告書に記載がされていないものとされる源泉控除対象配偶者を除きます。また、扶養親族等が国外居住親族である場合には、親族に該当する旨を証する書類（その国外居住親族である扶養親族等が年齢30歳以上70歳未満の控除対象扶養親族でありかつ、留学により国内に住所および居所を有しなくなった人である場合には、親族に該当する旨を証する書類及び留学により国内に住所および居所を有しなくなった人である場合には、親族に該当する旨を証する書類および留学により国内に住所及び居所を有しなくなった人に該当する旨を証する書類）が扶養控除等申告書に添付され、または扶養控除等申告書の提出の際に提示された扶養親族等に限ります）の数が7人以下である場合には、(1)により求めた金額に応じて「その月の社会保険料等控除後の給与等の金額」欄の該当する行を求め、その行と扶養親族等の数に応じた甲欄の該当欄との交わるところに記載されている金額を求めます。これが求める税額です。

(3)扶養控除等申告書により申告された扶養親族等の数が7人を超える場合には、(1)により求めた金額に応じて、扶養親族等の数が7人であるものとして(2)により求めた税額から、扶養親族等の数が7人を超える1人ごとに1,610円を控除した金額を求めます。これが求める税額です。

(4)(2)および(3)の場合において、扶養控除等申告書にその人が障害者（特別障害者を含みます）、寡婦、ひとり親または勤労学生に該当する旨の記載があるときは、扶養親族等の数にこれらの一に該当するごとに1人を加算した数を、扶養控除等申告書にその人の同一生計配偶者又は扶養親族のうちに障害者（特別障害者を含みます）または同居特別障害者（障害者（特別障害者を含みます）または同居特別障害者が国外居住親族である場合には、親族に該当する旨を証する書類が扶養控除等申告書に添付され、または当該書類が扶養控除等申告書の提出の際に提示された障害者（特別障害者を含みます）または同居特別障害者に限ります）に該当する人がいる旨の記載があるときは、扶養親族等の数にこれらの一に該当するごとに1人を加算した数を、それぞれ(2)および(3)の扶養親族等の数とします。

2 扶養控除等申告書の提出がない人（「従たる給与についての扶養控除等申告書」の提出があった人を含みます）

その人のその月の給与等の金額から、その給与等の金額から控除される社会保険料等の金額を控除し、その控除後の金額に応じた「その月の社会保険料等控除後の給与等の金額」欄の該当する行と乙欄との交わるところに記載されている金額（「従たる給与についての扶養控除等申告書」の提出があった場合には、その申告書により申告された扶養親族等（その申告書に記載がされていないものとされる源泉控除対象配偶者を除きます）の数に応じ、扶養親族等1人ごとに1,610円を控除した金額）を求めます。これが求める税額です。

SECTION 029
給与等に係る経済的利益

●所得金額の計算上、加算すべき経済的利益

給与に含まれる経済的利益は、法人が役員や特殊関係使用人（役員など）に対して支給した給与以外に、次のようなものを含めて所得金額を計算します。

- 現物給与
- 債務の免除
- その他の経済的な利益

ただし、所得金額に含めなくともよい（課税しない）経済的利益もあります。それらについては下記に示します。

●加算（課税）しない経済的利益

法人が役員や特殊関係使用人（役員など）に対して支給した経済的利益であっても、株主の地位に基づいて取得したものや純然たる贈与と認められるものは除外されます。下記に、いくつかの具体的な経済的利益の例を示します。

(1)記念品や表彰による利益

使用者が永年勤続した役員や使用人に対して、旅行や観劇などに招待したり、記念品を支給したりすることによる利益は、一定の要件を満たす場合には課税されません。

これには、勤続期間に応じて社会通念上相当と認められる額であることや、表彰が一定の勤続年数の者を対象とし、一定の間隔で行われることが含まれます。

(2)創業記念品など

使用者が役員や使用人に対して創業記念、増資記念、工事完成記念、合併記念などに際して記念品を支給する場合、一定の要件を満たす場合には課税されません。

これには、社会通念上記念品としてふさわしいものであり、価額が1万円以下であることが含まれます。

(3)商品や製品の値引き販売

使用者が役員や使用人に対して自社の商品や製品を値引き販売する場合、一定の要件を満たす場合には課税されません。

これには、値引き額が取得価額以上であり、値引率が合理的なバランスを保つ範囲内で設定されていることが含まれます。

(4)残業や宿日直に対する食事提供

使用者が残業や宿日直をした者に対して食事を提供する場合、課税されません

(5)寄宿舎の電気料など

使用者が寄宿舎の電気、ガス、水道料金を負担することにより、役員や使用人が受ける経済的利益は、適正な範囲内であれば課税されません。

(6)技術習得のための支給

使用者が役員や使用人に対して技術や知識を習得させるための研修会や講習会の出席費用を支給する場合、適正な費用であれば課税されません。

(7) 通勤手当

通勤手当は、自宅から職場までの通勤にかかる費用を支給する手当です。一定額までは非課税となり、福利厚生費として計上が認められています。

電車やバスなどの公共交通機関を利用した場合は、1カ月15万円が非課税の限度額です。自動車で通勤する場合は、距離に応じて非課税限度額が異なります。

(8) 資格取得費用

資格を取得するためにかかった費用を会社が支給する場合は、非課税となります。ただし、業務に直接必要な資格のみが対象です。

(9) 食事補助

食事補助は、従業員の食事代の一部を会社が補助してくれる場合の項目です。従業員が食事代の半分以上を負担し、会社が負担する額が月額3,500円以下である場合に限り、非課税となります。

(10) 健保給付金

会社が加入している健康保険からの給付金を会社が立て替えて給与で支払っている場合は非課税となります。

(11) 予防接種補助

インフルエンザやその他ウイルスの予防接種にかかる費用は、一定の条件を満たせば非課税になります。業務上必要であり、全従業員を対象とし希望者全員の費用を負担する場合に非課税となります。

(12) 旅費・出張費

出張に行くと、新幹線代や飛行機代、ホテル代などの費用がかかります。これらの費用を給与で支給している場合は「非課税」になります。ただし、必要以上に高額になった場合は課税対象になることがあります。

(13) 宿直手当

宿直手当は、夜間の警備対応や、緊急時に備えて夜間対応した場合に支給する手当です。勤務1回につき、4,000円まで非課税になります。

これらの経済的利益は、法人税法上の給与として考慮されることがあります。ただし、具体的なケースによって異なるため、専門家に相談することをお勧めします。

給与等に係る経済的利益の詳細については下記URLを参照してください。

●「給与等に係る経済的利益」(国税庁)

URL https://www.nta.go.jp/law/tsutatsu/kihon/shotoku/05/03.htm

SECTION 030
非課税となる通勤手当の限度額

非課税通勤費(通勤手当)とは、従業員の自宅から勤務先までの通勤にかかる費用を、企業が手当として支給するものです。この手当は一定の金額まで非課税となり、所得税や住民税がかからない特性があります。

1カ月当たりの非課税となる限度額を超えて通勤手当を支給する場合には、超える部分の金額が課税対象となります。この超える部分の金額は、通勤手当・通勤定期券などを支給した月の給与の額に上乗せして所得税および復興特別所得税の源泉徴収を行います。

なお、通勤手当などの非課税となる限度額は、パートやアルバイトなど短期間雇い入れる人についても、月を単位にして計算します。

●マイカー・自転車通勤者の通勤手当

マイカー・自転車などを使用して通勤している人の非課税となる1カ月当たりの限度額は、片道の通勤距離(通勤経路に沿った長さ)に応じて、次のように定められています。

▶マイカーなどで通勤している人の非課税となる1カ月当たりの限度額の表

片道の通勤距離	1カ月当たりの限度額
2キロメートル未満	(全額課税)
2キロメートル以上10キロメートル未満	4,200円
10キロメートル以上15キロメートル未満	7,100円
15キロメートル以上25キロメートル未満	12,900円
25キロメートル以上35キロメートル未満	18,700円
35キロメートル以上45キロメートル未満	24,400円
45キロメートル以上55キロメートル未満	28,000円
55キロメートル以上	31,600円

●電車・バス通勤者の通勤手当

▶電車やバスなどの交通機関だけを利用して通勤している場合

電車やバスなどの交通機関だけを利用して通勤している場合の非課税となる限度額は、通勤のための運賃・時間・距離等の事情に照らして、最も経済的かつ合理的な経路および方法で通勤した場合の通勤定期券などの金額です。

新幹線や特急列車を利用した場合の運賃等の額も、その通勤方法や経路が「最も経済的かつ合理的な経路および方法」に該当する場合には非課税の通勤手当に含まれますが、グリーン料金は最も経済的かつ合理的な通勤経路および方法のための料金とは認められないため含まれません。

最も経済的かつ合理的な経路および方法による通勤手当や通勤定期券などの金額が、1カ月当たり15万円を超える場合には、15万円が非課税の限度額となります。

▶電車やバスなどの交通機関のほか、併せてマイカーや自転車なども使って通勤している場合

電車やバスなどの交通機関のほか、併せてマイカーや自転車なども使って通勤している場合の非課税となる限度額は、次の①と②を合計した金額ですが、1カ月当たり15万円が限度です。

①電車やバスなどの交通機関を利用する場合の1か月間の通勤定期券などの金額
②マイカーや自転車などを使って通勤する片道の距離で決まっている1か月当たりの非課税となる限度額

SECTION 031

社員(役員、従業員)に対する社宅の課税計算

●社宅と課税

社員に対して社宅を貸与する場合は、社員から1カ月当たり一定額の家賃(以下、「賃貸料相当額」)を受け取っていれば、給与として課税されません。ただし、この社宅が、社会通念上一般に貸与されている社宅と認められないいわゆる豪華社宅である場合は、次の算式の適用はなく、通常支払うべき使用料に相当する額が賃貸料相当額になります。

●豪華社宅とは

豪華社宅とは、一般的な社宅とは異なり、特別に豪華な設備や大きな広さを持つ社宅を指します。具体的には次のような判定をします。

- 床面積が240㎡を超える物件
- 床面積が240㎡以下でも、一般的な社宅にはないプールなどの設備や、入居者個人の趣味を反映した設備を有する物件

豪華社宅と判断された場合、通常支払うべき家賃(いわゆる時価)に設定する必要があります。これは、社会通念上一般に貸与されている住宅とは認められないような豪華な物件であるためです。具体的な判断は、取得価額、支払賃貸料、内外装の状況など各種の要素を総合的に勘案して行われます。詳細は税務署の判断によります。

●賃貸料相当額とは

賃貸料相当額は、貸与する社宅の床面積により小規模な住宅(注1)とそれ以外の住宅とに分け、次のように計算します。

(注1) 小規模な住宅とは、法定耐用年数が30年以下の建物の場合には床面積が132㎡以下である住宅、法定耐用年数が30年を超える建物の場合には床面積が99㎡以下(区分所有の建物は共用部分の床面積を案分し、専用部分の床面積に加えたところで判定する)である住宅をいいます。

▶社員に貸与する社宅が小規模な住宅である場合

次の①から③までの合計額が賃貸料相当額になります。

①(その年度の建物の固定資産税の課税標準額)×0.2%

②12円×(その建物の総床面積(㎡)/(3.3㎡))

③(その年度の敷地の固定資産税の課税標準額)×0.22%

▶社員に貸与する社宅が小規模な住宅でない場合

社員に貸与する社宅が小規模住宅に該当しない場合には、その社宅が自社所有の社宅か、他から借り受けた住宅などを社員へ貸与しているのかで、賃貸料相当額の算出方法が異なります。

(1)自社所有の社宅の場合

次の①と②の合計額の12分の1が賃貸料相当額になります。

①(その年度の建物の固定資産税の課税標準額)×12% (注1)

②(その年度の敷地の固定資産税の課税標準額)×6%

(注1)法定耐用年数が30年を超える建物の場合には12%ではなく、10%を乗じます。

(2) 他から借り受けた住宅等を貸与する場合

会社が家主に支払う家賃の50%の金額と、自社所有の社宅の場合で算出した賃貸料相当額とのいずれか多い金額が賃貸料相当額になります。

●給与として課税される範囲

▶社員に無償で貸与する場合

賃貸料相当額が、給与として課税されます。

※看護師や守衛など、仕事を行う上で勤務場所を離れて住むことが困難な社員に対して、仕事に従事させる都合上社宅や寮を貸与する場合には、無償で貸与しても給与として課税されない場合があります。

▶社員から賃貸料相当額より低い家賃を受け取っている場合

賃貸料相当額と受け取っている家賃との差額が給与として課税されます。

ただし、社員から受け取っている家賃が、賃貸料相当額の50%以上であれば、受け取っている家賃と賃貸料相当額との差額は、給与として課税されません。

▶現金で支給される住宅手当や入居者が直接契約している場合の家賃負担

社宅の貸与とは認められないので、給与として課税されます。

社員に対して社宅や寮などを貸与する場合には、社員から1カ月当たり一定額の家賃以上を受け取っていれば給与として課税されません。

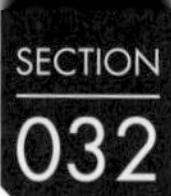

賞与に対する源泉徴収額の算出方法

●賞与に対する源泉徴収税額の算出率の表(令和5年分)

賞与の金額に乗ずべき率	甲									
	扶養親族等の数									
	0人		1人		2人		3人		4人	
	前月の社会保険料等控除後の給与等の金額									
	以上	未満	以上	未満	以上	未満	以上	未満	以上	未満
%	千円	千円	千円	千円	千円	千円	千円	千円	千円	千円
0.000	68千円未満		94千円未満		133千円未満		171千円未満		210千円未満	
2.042	68	79	94	243	133	269	171	295	210	300
4.084	79	252	243	282	269	312	295	345	300	378
6.126	252	300	282	338	312	369	345	398	378	424
8.168	300	334	338	365	369	393	398	417	424	444
10.210	334	363	365	394	393	420	417	445	444	470
12.252	363	395	394	422	420	450	445	477	470	503
14.294	395	426	422	455	450	484	477	510	503	534
16.336	426	520	455	520	484	520	510	544	534	570
18.378	520	601	520	617	520	632	544	647	570	662
20.420	601	678	617	699	632	721	647	745	662	768
22.462	678	708	699	733	721	757	745	782	768	806
24.504	708	745	733	771	757	797	782	823	806	849
26.546	745	788	771	814	797	841	823	868	849	896
28.588	788	846	814	874	841	902	868	931	896	959
30.630	846	914	874	944	902	975	931	1,005	959	1,036
32.672	914	1,312	944	1,336	975	1,360	1,005	1,385	1,036	1,409
35.735	1,312	1,521	1,336	1,526	1,360	1,526	1,385	1,538	1,409	1,555
38.798	1,521	2,621	1,526	2,645	1,526	2,669	1,538	2,693	1,555	2,716
41.861	2,621	3,495	2,645	3,527	2,669	3,559	2,693	3,590	2,716	3,622
45.945	3,495千円以上		3,527千円以上		3,559千円以上		3,590千円以上		3,622千円以上	

賞与の金額に乗ずべき率	甲						乙	
	扶養親族等の数							
	5人		6人		7人以上			
	前月の社会保険料等控除後の給与等の金額							
	以上	未満	以上	未満	以上	未満	以上	未満
%	千円	千円	千円	千円	千円	千円	千円	千円
0.000	243千円未満		275千円未満		308千円未満			
2.042	243	300	275	333	308	372		
4.084	300	406	333	431	372	456		
6.126	406	450	431	476	456	502		
8.168	450	472	476	499	502	523		
10.210	472	496	499	521	523	545		222
12.252	496	525	521	547	545	571		
14.294	525	557	547	582	571	607		
16.336	557	597	582	623	607	650		
18.378	597	677	623	693	650	708		
20.420	677	792	693	815	708	838	222	293
22.462	792	831	815	856	838	880		
24.504	831	875	856	900	880	926		
26.546	875	923	900	950	926	978		
28.588	923	987	950	1,015	978	1,043		
30.630	987	1,066	1,015	1,096	1,043	1,127	293	524
32.672	1,066	1,434	1,096	1,458	1,127	1,482		
35.735	1,434	1,555	1,458	1,555	1,482	1,583		
38.798	1,555	2,740	1,555	2,764	1,583	2,788	524	1,118
41.861	2,740	3,654	2,764	3,685	2,788	3,717		
45.945	3,654千円以上		3,685千円以上		3,717千円以上		1,118千円以上	

●賞与に対する源泉徴収額の算出方法

賞与に対する源泉徴収額の算出方法は次の通りです。

▶通常の場合(「給与所得者の扶養控除等申告書」を提出している場合)

(1)前月の給与から社会保険料等を差し引きます。

(2)算出率の表の甲欄の扶養親族等の数に応じた上記(1)の金額の当てはまる行と「賞与の金額に乗ずべき率」欄との交わるところに記載されている税率を求めます。

(3)(賞与から社会保険料等を差し引いた金額)×上記(2)の税率

この金額が、賞与から源泉徴収する税額になります。

▶前月の給与の金額(社会保険料等を差し引いた金額)の10倍を超える賞与(社会保険料等を差し引いた金額)を支払う場合

(1)(賞与から社会保険料等を差し引いた金額)÷6(または「12」)

(2)上記(1)+(前月の給与から社会保険料等を差し引いた金額)

(3)上記(2)の金額を「月額表」に当てはめて税額を求める。

(4)上記(3)の税額-(前月の給与に対する源泉徴収税額)

(5)上記(4)の税額×6(または「12」)

この金額が賞与から源泉徴収する税額になります。

※賞与の計算期間が6カ月を超える場合には、上記算式の「12」を使って計算します。

▶前月に給与の支払がない場合

(1)(賞与から社会保険料等を差し引いた金額)÷6(または「12」)

(2)上記(1)の金額を「月額表」に当てはめて税額を求める。

(3)上記(2)の税額×6(または「12」)

この金額が賞与から源泉徴収する税額になります。

※賞与の計算期間が6カ月を超える場合には、上記計算式の「12」を使って計算します。

●具体例

具体例を下記に示します。

▶通常の場合(「給与所得者の扶養控除等申告書」を提出している場合)

(1)前月の給与(社会保険料等控除後)　285,454円
(2)賞与の金額(社会保険料等控除後)　389,558円
(3)扶養親族等の数　3人

①算出率の表の「甲」欄により、「扶養親族等の数」が「3人」の欄で、上記(1)の285,454円が含まれている「171千円以上295千円未満」の行を求めます。
②その行と「賞与の金額に乗ずべき率」欄との交わるところに記載されている「2.042%」が、賞与の金額に乗ずる率です。
③上記(2)389,558円×②2.042%=7,954円(1円未満の端数切り捨て、賞与に対する税額)

▶前月の給与の金額の10倍を超える賞与を支払う場合

(1)前月中の給与の金額(社会保険料等控除額)　166,531円
(2)賞与の金額(社会保険料等控除後、計算期間6か月)　1,668,062円
(3)扶養親族等の数　1人

①(2)1,668,062円÷6=278,010円(1円未満の端数切捨て)
②①278,010円+(1)166,531円=444,541円
③月額表の甲欄で、②の444,541円について扶養親族等の数1人の場合の税額は16,950円
④月額表の甲欄で、(1)の166,531円について扶養親族等の数1人の場合の税額は1,930円
⑤(上記③の16,950円−上記④の1,930円)×6=90,120円(賞与に対する税額)

▶前月に給与の支払がない場合

(1)賞与の金額(社会保険料等控除後、計算期間6カ月)　769,300円
(2)扶養親族等の数　1人

①(1)769,300円÷6=128,216円(1円未満の端数切捨て)
②月額表の甲欄で、①の128,216円について扶養親族の数1人の場合の税額は530円
③②の530円×6=3,180円(賞与に対する税額)

SECTION 033

年末調整とは

●年末調整を行う理由

給与の支払者は、毎月(毎日)の給与の支払の際に所定の源泉徴収税額表によって所得税及び復興特別所得税の源泉徴収をすることになっていますが、その源泉徴収をした税額の1年間の合計額は、給与の支払を受ける人の年間の給与総額について納めなければならない税額(年税額)と一致しないのが通常です。

この一致しない理由は、その人によって異なりますが、①源泉徴収税額表は年間を通して毎月の給与の額に変動がないものとして作られているが実際は年の中途で給与の額に変動があること、②年の中途で控除対象扶養親族の数などに異動があってもその異動後の支払分から修正するだけでさかのぼって各月の源泉徴収税額を修正することとされていないこと、③生命保険料や地震保険料の控除などは年末調整の際に控除することとされていること、などが挙げられます。

このような不一致を精算するため、1年間の給与総額が確定する年末にその年に納めるべき税額を正しく計算し、それまでに徴収した税額との過不足額を求め、その差額を徴収又は還付し精算することが必要となります。この精算の手続を「年末調整」と呼んでいます。

一般に給与所得者は、一の勤務先から受ける給与以外に所得がないか、給与以外の所得があってもその額が少額であるという人がほとんどです。したがって、このような人について、勤務先で年末調整により税額の精算が済んでしまうということは、確定申告などの手続を行う必要がないこととなるわけので、年末調整は非常に大切な手続といえます。

●年末調整の対象となる人

年末調整は、原則として給与の支払者に給与所得者の扶養控除等(異動)申告書(以下「扶養控除等(異動)申告書」といいます)を提出している人の全員について行いますが、例外的に年末調整の対象とならない人もいます。年末調整の対象となる人とならない人を区分して示すと次の表のとおりです。

年末調整の対象となる人	年末調整の対象とならない人
次のいずれかに該当する人 (1)1年を通じて勤務している人 (2)年の中途で就職し、年末まで勤務している人 (3)年の中途で退職した人のうち、次の人 ①死亡により退職した人 ②著しい心身の障害のため退職した人で、その退職の時期からみて、本年中に再就職ができないと見込まれる人 ③12月中に支給期の到来する給与の支払を受けた後に退職した人 ④いわゆるパートタイマーとして働いている人などが退職した場合で、本年中に支払を受ける給与の総額が103万円以下である人(退職後本年中に他の勤務先等から給与の支払を受けると見込まれる場合を除く) (4)年の中途で、海外の支店へ転勤したことなどの理由により、非居住者となった人(非居住者とは、国内に住所も1年以上の居所も有しない人をいいます)	次のいずれかに該当する人 (1)左欄に掲げる人のうち、本年中の主たる給与の収入金額が2,000万円を超える人 (2)左欄に掲げる人のうち、災害により被害を受けて、「災害被害者に対する租税の減免、徴収猶予等に関する法律」の規定により、本年分の給与に対する源泉所得税及び復興特別所得税の徴収猶予又は還付を受けた人 (3)2カ所以上から給与の支払を受けている人で、他の給与の支払者に扶養控除等(異動)申告書を提出している人や、年末調整を行うときまでに扶養控除等(異動)申告書を提出していない人(月額表または日額表の乙欄適用者) (4)年の中途で退職した人で、左欄の(3)該当しない人 (5)非居住者 (6)継続して同一の雇用主に雇用されないいわゆる日雇労働者など(日額表の丙欄適用者)
〔注意事項〕 ①1カ所から給与の支払を受ける人で、年末調整を行うときまでに、その給与の支払者に扶養控除等(異動)申告書を提出していない人については、この申告書を提出するよう指導してください。 ②年末調整の対象とならない人は、自分で確定申告をして税額の精算をすることになりますから、このような人には期限までに住所地の所轄税務署長に確定申告書を提出するよう指導してください。 ③外国人の労働者であっても、国内に住所を有するかなたは引き続いて国内に1年以上居所を有することにより居住者となる人については、上記の表の区分により年末調整の対象となるかどうかを判定することになりますから注意してください。	

●年末調整を行うとき

年末調整は、本年最後に給与の支払をするときに行うことになっているので通常は12月に行いますが、次に掲げる人についてはそれぞれ次のときに年末調整を行います。

年末調整の対象となる人	年末調整を行うとき
(1)年の中途で死亡により退職した人	退職のとき
(2)著しい心身の障害のため年の中途で退職した人で、その退職の時期からみて本年中に再就職ができないと見込まれる人	退職のとき
(3)12月中に支給期の到来する給与の支払を受けた後に退職した人	退職のとき
(4)いわゆるパートタイマーとして働いている人などが退職した場合で、本年中に支払を受ける給与の総額が103万円以下である人(退職後、本年中に他の勤務先等から給与の支払を受けると見込まれる人を除きます)	退職のとき
(5)年の中途で、海外の支店へ転勤したことなどの理由により、非居住者となった人	非居住者となったとき

なお、その年最後に給与の支払をする月中に賞与以外の普通給与と賞与とを支払う場合で、普通給与の支払よりも前に賞与を支払うときは、その賞与を支払う際に年末調整を行っても良いことになっています。この場合には、後で支払う普通給与の見積額及びこれに対応する見積税額を加えたところで年末調整を行いますが、後で支払う普通給与の実際の支給額がその見積額と異なることとなったときは、その実際の支給額によって年末調整のやり直しを行う必要があります。

SECTION 034

給与所得控除

●給与所得控除とは

給与所得控除とは、給与所得を計算する際に、給与収入額に応じて差し引くことができる控除のことを指します。この制度は、会社員やアルバイト・パートなど、企業から給与をもらう給与所得者が受けられます。

給与所得控除は、所得税の課税対象となる「給与所得」を算出する際に用いられます。具体的には、1年間の給与収入額に応じて一定額を控除できます。この控除は通常、年末調整時に適用されます。

控除額は給与収入に応じて変わり、国税庁が定めている下表をもとに算出します。

▶所得税課税対象となる「給与所得」算出表(令和2年分以降)

給与等の収入金額(給与所得の源泉徴収票の支払金額)	給与所得控除額
1,625,000円まで	550,000円
1,625,001円から1,800,000円まで	収入金額×40% -100,000円
1,800,001円から3,600,000円まで	収入金額×30% +80,000円
3,600,001円から6,600,000円まで	収入金額×20% +440,000円
6,600,001円から8,500,000円まで	収入金額×10% +1,100,000円
8,500,001円以上	1,950,000円(上限)

※同一年分の給与所得の源泉徴収票が2枚以上ある場合には、それらの支払金額の合計額により上記の表を適用してください。

●所得税課税対象となる「給与所得」の計算例

たとえば給与収入が800万円の場合、「660万円超～850万円まで」に該当するため、「収入金額×10%+110万円」の式に当てはめて、給与所得控除額を求めます。その後、算出された金額を年間の給与収入から差し引くと、給与所得は610万円となります。

(計算例)

800万円 × 10% + 110万円 = 190万円(給与所得控除額)

800万円 − 190万円 = 610万円

●特定支出控除

特定支出控除は、給与所得者が特定の支出をした場合、その年の特定支出の　合計額が特定の金額を超えるときに所得金額から差し引くことができる制度です。特定支出は次のようなものです。

▶特定支出控除の対象となる支出の事例

<table>
<tr><th>支出</th><th colspan="2">説明</th></tr>
<tr><td>通勤費</td><td colspan="2">一般の通勤者として通常必要であると認められる通勤のための支出</td></tr>
<tr><td>職務上の旅費</td><td colspan="2">勤務する場所を離れて職務を遂行するための直接必要な旅行のために通常必要な支出</td></tr>
<tr><td>転居費</td><td colspan="2">転勤に伴う転居のために通常必要であると認められる支出</td></tr>
<tr><td>研修費</td><td colspan="2">職務に直接必要な技術や知識を得ることを目的として研修を受けるための支出</td></tr>
<tr><td>資格取得費</td><td colspan="2">職務に直接必要な資格を取得するための支出</td></tr>
<tr><td>帰宅旅費</td><td colspan="2">単身赴任などの場合で、その者の勤務地または居所と自宅の間の旅行のために通常必要な支出</td></tr>
<tr><td rowspan="4">勤務必要経費</td><td colspan="2">次に掲げる支出（その支出の額の合計額が65万円を超える場合には、65万円までの支出に限る）で、その支出がその者の職務の遂行に直接必要なものとして給与等の支払者より証明がされたもの</td></tr>
<tr><td>図書費</td><td>書籍、定期刊行物その他の図書で職務に関連するものを購入するための費用</td></tr>
<tr><td>衣服費</td><td>制服、事務服、作業服その他の勤務場所において着用することが必要とされる衣服を購入するための費用</td></tr>
<tr><td>交際費等</td><td>交際費、接待費その他の費用で、給与等の支払者の得意先、仕入先その他職務上関係のある者に対する接待、供応、贈答その他これらに類する行為のための支出</td></tr>
</table>

特定支出控除を受けるためには、確定申告を行う必要があります。その際、特定支出に関する明細および給与の支払者またはキャリアコンサルタントの証明書を申告書に添付するとともに、登場・乗車・乗船に関する証明書や支出した金額を賞する書類を申告書に添付または申告書を提出する際に提示しなければなりません。

実際の確定申告は個別の税務状況により異なる場合があります。具体的な税務については、国税庁のホームページや所轄の税務署、税理士などの専門家に相談することをお勧めします。

SECTION 035 所得控除一覧（所得税、住民税の速算表）

●所得税、住民税の算出に必要な「各種所得控除」

所得税と住民税は、どちらも所得に応じて課税される税金です。所得税の計算方法は下記の通りです。

▶所得税の計算

給与等の収入額から必要経費を差し引いて所得金額を計算します。会社員の場合、給与所得控除が必要経費に相当します。

▶課税所得金額の計算

先ほど求めた所得金額から各種所得控除を差し引いて課税所得金額を計算します。

▶所得税額の計算

課税所得金額に税率をかけて所得税額を計算します。税率は課税所得金額によって5%～45%の7段階に分かれています。

●住民税の計算方

▶所得割の計算

前年の所得金額に応じて課税されます。所得割の税率は、一律10%とされています。

▶均等割の計算

非課税の条件を満たさない限り全員が一定の額を納めます。通常5,000円（市町村民税3,500円、都道府県民税1,500円）です。

▶住民税額の計算

所得割と均等割を足したものが、納めるべき住民税額です。

具体的な計算例は、国税庁のウェブサイトや各企業の賃金規程によります。

●各種所得控除

所得税と住民税の所得控除には次のような種類があります。

▶所得税と住民税の所得控除

所得控除	説明
雑損控除	損失額に応じて控除額が変わる
医療費控除	支払った医療費 － 保険金など － 10万円 ＝ 医療費控除額（10万円の部分 → 年間所得200万円未満の場合は総所得の5%）
社会保険料控除	その年に支払った金額を全額控除
小規模企業共済等掛金控除	その年に支払った金額を全額控除
生命保険料控除	最高12万円（所得税）、最高7万円（住民税）
地震保険料控除	最高5万円（所得税）、最高2万5千円（住民税）
寡婦・寡夫控除	27万円（所得税）、26万円（住民税）
ひとり親控除	35万円（所得税）、30万円（住民税）
勤労学生控除	27万円（所得税）、26万円（住民税）

所得控除	説明
障害者控除	1名につき27万円(所得税)、26万円(住民税)
普通障害	27万円(所得税)、26万円(住民税)
特別障害	40万円(所得税)、30万円(住民税)
特別障害(同居加算込み)	75万円(所得税)、53万円(住民税)
配偶者控除(一般)	38万円(所得税)、33万円(住民税)
配偶者控除(老人)	最高48万円(所得税)、最高38万円(住民税)
配偶者特別控除	最高38万円(所得税)、最高33万円(住民税)
扶養控除	基本的には38万円(所得税)、33万円(住民税)
特定	63万円(所得税)、45万円(住民税)
老人	48万円(所得税)、38万円(住民税)
老人(同居加算込み)	58万円(所得税)、45万円(住民税)
基礎控除	最高48万円(所得税)、最高43万円(住民税)
寄附金控除	寄附金額－2,000円

これらの控除は、所得税と住民税で控除額が異なる場合があります。具体的な計算例は、国税庁のWebサイトや各企業の賃金規程によります。

●課税所得に対する所得税の速算表(復興所得税を含まない速算表)

課税される所得金額	税率	控除額
1,000円から1,949,000円まで	5%	0円
1,950,000円から3,299,000円まで	10%	97,500円
3,300,000円から6,949,000円まで	20%	427,500円
6,950,000円から8,999,000円まで	23%	636,000円
9,000,000円から17,999,000円まで	33%	1,536,000円
18,000,000円から39,999,000円まで	40%	2,796,000円
40,000,000円以降	45%	4,796,000円

この表を使用すると、課税される所得金額に対する所得税の金額を簡単に求めることができます。具体的な計算例は、国税庁のウェブサイトや各企業の賃金規程によります。

●住民税の速算

住民税は都道府県民税と市区町村民税を合わせたものです。そしてそれぞれに「所得割」「均等割」「調整控除」があります。

所得割	均等割	調整控除
市区町村民税	課税額×6%	※自治体の額
都道府県税	課税額×4%	※自治体の額

調整控除額とは配偶者控除、扶養控除、基礎控除について、所得税と住民税の間に控除額の差が生じているため、その差による影響をなくす目的で平成19年から始まった制度です。

住民税額 = 市区町村民税 + 都道府県民税 － 調整控除額

SECTION 036

退職金に係る税金

退職金は、所定の手続(「退職所得の受給に関する申告書」提出を勤務先に提出)をしておけば、源泉徴収で課税関係(所得税およびび復興特別所得税の課税関係)が終了しますので、原則として確定申告をする必要はありません。

一方で退職金は、通常、その支払を受けるときに所得税および復興特別所得税や住民税が源泉徴収または特別徴収されます。

この退職金は、長年の勤労に対する報償的給与として一時に支払われるものであることなどから、退職所得控除の設定や他の所得と分離して課税されるなど、税負担が軽くなるよう配慮されています。なお、退職所得(退職所得と等控除後の所得)についても源泉徴収票が交付されます。

また、事業所(会社)において、退職金の受け取り方を次の3つの受け取り方を設定しているケースがあります。

- 「一時金」として一括で受け取る
- 「年金」として分割で受け取る
- 「一時金」と「年金」を併用する

●退職金を「一時金」として一括で受け取る場合(一般的)の税金

退職金を一時金として一括で受け取るときは分離課税になるため、退職所得としてほかの所得とは分けて課税されます。また、退職所得を計算するときは「退職所得控除」を差し引くことができます。

また、確定給付企業年金や企業型確定拠出年金に加入中で、退職時に一括で受け取る場合は、退職金と合算して税額を計算します。

●退職所得控除

退職所得控除は、勤続年数によって計算方法が異なります。その計算式は下表の通りです。

勤続年数	退職所得控除額
20年以下	40万円×勤続年数
20年超	800万円+70万円×(勤続年数−20年)

※勤続年数に1年未満の端数があるときは、たとえ1日でも1年として計算します。

※上記の算式によって計算した金額が80万円未満の場合は、退職所得控除額は80万円になります。

※障害者となったことに直接基因して退職した場合は、上記により計算した金額に、100万円を加算した金額が退職所得控除額です。

退職所得に税率を掛けて税額を求めます。税率は国税庁のホームページに掲載されています。

●「退職金と税」(国税庁)

URL https://www.nta.go.jp/publication/pamph/koho/kurashi/html/02_3.htm

●所得税及び復興特別所得税の源泉徴収税額の計算方法（令和5年分）

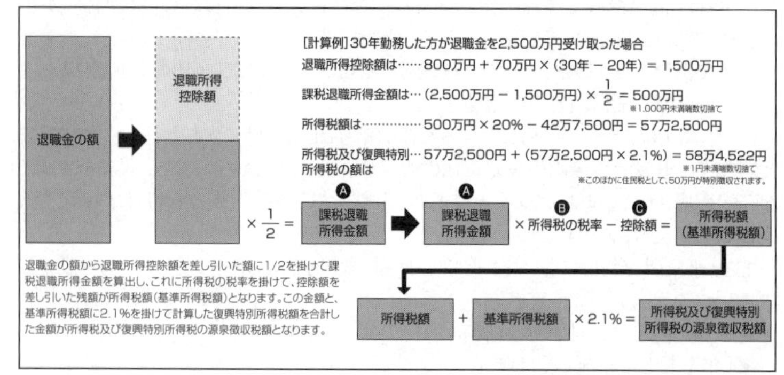

※役員等勤続年数が5年以下である方が支払を受ける退職金のうち、その役員等勤続年数に対応する退職金として支払を受けるものについては、退職金の額から退職所得控除額を差し引いた残額が課税退職所得金額となります。

※役員等以外の勤続年数が5年以下である方が支払を受ける退職金のうち、その役員等以外の勤続年数に対応する退職金として支払を受けるものについては、150万円と退職金の額から300万円に退職所得控除額を加算した金額を差し引いた残額との合計額が課税退職所得金額となります（退職金の額から退職所得控除額を差し引いた残額が300万円以下の場合は、その残額に1/2を掛けた金額が課税退職所得金額となります）。

●出典・参考「退職金と税」（国税庁）

URL https://www.nta.go.jp/publication/pamph/koho/kurashi/html/02_3.htm

●令和5年分所得税の税額表〔求める税額＝A×B−C〕

A 課税退職所得金額	B 税率	C 控除額
1,000円から1,949,000円まで	5%	0円
1,950,000円から3,299,000円まで	10%	97,500円
3,300,000円から6,949,000円まで	20%	427,500円
6,950,000円から8,999,000円まで	23%	636,000円
9,000,000円から17,999,000円まで	33%	1,536,000円
18,000,000円から39,999,000円まで	40%	2,796,000円
40,000,000円以上	45%	4,796,000円

●「年金」として分割で受け取る場合

退職金を年金として分割で受け取る場合、「雑所得」となります。この場合、総合課税となるため、公的年金や企業年金など、ほかにも雑所得に該当する収入があれば、合算して税額を計算します。

また、雑所得を求める際は、受け取る年金額から「公的年金等控除額」を差し引くことができます。

雑所得の税額は、次のように求めます。

雑所得 ＝ 退職金による年金や公的年金などの所得金額 － 公的年金等控除額

雑所得の計算に係る割合と公的年金等控除額は、公的年金等控除額が変わってくるので、国税庁や住んでいる自治体のホームページなどで確認してください。「一時金」と「年金」を併用する場合退職金の一部を一時金として受け取り、残りを年金として受け取れるところもあります。この場合、一時金として受け取る分は退職所得として、年金として受け取る分は雑所得として税額を計算します。

SECTION 037

法定調書

法定調書とは、源泉徴収票や支払調書などの税務署に提出する必要のある書類の総称です。法定調書の作成方法や提出方法、発行後の修正方法などについては、国税庁のホームページに詳細が記載されています。

法定調書は書面のほか、国税庁のe-Taxでも作成・提出が可能です。退職所得の源泉徴収票や報酬等の支払調書などを、画面上で1件別に入力する方法や、他のソフトで作成したCSVファイルを取り込んで提出先に送信することができます。また、作成した法定調書は、受給者本人交付用として書面で出力することもできます。法定調書のうち多くの方が提出義務者となる下記6種類の法定調書については、e-Taxソフト(Web版)を利用できます。

- 給与所得の源泉徴収票
- 退職所得の源泉徴収票
- 報酬、料金、契約金及び賞金の支払調書
- 不動産の使用料等の支払調書
- 不動産等の譲受けの対価の支払調書
- 不動産等の売買又は貸付けのあっせん手数料の支払調書

●報酬・料金等の支払を受ける者が個人の場合の源泉徴収の対象となる範囲

(1) 謝金、取材費、調査費、車代などの名目で支払をする場合がありますが、これらの実態が原稿料や講演料と同じ場合には、すべて源泉徴収の対象になります。

(2) 旅費や宿泊費などの支払も原則的には報酬・料金等に含まれます。しかし、通常必要な範囲の金額で、報酬・料金等の支払者が直接ホテルや旅行会社等に支払った場合は、報酬・料金等に含めなくてもよいことになっています。

(3) 懸賞応募作品などの入選者に対する賞金や新聞、雑誌などの投稿欄への投稿の謝金などは、原則として原稿料に含まれますが、一人に対して支払う賞金や謝金の金額が、1回50,000円以下であれば、源泉徴収をしなくてもよいことになっています。

(4) 原稿料には、試験問題の出題料や答案の採点料などは含まれません。

(5) 報酬・料金等の額の中に消費税および地方消費税の額(以下、「消費税等の額」といいます)が含まれている場合は、原則として、消費税等の額を含めた金額を源泉徴収の対象としますが、請求書等において報酬・料金等の額と消費税等の額が明確に区分されている場合には、その報酬・料金等の額のみを源泉徴収の対象とする金額として差し支えありません(注1)。

(注1) 令和5年10月1日から消費税の仕入税額控除制度において適格請求書等保存方式(いわゆる「インボイス制度」)が開始された後も、上記の取扱いは変更ありません。

●源泉徴収の方法

源泉徴収すべき所得税額および復興特別所得税の額は支払金額（源泉徴収の対象となる金額）により次のようになります。

支払金額（＝A）	税額
100万円以下	A×10.21%
100万円超	（A－100万円）×20.42%＋102,100円

※求めた税額に1円未満の端数があるときは、これを切り捨てます。

●職種別の注意事項

▶弁護士、公認会計士

弁護士や税理士などの業務に関する報酬・料金は、源泉徴収の対象となります。

謝金、調査費、日当、旅費などの名目で支払われるものも源泉徴収の対象となる報酬・料金に含まれます。ただし、支払者が直接、交通機関やホテルなどに支払う交通費、宿泊費等で、その金額が通常必要な範囲内のものであるときは、源泉徴収の対象となる報酬・料金に含めなくてもよいことになっています。なお、弁護士等に支払う金銭等であっても、支払者が国等に対して登記、申請をするため本来納付すべきものとされる登録免許税、手数料等に充てるものとして支払われたことが明らかなものについては、源泉徴収をする必要はありません。

また、報酬・料金の額の中に消費税および地方消費税の額（以下、「消費税等の額」）が含まれている場合は、原則として、消費税等の額を含めた金額を源泉徴収の対象としますが、請求書等において、報酬・料金の額と消費税等の額が明確に区分されている場合には、その報酬・料金の額のみを源泉徴収の対象とする金額として差し支えありません(注2)。

（注2）令和5年10月1日から消費税の仕入税額控除制度において適格請求書等保存方式（いわゆる「インボイス制度」）が開始された後も、上記の取扱いは変更ありません。

源泉徴収すべき所得税額および復興特別所得税の額は支払金額（源泉徴収の対象となる金額）により次のようになります。

支払金額（＝A）	税額
100万円以下	A×10.21%
100万円超	（A-100万円）×20.42%＋102,100円

※求めた税額に1円未満の端数があるときは、これを切り捨てます。

▶司法書士などに支払う報酬・料金

源泉徴収すべき所得税額および復興特別所得税の額は、同一人に対し、1回に支払われる金額から10,000円を差し引いた残額に10.21%の税率を乗じて算出します。

※求めた税額に1円未満の端数があるときは、これを切り捨てます。

▶ホステスなどに支払う報酬・料金

ホテル、旅館などで行われる宴会等において、客に対して接待等を行うことを業務とするいわゆるバンケットホステス・コンパニオンやバー、キャバレーなどに勤めるホステスなどに支払う報酬・料金に関して、所得税および復興特別所得税を源泉徴収しなければならない場合は、次に該当する場合となります。

- バーやキャバレーの経営者が、そこで働くホステスなどに報酬・料金を支払う場合
- いわゆるバンケットホステス・コンパニオン等(注3)をホテル、旅館その他飲食をする場所に派遣して接待等の役務の提供を行わせることを内容とする事業を営む者が、そのバンケットホステス、コンパニオン等に報酬・料金を支払う場合

(注3)このバンケットホステス・コンパニオン等とは、ホテル、旅館、飲食店その他飲食をする場所で行われるパーティー等の飲食を伴う会合において、専ら客の接待等の役務の提供を行うことを業務とする人をいいます。

源泉徴収の対象となる報酬・料金には次のものが含まれます。

- 報奨金や衣装代
- 深夜帰宅するためのタクシー代

(1)源泉徴収した税金の納付

ホステスなどに支払った報酬・料金から源泉徴収した所得税および復興特別所得税は、支払った月の翌月10日までにe-Taxを利用して納付するか、「報酬・料金等の所得税徴収高計算書(納付書)」を添えて最寄りの金融機関もしくは所轄の税務署の窓口で納付します。

(2)計算方法・計算式

源泉徴収すべき所得税および復興特別所得税の額は、報酬・料金の額から同一人に対して1回に支払われる金額について、5,000円にその報酬・料金の「計算期間の日数」を乗じて計算した金額を差し引いた残額に10.21%の税率を乗じて算出します。

具体的な計算例は次の通りです。

- ホステス報酬の支払う金額の計算の基礎期間3月1日から3月31日(31日間)営業日数25日間、3月分の報酬75万円を支払う場合

(75万-15万5,000円)×10.21%=6万749円

※15万5000円=5000×3日

源泉徴収すべき所得税および復興特別所得税の額は60,749円になります。

SECTION 038

消費税とは

消費税は、商品やサービスの販売などの取引に対して広く公平に課税される税金で、消費者が負担し、事業者が納付します。

●消費税の主な特徴

下記に、消費税の主な特徴を示します。

▶税の負担者と納税者

消費税は、商品やサービスの販売などの取引に対して広く公平に課税されます。消費者が最終的に負担し、納税義務者である事業者が納めます。

▶課税される取引

国内において事業者が事業として対価を得て行う資産の譲渡、資産の貸付けおよび役務の提供に課税されます。商品の販売や運送、広告など、対価を得て行う取引のほとんどが課税の対象となります(注1)。

(注1) 電気通信回線(インターネットなど)を介して、国内の事業者・消費者に対して行われる電子書籍・広告の配信などのサービスの提供(「電気通信利用役務の提供」という)については、これまで、国内の事務所などから行われるもののみ消費税が課税されていましたが、平成27年10月1日以後、国外から行われるものについても、消費税が課税されることとされました。

▶非課税取引

一部の取引は、消費税の性格や社会政策的な配慮などから非課税となっています。たとえば、土地の譲渡、有価証券の譲渡、利子、保証料、保険料などが非課税となっています。

▶納税義務者(課税事業者)

その課税期間(個人事業者は暦年、法人は事業年度)の基準期間(個人事業者は前々年、法人は前々事業年度)における課税売上高が1,000万円を超える事業者は、消費税の納税義務者(課税事業者)となります。

▶税率

標準税率は10%(消費税率7.8%、地方消費税率2.2%)、軽減税率は8%(消費税率6.24%、地方消費税率1.76%)です。

以上のように、消費税は商品やサービスの取引に対して課税され、その税金は消費者が負担し、事業者が納付します。詳細な情報は国税庁のWebサイトで確認できます。

●インボイス制度

令和5年(2023年)10月1日から消費税のインボイス制度が施行されました。正式な名称は「適格請求書等保存方式」です。消費税のインボイス制度は、複数税率に対応した仕入税額控除の方式です。

下記にインボイス制度の主な特徴を示します。

▶適格請求書(インボイス)

売手が買手に対して、正確な適用税率や消費税額などを伝えるものです。インボイスを発行するには、「適格請求書発行事業の登録通知書」に記された「登録番号」(Tで始まる以下13桁の数字)が必要となります。

▶適格簡易請求書(簡易インボイス)

不特定多数の者に対して販売などを行う小売業、飲食店業、タクシー業などに係る取引については、適格請求書に代えて、一部の項目を省略できる適格簡易請求書(簡易インボイス)を交付することができます。

▶売手側の義務

売手である登録事業者は、買手である取引相手(課税事業者)から求められたときは、インボイスを交付しなければなりません。また、交付したインボイスの写しを保存しておく必要があります。

▶買手側の義務

買手は仕入税額控除の適用を受けるために、原則として、取引相手(売手)である登録事業者から交付を受けたインボイスの保存などが必要となります。

▶注意点

2割特例や簡易課税制度を適用する場合、消費税の計算に当たっては、インボイスの入手や保存は必要ありません。ただし、所得税等の観点からは保存が必要です。

SECTION
039 国内取引

●国内において事業者が事業として対価を得て行う資産の譲渡等

▶事業者が事業として行う取引

「事業者」とは、個人事業者(事業を行う個人)と法人をいいます。「事業として」とは、対価を得て行われる資産の譲渡等を繰り返し、継続、かつ、独立して行うことをいいます。

したがって、個人の中古車販売業者が行う中古車の売買は事業として行う売買になりますが、給与所得者がたまたま自分の自家用車を手放す行為などは、事業として行う売買とはなりません。

なお、法人は事業を行う目的をもって設立されたものですから、その活動はすべて事業となります。

▶対価を得て行う取引

「対価を得て行う」とは、物品の販売などをして反対給付を受けることをいいます。すなわち反対給付として対価を受け取る取引をいいます。

したがって、寄附金や補助金などは、一般的には対価性がありませんので、課税の対象とはなりません。

また、無償の取引や宝くじの賞金なども原則として課税の対象になりません。

▶資産の譲渡等

消費税法上、「資産の譲渡等」とは、事業として有償で行われる商品や製品などの販売、資産の貸付けおよびサービスの提供をいいます。

●外国貨物の引取り

外国貨物の引取り(輸入取引)については、保税地域から引き取られる外国貨物が課税対象となります。

この場合、引き取る者が事業者であるかどうかは問わないので、事業者はもとより一般消費者も納税義務者になります。

SECTION 040 主な不課税取引

●概要

国内において事業者が事業として対価を得て行う資産の譲渡や貸付け、役務の提供(以下「資産の譲渡等」という)は、消費税の課税の対象となります。

したがって、国外で行われる取引や、次の「具体例」のような取引は課税の対象となりません。

●具体例

取引	説明
給与・賃金	雇用契約に基づく労働の対価であり、「事業」として行う資産の譲渡等の対価に当たらないから
寄附金、祝金、見舞金、国または地方公共団体からの補助金や助成金等	一般的に対価として支払われるものではないから
無償による試供品や見本品の提供	対価の支払いがないから
保険金や共済金	資産の譲渡等の対価といえないから
株式の配当金やその他の出資分配金	株主や出資者の地位に基づいて支払われるものであるから
資産について廃棄をしたり、盗難や滅失があった場合	資産の譲渡等に当たらないから
心身または資産について加えられた損害の発生に伴い受ける損害賠償金	対価として支払われるものではないから(注1)

(注1)ただし、損害賠償金でも、たとえば次のような場合は対価性があるので、課税の対象となります。

- 損害を受けた製品などの棚卸資産が加害者に引き渡される場合で、その資産がそのままで使用できる場合や、軽微な修理をすれば使用できる場合
- 無体財産権の侵害を受けたために受け取る損害賠償金が権利の使用料に相当する場合
- 事務所の明渡しが期限より遅れたために受け取る損害賠償金が賃貸料に相当する場合

SECTION 041

非課税取引

●概要

消費税は、国内において事業者が事業として対価を得て行う取引を課税の対象としています。しかし、これらの取引であっても消費に負担を求める税としての性格から課税の対象としてなじまないものや社会政策的配慮から、課税しない非課税取引が定められています。

●主な非課税取引

非課税取引	備考
土地の譲渡および貸付け	土地には、借地権などの土地の上に存する権利を含む。ただし、1カ月未満の土地の貸付けおよび駐車場などの施設の利用に伴って土地が使用される場合は、非課税取引には当たらない
有価証券等の譲渡	国債や株券などの有価証券、登録国債、合名会社などの社員の持分、抵当証券、金銭債権などの譲渡。ただし、株式・出資・預託の形態によるゴルフ会員権などの譲渡は非課税取引には当たらない
支払手段(注1)の譲渡	銀行券、政府紙幣、小額紙幣、硬貨、小切手、約束手形などの譲渡。ただし、これらを収集品として譲渡する場合は非課税取引には当たらない
預貯金の利子および保険料を対価とする役務の提供など	預貯金や貸付金の利子、信用保証料、合同運用信託や公社債投資信託の信託報酬、保険料、保険料に類する共済掛金など
日本郵便株式会社などが行う郵便切手類の譲渡、印紙の売渡し場所における印紙の譲渡および地方公共団体などが行う証紙の譲渡	—
商品券、プリペイドカードなどの物品切手等の譲渡	—
国などが行う一定の事務に係る役務の提供	国、地方公共団体、公共法人、公益法人等が法令に基づいて行う一定の事務(注2)に係る役務の提供で、法令に基づいて徴収される手数料
外国為替業務に係る役務の提供	—
社会保険医療の給付等	健康保険法、国民健康保険法などによる医療、労災保険、自賠責保険の対象となる医療など。ただし、美容整形や差額ベッドの料金および市販されている医薬品を購入した場合は非課税取引に当たらない
介護保険サービスの提供など	介護保険法に基づく保険給付の対象となる居宅サービス、施設サービスなど。ただし、サービス利用者の選択による特別な居室の提供や送迎などの対価は非課税取引には当たらない
社会福祉事業等によるサービスの提供など	社会福祉法に規定する第一種社会福祉事業、第二種社会福祉事業、更生保護事業法に規定する更生保護事業などの社会福祉事業等によるサービスの提供など
助産	医師、助産師などによる助産に関するサービスの提供など
火葬料や埋葬料を対価とする役務の提供	—

非課税取引	備考
一定の身体障害者用物品の譲渡や貸付けなど	義肢、視覚障害者安全つえ、義眼、点字器、人工喉頭、車椅子、身体障害者の使用に供するための特殊な性状、構造または機能を有する自動車などの身体障害者用物品の譲渡、貸付け、製作の請負およびこれら身体障害者用物品の修理のうち一定のもの
学校教育	学校教育法に規定する学校、専修学校、修業年限が1年以上などの一定の要件を満たす各種学校などの授業料、入学検定料、入学金、施設設備費、在学証明手数料など
教科用図書の譲渡	—
住宅の貸付け	契約において人の居住の用に供することが明らかにされているもの（契約において貸付けの用途が明らかにされていない場合にその貸付けなどの状況からみて人の居住の用に供されていることが明らかなものを含む）に限られる。ただし、1カ月未満の貸付けなどは非課税取引には当たらない

（注1）支払手段に類するものとして、資金決済に関する法律第2条第5項に規定する暗号資産（令和2年4月までは「仮想通貨」という名称が用いられていました。）の譲渡も非課税となります。

（注2）一定の事務とは、たとえば、登記、登録、特許、免許、許可、検査、検定、試験、証明、公文書の交付などです。

SECTION 042

輸出取引の免税について

●輸出免税の概要

事業者が国内で商品などを販売する場合、原則として消費税がかかりますが、販売が輸出取引に該当する場合、消費税が免除されます。

この制度は、内国消費税である消費税は外国で消費されるものには課税しないという考えに基づいています。

●免税される輸出取引の範囲

輸出取引を主とする事業者は、「輸出免税」制度により消費税の還付を受けられる可能性が大です。繰り返しになりますが、輸出免税制度とは、消費税が免除される輸出取引のことを指します。この制度は、日本の消費税を輸出先の国の人に負担させないため、また、輸出される商品の国際競争力を維持するために設けられています。

具体的には、次のような取引が輸出取引として消費税が免除されます。課税事業者が以下の輸出取引を行った場合、消費税が免除されます。

①国内からの輸出として行われる資産の譲渡または貸付け
②国内と国外との間の通信または郵便もしくは信書便
③非居住者に対する鉱業権、工業所有権、著作権、営業権などの無体財産権の譲渡または貸付け
④非居住者に対する役務の提供(ただし、一部の条件を満たす場合に限り免税となる)

非居住者に対する役務の提供であっても、国内に所在する資産に係る運送や保管、国内での飲食や宿泊など、当該非居住者が国内で直接的な利益を享受する場合は免税の対象外であり、消費税が課されます。

●免税の適用を受けるための証明

輸出免税の適用を受けるためには、輸出取引が輸出取引などであることを証明する必要があります。

輸出許可書、税関長の証明書、または輸出の事実を記載した帳簿や書類を整理し、納税地等に7年間保存する必要があります。

輸出免税に係る届出書は次の通りです。

届出書	提出が必要な場合	提出期限等
消費税課税事業者選択届出書	免税事業者が課税事業者になることを選択しようとするとき	選択しようとする課税期間の初日の前日まで
消費税課税事業者選択不適用届出書	課税事業者を選択していた事業者が免税事業者に戻ろうとするとき	選択をやめようとする課税期間の初日の前日まで
消費税課税期間特例選択・変更届出書	課税期間の特例を選択または変更しようとするとき	適用を受けようとする課税期間の初日の前日まで
消費税課税期間特例選択不適用届出書	課税期間の特例の適用をやめようとするとき	適用をやめようとする課税期間の初日の前日まで

「消費税課税事業者選択届出書」の提出期限の原則は「選択しようとする課税期間の初日の前日まで」ですが、設立1期目の場合は設立1期目中に提出すればその課税期間から課税事業者となることができます。なお、課税事業者選択届出書を提出した場合、「消費税課税事業者選択不適用届出書」を提出しない限りずっと課税事業者のままです。将来的に輸出免税の売上がなくなった場合、不適用届出書の提出を怠ると、基準期間の課税売上が1,000万円以下となっても課税事業者のままなので注意が必要です。

SECTION 043 納税義務者

●対象

消費税の納税義務者は、事業者と外国貨物を保税地域から引き取る者です。

●国内取引の納税義務者

国内取引の場合には、事業者は、非課税取引を除き、事業として対価を得て行う資産の譲渡や貸付け、役務の提供について消費税の納税義務を負うことになっています(注1)。

このように、国内取引の消費税の納税義務者は事業者なので事業者でない者は納税の義務はありません。

事業者とは個人事業者(事業を行う個人)および法人をいい、法人には株式会社等の営利法人、公共法人、公益法人等のほか、人格のない社団等も法人とみなされているので、これらの法人が課税資産の譲渡等を行う場合には納税義務者となります。

また、国や地方公共団体も事業者となり課税資産の譲渡等を行う限り納税義務者となります。

なお、消費税には免税点(注2)が設けられております。

(注1)電気通信回線(インターネットなど)を介して、国内の事業者・消費者に対して行われる電子書籍・広告の配信などのサービスの提供(「電気通信利用役務の提供」という)については、これまで、国内の事務所などから行われるもののみ消費税が課税されていましたが、平成27年10月1日以後、国外から行われるものについても、消費税が課税されることとされています。この改正に伴い、国外事業者が行う「電気通信利用役務の提供」のうち、「事業者向け電気通信利用役務の提供」(例:「広告の配信」など)については、当該役務の提供を受けた国内事業者に申告納税義務を課す「リバースチャージ方式」が導入されています。

(注2)消費税についての免税点は、前々事業年度(個人の場合は前々年)の課税売上高が1,000万円以下であれば納める義務が免除されます。

●輸入取引の納税義務者

輸入取引の納税義務者は、その輸入品を保税地域から引き取る者です。したがって事業者だけでなく給与所得者や家庭の主婦なども輸入品を保税地域から引き取った場合には、納税義務を負うことになります。

輸入品を保税地域から引き取る者には免税点の規定はありません。

小規模事業者に関する消費税の免除とインボイス制度について

●小規模事業者の納税義務の免除

基準期間における課税売上高が1,000万円以下の事業者は、その課税期間中に国内で行った課税資産の譲渡や特定課税仕入れについて、消費税を納める義務が免除されます。なお、国または地方公共団体の一般会計には、この特例は適用されません。

▶基準期間

個人事業者は前々年が基準期間となります。

法人の場合の基準期間は、前々事業年度(前々事業年度が1年未満である場合は、その事業年度開始の日の2年前の日の前日から同日以後1年を経過する日までの間に開始した各事業年度を合わせた期間)です。

▶留意事項

基準期間における課税売上高が1,000万円以下でも、その基準期間における課税売上高が1,000万円を超えている場合、課税期間については消費税の納税義務は免除されません。

また、新たに開業した個人事業者や新設された法人の場合、基準期間における課税売上高がない場合や基準期間がない場合には納税義務が免除されます。ただし、資本金の額が1,000万円を超える新設法人は注意が必要です。

●法人成りした場合の課税売上高の算定

法人成りに係る個人事業者の前々年の課税売上高が1,000万円を超えていても、法人成り後の法人が消費税法第12条の2第1項(基準期間がない法人の納税義務の免除の特例)に該当しない限り、前々事業年度の課税売上高がないため、納税義務は生じません。

●インボイス制度における課税売上高の算定

「2割特例」を適用する際の「基準期間の課税売上高」の算定は、免税事業者の期間の税込売上高と課税事業者の期間の税込売上高を合算して判定します。

▶課税売上高の算定における留意事項

基準期間における課税売上高は事業者単位で算定されます。複数の事業を行っている場合は、これらを合計して基準期間における課税売上高を算定します。

SECTION 045
課税期間

●概要

課税事業者は、課税期間ごとにその課税期間の終了の日の翌日から2カ月以内(個人事業者の12月31日の属する課税期間は翌年3月31日まで)に、納税地の所轄税務署長に消費税および地方消費税の確定申告書を提出するとともに、その申告に係る消費税額と地方消費税額を併せて納付しなければなりません。

個人事業者の課税期間は、1月1日から12月31日までの期間となり、年の中途で新たに事業を開始した場合や事業を廃止した場合においても、課税期間の開始の日は1月1日、終了の日は12月31日となります。

また、法人の課税期間は、その法人の事業年度となり、新たに法人を設立した場合には、課税期間の開始の日は設立の日、終了の日はその事業年度の末日となります。

●課税期間の特例

課税期間は、特例として事業者の選択により、3カ月ごとまたは1カ月ごとに区分して短縮することができます。

個人事業者が課税期間を3カ月ごとに短縮する場合には、1月1日から3月31日まで、4月1日から6月30日まで、7月1日から9月30日まで、10月1日から12月31日までの各期間を課税期間とすることができます。また、課税期間を1カ月ごとに短縮する場合には、1月1日から1カ月ごとに区分した各期間を1つの課税期間とすることができます。

法人が課税期間を短縮する場合には、事業年度の初日から3カ月または1カ月ごとに区分した各期間を1つの課税期間とすることができます(注1)。

課税期間の特例の適用を受けようとするときや、すでに課税期間の特例の適用を受けている事業者が他の課税期間の特例に変更しようとするときは、原則として、その特例の適用を受けようとするまたは変更しようとする短縮に係る課税期間の開始の日の前日までに、「消費税課税期間特例選択・変更届出書」を納税地の所轄税務署長に提出しなければなりません(注2)。

また、課税期間の特例の適用を受けている事業者が、その適用をやめようとする場合には、課税期間の特例の適用をやめようとする課税期間の開始の日の前日までに、「消費税課税期間特例選択不適用届出書」を納税地の所轄税務署長に提出しなければなりません。

なお、課税期間の特例の適用を受けた場合には、事業を廃止した場合を除き、2年間はその特例をやめることはできません。

(注1) 年または事業年度の途中でこの特例の適用を受けた場合は、課税期間の開始の日から適用開始の日の前日までの期間を、また、3カ月ごとの課税期間の特例を適用している事業者が、1カ月ごとの特例へ変更する場合は、課税期間の開始の日から変更後の課税期間の開始の日の前日までの期間を1つの課税期間とみなして確定申告をすることになります。なお、年または事業年度の途中でこの特例の適用をやめた場合にも、その適用をしないこととした課税期間の末日の翌日から、その年の12月31日またはその事業年年度の末日までが1つの課税期間となります。

(注2) 3カ月ごとの課税期間から1カ月ごとの課税期間へ変更する場合、または1カ月ごとの課税期間から3カ月ごとの課税期間へ変更する場合は、変更前の特例の適用を受けた課税期間の開始の日から2年間はその特例を変更することはできません。

SECTION 046

納税地

●概要

消費税の納税申告書や、課税事業者であることの届出などは、原則としてその提出の際におけるその事業者の納税地を所轄する税務署長に提出しなければなりません。

この納税地は、原則として、次の場所です。

●国内取引に係る納税地

区分		所在地
(1)法人の納税地(注1)	内国法人	その法人の本店または主たる事務所の所在地
	内国法人以外の法人で国内に事務所等を有する法人	その事務所等の所在地
(2)個人事業者の納税地(注2)	国内に住所を有する者	その住所地
	国内に住所を有せず居所を有する者	その居所地
	国内に住所および居所を有せず事務所等を有する者	その事務所等の所在地
(3)納税地の指定	(1)および(2)による納税地が、その事業者の行う資産の譲渡等の状況からみて納税地として不適当であると認められる場合には、その納税地の所轄国税局長または国税庁長官は納税地を指定することができる。	

(注1) 人格のない社団等の本店または主たる事務所の所在地は、次に掲げる場合の区分に応じます。
①定款、寄附行為、規則、規約等に本店または主たる事務所の所在地の定めがある場合:その定款等に定められている所在地
②①以外の場合:その事業の本拠として代表者または管理人が駐在し、その人格のない社団等が行う業務が企画されている場所(その場所が転々と移転する場合には、代表者または管理人の住所)

(注2) 所得税の納税地について、住所および居所を有する個人事業者が居所地を納税地として選択したり、住所または居所のほかに事務所などを有する個人事業者が事務所等など所在地を選択した場合には、消費税の納税地もその選択した居所地または事務所などの所在地となります。

●外国貨物に係る納税地

保税地域から引き取られる外国貨物に係る消費税の納税地は、その保税地域の所在地です。

※関税法第67条の19<輸入申告の特例>の規定の適用を受けて輸入申告をする課税物品に係る納税地は、当該輸入申告に係る税関長の所属する税関の所在地とされています。

消費税の課税標準と税率

●消費税の課税標準について

課税資産の譲渡やその他の取引において、消費税を計算する際の基準となる金額です。この金額は、資産の譲渡や役務の提供に対して受け取る金額または受け取るべき金額を指します。金銭以外の物や権利、経済的利益も含まれます。

●課税標準の例

金銭で受け取る場合だけでなく、金銭以外の対価も含まれます。ただし、消費税相当額や地方消費税相当額は含まれません。

●特定課税仕入れについて

特定課税仕入れに係る消費税の課税標準は、特定課税仕入れに係る「支払対価の額」です。特定課税仕入れについては、当該特定課税仕入れを行った事業者に納税義務が課されています。したがって、支払った(支払うべき)金額がそのまま課税標準額となります。

●その他の例

例	金額など
自社商品を役員に贈与した場合	その自社商品の時価
個人事業者が自分で使用した商品の場合	その商品の時価
代物弁済をした場合	消滅する債務の額
資産を交換した場合	取得する資産の時価

●保税地域から引き取られる課税貨物について

関税課税価格(CIF価格)に消費税以外の個別消費税と関税の額を加算した合計額が課税標準です。

※詳細は、Sec.042を参照

●消費税の税率

消費税の税率は、標準税率と軽減税率の2つがあります。なお、消費税が課税される取引には、併せて地方消費税も課税されます。
また、消費税は、商品・製品の販売やサービスの提供などの取引に対して、広く公平に課税されますが、生産、流通などの各取引段階で二重三重に税がかかることのないよう、税が累積しない仕組みが採られています。

- 標準税率：10%(うち国税は7.8%、地方税は2.2%)
- 軽減税率：8%(うち国税は6.24%、地方税は1.76%)

軽減税率の適用対象は次の2つです。

- 酒類・外食を除く飲食料品の譲渡
- 定期購読契約が締結された週2回以上発行される新聞の譲渡

SECTION 048 仕入に係る消費税額の控除

●概要

課税売上げに係る消費税額から控除する課税仕入れ等に係る消費税額（以下「仕入控除税額」という）の計算方法は、その課税期間中の課税売上高が5億円以下、かつ、課税売上割合が95%以上の場合、その課税期間中の課税売上高が5億円超または課税売上割合が95%未満の場合で異なります。

●申告・控除の内容

▶課税期間中の課税売上高が5億円以下(注1)、かつ、課税売上割合が95%以上(注2)の場合

課税期間中の課税売上げに係る消費税額から、その課税期間中の課税仕入れ等に係る消費税額の全額を控除します。

(注1) 当課税期間が1年に満たない場合には、当課税期間の課税売上高を当課税期間の月数で除し、これに12を乗じて算出した金額（年換算した金額）で判定します。

(注2) 事業者が、課税売上割合に準ずる割合について、所轄税務署長の承認を受けていたとしても、その課税期間における課税売上高が5億円以下である場合に、課税仕入れ等に係る消費税額の全額を控除することができる「課税売上割合が95%以上」であるかどうかは、本来の課税売上割合で判定します。

▶課税期間中の課税売上高が5億円超または課税売上割合が95%未満の場合

課税仕入れ等に係る消費税額の全額を控除するのではなく、課税売上げに対応する部分のみを控除します。したがって、「個別対応方式」、または、「一括比例配分方式」のいずれかの方式によって計算した仕入控除税額を、その課税期間中の課税売上げに係る消費税額から控除します。

●対象者または対象物

事業者（免税事業者を除く）

●計算方法（個別対応方式）

その課税期間中の課税仕入れ等に係る消費税額のすべてを、

①課税売上げにのみ要する課税仕入れ等に係るもの

②非課税売上げにのみ要する課税仕入れ等に係るもの

③課税売上げと非課税売上げに共通して要する課税仕入れ等に係るもの

に区分し、次の算式により計算した仕入控除税額をその課税期間中の課税売上げに係る消費税額から控除します。

（算式）

仕入控除税額 ＝ ① ＋ （③ × 課税売上割合）

この方式は上記の区分がされている場合に限り、採用することができます。

※課税売上割合に代えて、所轄税務署長の承認を受けた課税売上割合に準ずる割合とすることもできます。

●計算方法(一括比例配分方式)

その課税期間中の課税仕入れ等に係る消費税額が上記「個別対応方式」の①②③のように区分されていない場合、または区分されていてもこの方式を選択する場合に適用します。

その課税期間中の課税売上げに係る消費税額から控除する仕入控除税額は、次の算式によって計算した金額になります。

(算式)
仕入控除税額 = 課税仕入れ等に係る消費税額 × 課税売上割合

なお、この一括比例配分方式を選択した場合には、2年間以上継続して適用した後でなければ、個別対応方式に変更することはできません。
※課税売上割合に準ずる割合は適用できません。

簡易課税制度（中小企業者に係る消費費税の控除の特例）

●概要

簡易課税制度は、中小事業者の納税事務負担に配慮する観点から、事業者の選択により、売上げに係る消費税額を基礎として仕入れに係る消費税額を算出することができる制度です。

具体的には、その納税地の所轄税務署長に「消費税簡易課税制度選択届出書」を提出した課税事業者は、その基準期間（個人事業者は前々年、法人は前々事業年度）における課税売上高が5,000万円以下の課税期間について、売上げに係る消費税額に、事業の種類の区分（事業区分）に応じて定められたみなし仕入率を乗じて算出した金額を仕入れに係る消費税額として、売上げに係る消費税額から控除することになります。

●みなし仕入率

簡易課税制度を適用するときの事業区分とみなし仕入率は、次の通りです。

事業区分	みなし仕入率
第1種事業（卸売業）	90%
第2種事業（小売業、農業・林業・漁業（飲食料品の譲渡に係る事業に限る））	80%
第3種事業（農業・林業・漁業（飲食料品の譲渡に係る事業を除く）、鉱業、建設業、製造業、電気業、ガス業、熱供給業および水道業）	70%
第4種事業（第1種事業、第2種事業、第3種事業、第5種事業および第6種事業以外の事業）	60%
第5種事業（運輸通信業、金融業および保険業、サービス業（飲食店業に該当するものを除く））	50%
第6種事業（不動産業）	40%

●対象者または対象物

消費税簡易課税制度選択届出書を提出した課税事業者

●基本的な計算の方法

イ　第1種事業から第6種事業までのうち1種類の事業だけを営む事業者の場合
（算式）

仕入控除税額 ＝ （課税標準額に対する消費税額 － 売上げに係る対価の返還等の金額に係る消費税額）

× みなし仕入率
- 第1種事業 90%
- 第2種事業 80%
- 第3種事業 70%
- 第4種事業 60%
- 第5種事業 50%
- 第6種事業 40%

ロ　第1種事業から第6種事業までのうち2種類以上の事業を営む事業の場合

(イ)原則法

$$\text{仕入控除税額} = \left(\begin{array}{c}\text{課税標準額に}\\ \text{対する消費税額}\end{array} - \begin{array}{c}\text{売上げに係る対価の返還等の}\\ \text{金額に係る消費税額}\end{array}\right)$$

$$\times \frac{\begin{array}{c}\text{第1種事}\\ \text{業に係る}\\ \text{消費税額}\end{array}\times 90\% + \begin{array}{c}\text{第2種事}\\ \text{業に係る}\\ \text{消費税額}\end{array}\times 80\% + \begin{array}{c}\text{第3種事}\\ \text{業に係る}\\ \text{消費税額}\end{array}\times 70\% + \begin{array}{c}\text{第4種事}\\ \text{業に係る}\\ \text{消費税額}\end{array}\times 60\% + \begin{array}{c}\text{第5種事}\\ \text{業に係る}\\ \text{消費税額}\end{array}\times 50\% + \begin{array}{c}\text{第6種事}\\ \text{業に係る}\\ \text{消費税額}\end{array}\times 40\%}{\begin{array}{c}\text{第1種事業に}\\ \text{係る消費税額}\end{array} + \begin{array}{c}\text{第2種事業に}\\ \text{係る消費税額}\end{array} + \begin{array}{c}\text{第3種事業に}\\ \text{係る消費税額}\end{array} + \begin{array}{c}\text{第4種事業に}\\ \text{係る消費税額}\end{array} + \begin{array}{c}\text{第5種事業に}\\ \text{係る消費税額}\end{array} + \begin{array}{c}\text{第6種事業に}\\ \text{係る消費税額}\end{array}}$$

(ロ)簡便法

次のAおよびBのいずれにも該当しない場合は、次の算式により計算しても差し支えありません。

A　貸倒回収額がある場合

B　売上対価の返還等がある場合で、各種事業に係る消費税額からそれぞれの事業の売上対価の返還等に係る消費税額を控除して控除しきれない場合

$$\text{仕入控除税額} = \begin{array}{c}\text{第1種事}\\ \text{業に係る}\\ \text{消費税額}\end{array}\times 90\% + \begin{array}{c}\text{第2種事}\\ \text{業に係る}\\ \text{消費税額}\end{array}\times 80\% + \begin{array}{c}\text{第3種事}\\ \text{業に係る}\\ \text{消費税額}\end{array}\times 70\% + \begin{array}{c}\text{第4種事}\\ \text{業に係る}\\ \text{消費税額}\end{array}\times 60\% + \begin{array}{c}\text{第5種事}\\ \text{業に係る}\\ \text{消費税額}\end{array}\times 50\% + \begin{array}{c}\text{第6種事}\\ \text{業に係る}\\ \text{消費税額}\end{array}\times 40\%$$

●特例の計算

イ　2種類以上の事業を営む事業者で、1種類の事業の課税売上高が全体の課税売上高の75%以上を占める場合には、その事業のみなし仕入率を全体の課税売上げに対して適用することができます。

ロ　3種類以上の事業を営む事業者で、特定の2種類の事業の課税売上高の合計額が全体の課税売上高の75%以上を占める事業者については、その2業種のうちみなし仕入率の高い方の事業に係る課税売上高については、そのみなし仕入率を適用し、それ以外の課税売上高については、その2種類の事業のうち低い方のみなし仕入率をその事業以外の課税売上げに対して適用することができます。

たとえば、3種類以上の事業を営む事業者の第1種事業および第2種事業に係る課税売上高の合計が全体の課税売上高の75%以上を占める場合の計算式は次の通りです。

(イ)原則法

$$\text{仕入控除税額} = \left(\text{課税標準額に対する消費税額} - \text{売上げに係る対価の返還等の金額に係る消費税額}\right) \times \frac{\text{第1種事業に係る消費税額} \times 90\% + \left(\text{売上に係る消費税額} - \text{第1種事業に係る消費税額}\right) \times 80\%}{\text{売上に係る消費税額}}$$

(ロ)簡便法

次のAおよびBのいずれにも該当しない場合は、次の算式により計算しても差し支えありません。

A　貸倒回収額がある場合

B　売上対価の返還等がある場合で、各種事業に係る消費税額からそれぞれの事業の売上対価の返還等に係る消費税額を控除して控除しきれない場合

$$\text{仕入控除税額} = \text{第1種事業に係る消費税額} \times 90\% + \left(\text{売上に係る消費税額} - \text{第1種事業に係る消費税額}\right) \times 80\%$$

●事業区分をしていない場合の取扱い

2種類以上の事業を営む事業者が課税売上げを事業ごとに区分していない場合には、この区分をしていない部分については、その区分していない事業のうち一番低いみなし仕入率を適用して仕入控除税額を計算します。

●手続き

簡易課税制度の適用を受けようとする事業者は、その課税期間の初日の前日までに、「消費税簡易課税制度選択届出書」を納税地の所轄税務署長に提出することにより、簡易課税制度を選択することができます。

なお、新規開業等した事業者は、開業等した課税期間の末日までにこの届出書を提出すれば、その課税期間から簡易課税制度の適用を受けることができます。

簡易課税制度の適用を受けている事業者が、その適用をやめようとする場合には、その課税期間の初日の前日までに、「消費税簡易課税制度選択不適用届出書」を納税地の所轄税務署長に提出する必要があります。

なお、簡易課税制度の適用を受けている事業者は、事業を廃止した場合を除き、2年間継続して適用した後でなければ、「消費税簡易課税制度選択不適用届出書」を提出して、その適用をやめることはできません。

また、簡易課税制度の適用をやめて実額による仕入税額の控除を行う場合（一般課税により申告する場合）には、適用をやめた課税期間の初日から課税仕入れ関係の帳簿および請求書などを保存することが必要です。

災害などのやむを得ない事情により、その課税期間開始前に消費税簡易課税制度選択（不適用）届出書の提出ができなかった場合には、「消費税簡易課税制度（不適用）届出に係る特例承認申請書」に併せて消費税簡易課税制度選択（不適用）届出書を、やむを得ない事情がやんだ日から2カ月以内に納税地の所轄税務署長に提出し承認を受けることにより、その課税期間の初日の前日に消費税簡易課税制度選択（不適用）届出書を提出したものとみなされ、その課税期間から簡易課税の選択をし、または選択をやめることができます。

課税事業者を選択した事業者が調整対象固定資産の仕入れ等を行った場合、新設法人または特定新規設立法人が調整対象固定資産の仕入れ等を行った場合、高額特定資産の仕入れ等や自己建設高額特定資産の仕入れを行った場合、高額特定資産である棚卸資産等について棚卸資産の調整措置の適用を受けた場合には、一定期間「消費税簡易課税制度選択届出書」を提出することができない期間があるので注意してください。

●注意事項

「消費税簡易課税制度選択届出書」を提出している場合であっても、基準期間の課税売上高が5,000万円を超える場合には、その課税期間については、簡易課税制度は適用できません。

なお、この届出書を提出した事業者のその課税期間の基準期間における課税売上高が5,000万円を超えることにより、その課税期間について簡易課税制度を適用できなくなった場合、またはその課税期間の基準期間における課税売上高が1,000万円以下となり免税事業者となった場合であっても、その後の課税期間において基準期間における課税売上高が1,000万円を超え5,000万円以下となったときには、その課税期間の初日の前日までに「消費税簡易課税制度選択不適用届出書」を提出している場合を除き、再び簡易課税制度が適用されます。

SECTION 050
消費税に関する各種届出書

●消費税の各種届出書一覧

届出書	届出が必要な場合	提出期限等
消費税課税事業者届出書(基準期間用)	基準期間における課税売上高が1,000万円超となったとき	事由が生じた場合速やかに
消費税課税事業者届出書(特定期間用)	特定期間における課税売上高が1,000万円超となったとき	事由が生じた場合速やかに
消費税の納税義務者でなくなった旨の届出書	基準期間における課税売上高が1,000万円以下となったとき	事由が生じた場合速やかに
消費税簡易課税制度選択届出書	簡易課税制度を選択しようとするとき	適用を受けようとする課税期間の初日の前日まで
消費税簡易課税制度選択不適用届出書	簡易課税制度の選択をやめようとするとき	適用をやめようとする課税期間の初日の前日まで
消費税課税事業者選択届出書	免税事業者が課税事業者になることを選択しようとするとき	選択しようとする課税期間の初日の前日まで
消費税課税事業者選択不適用届出書	課税事業者を選択していた事業者が免税事業者に戻ろうとするとき	選択をやめようとする課税期間の初日の前日まで
消費税課税期間特例選択・変更届出書	課税期間の特例を選択または変更しようとするとき	適用を受けようとする課税期間の初日の前日まで
消費税課税期間特例選択不適用届出書	課税期間の特例の適用をやめようとするとき	適用をやめようとする課税期間の初日の前日まで
消費税の新設法人に該当する旨の届出書	消費税の新設法人に該当することとなったとき	事由が生じた場合速やかに。ただし、所要の事項を記載した法人設立届出書の提出があった場合は提出不要
高額特定資産の取得に係る課税事業者である旨の届出書	高額特定資産の仕入れなどを行ったことにより、基準期間の課税売上が1,000万円以下となった課税期間にも課税事業者となるとき	事由が生じた場合速やかに
任意の中間申告書を提出する旨の届出書	任意の中間申告制度を適用しようとするとき	適用を受けようとする6月中間申告対象期間の末日まで
任意の中間申告書を提出することの取りやめ届出書	任意の中間申告制度の適用をやめようとするとき	適用をやめようとする6月中間申告対象期間の末日まで
消費税申告期限延長届出書	消費税の確定申告書を提出すべき法人(法人税の申告期限の延長の特例の適用を受ける法人)が、消費税の確定申告の期限を1カ月延長しようとするとき	特例の適用を受けようとする事業年度または連結事業年度終了の日の属する課税期間の末日まで
消費税申告期限延長不適用届出書	消費税の確定申告の期限の延長特例の適用を受けている法人が、その適用をやめようとするとき	消費税の確定申告の期限の延長特例の適用をやめようとする事業年度または連結事業年度終了の日の属する課税期間の末日まで
適格請求書発行事業者の登録申請書(国内事業者用)	国内事業者が適格請求書発行事業者の登録を受けようとするとき	免税事業者は、登録希望日(提出日から15日以降の登録を受ける日として事業者が希望する日)を記載して提出

届出書	届出が必要な場合	提出期限等
適格請求書発行事業者の登録申請書(国外事業者用)	国外事業者が適格請求書発行事業者の登録を受けようとするとき	免税事業者は、登録希望日(提出日から15日以降の登録を受ける日として事業者が希望する日)を記載して提出
適格請求書発行事業者登録簿の登載事項変更届出書	適格請求書発行事業者登録簿に登載された事項に変更があったとき	事由が生じた場合速やかに。ただし、法人が名称ならびに本店または主たる事務所の所在地を変更したことにより、その旨を記載した異動届出書を提出した場合は、不要
適格請求書発行事業者の公表事項の公表(変更)申出書	国税庁ホームページ(国税庁適格請求書発行事業者公表サイト)での公表事項について、「屋号」「本店または主たる事務所などの所在地」「外国人の通称または旧姓氏名」を新たに追加するまたは変更しようとするとき	事由が生じた場合
適格請求書発行事業者の登録の取消しを求める旨の届出書	適格請求書発行事業者の登録の取消しを求めるとき	登録の取消しを求める課税期間の翌課税期間の初日から起算して15日前の日まで
適格請求書発行事業者の死亡届出書	適格請求書発行事業者である個人事業者が死亡したとき	事由が生じた場合速やかに
任意組合等の組合員のすべてが適格請求書発行事業者である旨の届出書	任意組合等の組合員である適格請求書発行事業者が、任意組合等の事業としての適格請求書を交付しようとするとき	任意組合等に係る事業の適格請求書を交付しようとするとき
任意組合等の組合員が適格請求書発行事業者でなくなった旨の届出書	適格請求書発行事業者以外の事業者を新たに組合員として加入させた場合または組合員のいずれかが適格請求書発行事業者でなくなったとき	事由が生じた場合速やかに
任意組合等の組合員のすべてが適格請求書発行事業者である旨の届出事項の変更届出書	すでに提出した「任意組合等の組合員のすべてが適格請求書発行事業者である旨の届出書」に記載した事項に変更があったとき	事由が生じた場合速やかに
任意組合等の清算が結了した旨の届出書	任意組合等が解散し、かつ、その清算が結了したとき	事由が生じた場合速やかに

なお、届出書の様式や、注意事項・留意事項などについては下記URLを参照してください。

●「No.6629　消費税の各種届出書」(国税庁)
URL https://www.nta.go.jp/taxes/shiraberu/taxanswer/shohi/6629.htm

SECTION 051

インボイス制度

インボイス制度（適格請求書等保存方式）とは複数税率に対応したものとして開始される仕入税額控除の方式です。2023年（令和5年）10月1日から開始されました。

●適格請求書とは

「売手が、買手に対し正確な適用税率や消費税額などを伝えるための手段」であり、登録番号のほか、一定の事項が記載された請求書や納品書その他これらに類するものをいいます。

適格請求書を交付することができるのは、税務署長の登録を受けた「適格請求書発行事業者」に限られます。

●インボイス制度とは

▶売手側

売手である登録事業者は、買手である取引相手（課税事業者）から求められたときは、インボイスを交付しなければなりません（また、交付したインボイスの写しを保存しておく必要があります）。

▶買手側

買手は仕入税額控除の適用を受けるために、原則として、取引相手（売手）である登録事業者から交付を受けたインボイス（注）の保存などが必要となります。

（注）買手は、自らが作成した仕入明細書などのうち、一定の事項（インボイスに記載が必要な事項）が記載され取引相手の確認を受けたものを保存することで、仕入税額控除の適用を受けることもできます。

●適格請求書の記載事項

適格請求書の記載事項は次の通りです。不特定多数の者に対して販売などを行う小売業、飲食店業、タクシー業などに係る取引については適格請求書に代えて適格簡易請求書を交付することができます。

▶適格請求書

①適格請求書発行事業者の氏名または名称および登録番号
②取引年月日
③取引内容（軽減税率の対象品目である旨）
④税率ごとに区分して合計した対価の額（税抜きまたは税込み）および適用税率
⑤税率ごとに区分した消費税額など（注1）
⑥書類の交付を受ける事業者の氏名または名

（注1）端数処理は、一の適格請求書につき、税率ごとに1回ずつ

▶適格簡易請求書

①適格請求書発行事業者の氏名または名称および登録番号

②取引年月日

③取引内容(軽減税率の対象品目である旨)

④税率ごとに区分して合計した対価の額(税抜きまたは税込み)

⑤税率ごとに区分した消費税額等(注2)または適用税率

(注2)端数処理は、一の適格請求書につき、税率ごとに1回ずつ

●売手の留意点(適格請求書発行事業者の義務など)

適格請求書発行事業者には原則、次の義務が課されます。

▶適格請求書の交付

取引の相手方(課税事業者)の求めに応じて、適格請求書(または適格簡易請求書)を交付します。

▶適格返還請求書の交付

返品や値引きなど、売上げに係る対価の返還などを行う場合に、適格返還請求書を交付します。

※売上げに係る対価の返還などに係る税込価額が1万円未満である場合、交付義務は免除されます。

▶修正した適格請求書の交付

交付した適格請求書(適格返還請求書または適格簡易請求書)に誤りがあった場合に、修正した適格請求書(適格返還請求書または適格簡易請求書)を交付します。

▶写しの保存

交付した適格請求書(適格返還請求書または適格簡易請求書)の写しを保存します。適格請求書発行事業者が偽りの記載をした適格請求書を交付することは法律によって禁止されており、違反した場合の罰則も設けられています。

●買手の留意点(仕入税額控除の要件)

▶仕入税額控除の要件

一定の事項を記載した帳簿および適格請求書などの請求書などの保存が仕入税額控除の要件となります。課税期間の末日の翌日から2カ月を経過した日から7年間保存する必要があります。

免税事業者や消費者など、適格請求書発行事業者以外の者から行った課税仕入れは原則として仕入税額控除の適用を受けることはできません。ただし、一定の期間は、一定の要件の下、仕入税額相当額の一定割合を、仕入税額として控除できる経過措置が設けられています。

▶保存が必要となる請求書などの範囲

仕入税額控除の要件として保存が必要となる請求書などには、次のものが含まれます。

①売手が交付する適格請求書又は適格簡易請求書

②買手が作成する仕入明細書など(課税仕入れの相手方(売手)において課税資産の譲渡などに該当するもので、適格請求書の記載事項が記載されており、課税仕入れの相手方(売手)の確認を受けたものに限る)

③卸売市場において委託を受けて卸売の業務として行われる生鮮食料品などの譲渡および農業協同組合などが委託を受けて行う農林水産物の譲渡について、受託者から交付を受ける一定の書類

④①から③の書類に係る電磁的記録

▶帳簿のみの保存で仕入税額控除が認められる場合

適格請求書などの請求書などの交付を受けることが困難な次の取引は、帳簿のみの保存で仕入税額控除が認められます。

①適格請求書の交付義務が免除される「交付義務の免除」の①④⑤に掲げる取引

②適格簡易請求書の記載事項(取引年月日を除く)を満たす入場券などが、使用の際に回収される取引

③古物営業、質屋または宅地建物取引業を営む事業者が適格請求書発行事業者でない者から、古物、質物または建物を当該事業者の棚卸資産として取得する取引

④適格請求書発行事業者でない者から再生資源または再生部品を棚卸資産として購入する取引

⑤従業員などに支給する通常必要と認められる出張旅費、宿泊費、日当および通勤手当などに係る課税仕入れ

一定規模以下の事業者が行う課税仕入れに係る支払対価の額が1万円未満の取引も帳簿のみの保存で仕入税額控除が認められます(経過措置)。

基準期間(注3)の課税売上高が1億円以下または特定期間(注4)の課税売上高が5,000万円以下の事業者が、令和5年10月1日から令和11年9月30日までの間に行う課税仕入れについて、その金額が税込1万円未満であるものについては、一定の事項を記載した帳簿のみを保存することで適格請求書の保存がなくても仕入税額控除が認められます。

(注3)原則として、個人事業者は前々年、法人は前々事業年度

(注4)原則として、個人事業者は前年の1月1日から6月30日までの期間、法人は前事業年度開始の日以後6月の期間

令和11年10月1日以後に行う課税仕入れについては、課税期間の途中であっても、この特例の適用はありません。

1万円未満の判定単位は、課税仕入れに係る1商品ごとの金額により判定するのではなく、1回の取引の課税仕入れに係る金額(税込み)が1万円未満かどうかにより判定します。

●税額計算の方法

令和5年10月1日以降の売上税額および仕入税額の計算は、「積上げ計算」または「割戻し計算」を選択できます。

計算方法	説明
積上げ計算	適格請求書に記載のある消費税額などを積み上げて計算する(注5)
割戻し計算	適用税率ごとの取引総額を割り戻して計算する

(注5)仕入税額の積上げ計算の方法として、課税仕入れの都度、課税仕入れに係る支払対価の額に110分の10(軽減税率の対象となる場合は108分の8)を乗じて算出した金額(1円未満の端数が生じたときは、端数を切捨てまたは四捨五入する)を仮払消費税額などとし、帳簿に記載(計上)している場合は、その金額の合計額に100分の78を掛けて算出する方法も認められます(帳簿積上げ計算)。

▶売上税額

(1)積上げ計算

適格請求書に記載した消費税額などの合計額に78/100を掛けて消費税額を算出する方法です(適格請求書発行事業者のみ可)。

(2)割戻し計算

税率ごとに区分した課税資産の譲渡などの税込価額の合計額から算出したそれぞれの課税標準額に、7.8/100(軽減税率対象の場合は6.24/100)を掛けて計算する方法です。

▶仕入税額

(1)積上げ計算(注6)

適格請求書に記載された消費税額等の合計額に78/100を掛けて消費税額を算出する方法です。

(注6)仕入税額の積上げ計算の方法として、課税仕入れの都度、課税仕入れに係る支払対価の額に110分の10(軽減税率の対象となる場合は108分の8)を乗じて算出した金額(1円未満の端数が生じたときは、端数を切捨てまたは四捨五入する)を仮払消費税額などとし、帳簿に記載(計上)している場合は、その金額の合計額に100分の78を掛けて算出する方法も認められます(帳簿積上げ計算)。

(2)割戻し計算

税率ごとに区分した課税仕入れに係る支払対価の額の合計額に、7.8/110(軽減税率対象の場合は6.24/108)を掛けて計算する方法です。

●適格請求書発行事業者の登録申請手続

適格請求書発行事業者の登録申請手続が必要です。登録は課税事業者が受けることができます。登録を受けなければ適格請求書を交付できません。登録を受けるかどうかは、事業者の任意です。

●小規模事業者に係る税額控除に関する経過措置（2割特例）

免税事業者（免税事業者が課税事業者選択届出書の提出により課税事業者となった場合を含む(注7)）が、令和5年10月1日から令和8年9月30日までの日の属する各課税期間において、適格請求書発行事業者となる場合には、納付税額を課税標準額に対する消費税額の2割とすることができます。

(注7) 適格請求書等保存方式の開始前である令和5年9月30日以前の期間を含む課税期間の申告については、2割特例は適用できません。

▶納付税額の計算方法など

具体的な計算方法は次の通りです。

売上税額 − 売上税額 × 80% = 納付税額（=売上税額の2割）

（例）1年間の売上げが700万円（税70万円）の場合の納付税額
70万円 − 70万円 × 80% = 14万円

2割特例の適用を受けるには、確定申告書に2割特例の適用を受ける旨を付記すればよく、事前の届出は不要です。また、簡易課税制度を選択している事業者であっても、2割特例により申告することができます。簡易課税制度と異なり、2年間継続して適用するといった要件もありません。

また、簡易課税制度と異なり、各業種に応じた売上・収入の区分が不要です。そのため、適用税率ごとの売上税額を把握するだけで申告書の作成が可能となり、さらなる事務負担の軽減が図られることとなります。

SECTION 052
電子帳簿保存法

●電子帳簿保存法とは

税務関係帳簿書類のデータ保存を可能とする法律です。同法に基づく各種制度を利用することで、経理のデジタル化が可能です。

●区分

電子帳簿保存法には次の3つの区分があります。

区分	イメージ
①電子取引データ	電子データでやり取りした注文書・契約書・送り状・領収書・見積書・請求書などを電子データのまま保存する
②帳簿・書類のデータ	会計ソフトなどで電子的に作成した帳簿・書類を電子データのまま保存する
③スキャナ保存	紙で授受した請求書や領収書を電子化して保存する

この中で①については、申告所得税・法人税に関して帳簿・書類を保存する義務のある法人・個人事業主を対象に、2024年(令和6年)1月1日より対応が義務化されています。②と③についての対応は任意です。

●電子帳簿保存法の対象となる書類・データ

電子帳簿保存法の対象となる書類には、国税関係帳簿と国税関係書類、電子取引の取引情報があります。

国税関係帳簿	国税関係書類			電子取引
	決算関係書類	取引関係書類		電子メール、EDI、クラウドサービスなどによる授受
		自己が発行した書類の写し	相手先から受領した書類	
・仕訳書 ・総勘定元帳 ・売掛帳 ・買掛帳 ・現金出納帳 ・固定資産台帳 など	・貸借対照表 ・損益計算書 ・試算表 ・棚卸表 など	・請求書(控) ・見積書(控) ・納品書(控) ・注文書(控) ・領収書(控) など	・請求書 ・見積書 ・納品書 ・注文書 ・領収書 など	・請求書 ・見積書 ・納品書 ・注文書 ・領収書 など
帳簿・書類のデータ		スキャナ保存		電子取引データ

●電子取引のデータ保存

申告所得税・法人税に関して帳簿・書類を保存する義務のある方が、注文書・契約書・送り状・領収書・見積書・請求書などに相当する電子データをやりとりした場合には、その電子データ(電子取引データ)を保存しなければなりません。

▶保存が必要なデータ

紙でやりとりしていた場合に保存が必要な書類(注文書・契約書・送り状・領収書・見積書・請求書など)に相当するデータを保存する必要があります。

あくまでデータでやり取りしたものが対象であり、紙でやり取りしたものをデータ化しなければならないわけではありません。

受け取った場合だけでなく、送った場合にも保存する必要があります。

▶保存方法

保存にあたっては下記の要件を満たす必要があります。

- 改ざん防止のための措置をとる必要がある
- 「日付・金額・取引先」で検索できる必要がある
- ディスプレイやプリンタなどを備え付ける必要がある
- 保存するファイル形式は問わない(PDFに変換したものや、スクリーンショットでも問題ない)

▶改ざん防止のための措置

「改ざん防止のための事務処理規程を定めて守る」といったシステム費用などをかけずに導入できる方法もあります。改ざん防止のための事務処理規程のサンプルは、国税庁HPに掲載しています。

このほか、「タイムスタンプを付与」「訂正・削除の履歴が残るシステムなどでの授受・保存」といった方法もあります。

▶検索要件を満たすための簡易な方法

方法	説明
表計算ソフトなどで索引簿を作成する方法	表計算ソフトなどで索引簿を作成、表計算ソフトなどの機能を使って検索する方法
規則的なファイル名を付す方法	データのファイル名に規則性をもって「日付・金額・取引先」を入力し、特定のフォルダに集約しておくことで、フォルダの検索機能が活用できるようにする方法

なお、改ざん防止のための事務処理規程や索引簿のサンプルは下記のURLに掲載されています。

●「参考資料(各種規程等のサンプル)」(国税庁)
URL https://www.nta.go.jp/law/joho-zeikaishaku/sonota/jirei/0021006-031.htm

●帳簿・書類のデータ保存

税法上保存が必要な帳簿・書類をパソコンなどで作成した場合は、プリントアウトせずにデータのまま保存することができます。データで保存できる帳簿は、正規の簿記の原則(一般的には複式簿記)に従って作成されている帳簿に限ります。

▶保存できる帳簿・書類

- 会計ソフトで作成している仕訳帳、総勘定元帳、経費帳、売上帳、仕入帳などの帳簿
- 会計ソフトで作成した損益計算書、貸借対照表などの決算関係書類
- パソコンで作成した見積書、請求書、納品書、領収書などを取引相手に紙で渡したときの書類の控え

取引先から紙で受け取った書類やデータをプリントアウトした後に加筆した書類（決算関係書類を除く）などについては、別途「スキャナ保存」制度を利用してデータで保存することができます。

▶条件

訂正削除履歴が残らない帳簿でも、次の要件を満たせば電子データのまま保存することができます。

- システムの説明書やディスプレイなどを備え付けていること
- 税務職員からのデータの「ダウンロードの求め」に応じることができること

●スキャナ保存

紙の領収書・請求書などは、その書類自体を保存する代わりに、スマートフォンやスキャナで読み取った電子データを保存することができます。

▶保存できる書類

- 取引相手から紙で受け取った書類
- ご自身が手書きなどで作成して取引相手に紙で渡す書類の写し

たとえば、契約書、見積書、注文書、納品書、検収書、請求書、領収書などが対象です（決算関係書類を除く国税関係書類）。

▶保存方法

スキャナ保存のさまざまなルールを満たして保存するためには、対応ソフトなどを使用することが一般的です。ルールに従って保存できる対応ソフトなどかを確認する方法は、国税庁ホームページに掲載されています。詳細は下記URLを参照してください。

●「要件適合性に関する事前相談窓口」（国税庁）
URL https://www.nta.go.jp/law/joho-zeikaishaku/sonota/jirei/10.htm

●「JIIMA認証情報リスト」（国税庁）
URL https://www.nta.go.jp/law/joho-zeikaishaku/sonota/jirei/11.htm

▶スキャナ保存を行うためのルール

<table>
<tr><th>書類の区分
ルール</th><th>重要書類
（資金や物の流れに直結・連動する書類）</th><th>一般書類
（資金や物の流れに直結・連動しない書類）</th></tr>
<tr><td>書類の例</td><td>契約書、納品書、請求書、領収書　など</td><td>見積書、注文書、検収書　など</td></tr>
<tr><td>入力期間の制限</td><td colspan="2">次のどちらかの入力期間内に入力すること
①書類を作成または受領してから、速やか（おおむね7営業日以内）にスキャナ保存する（早期入力方式）
②それぞれの企業において採用している業務処理サイクルの期間（最長2カ月以内）を経過した後、速やか（おおむね7営業日以内）にスキャナ保存する（業務処理サイクル方式）
※②の業務処理サイクル方式は、企業において書類を作成または受領してからスキャナ保存するまでの各事務の処理規程を定めている場合のみ採用できる
※一般書類の場合は、入力期間の制限なく入力することもできます(注1)</td></tr>
<tr><td>一定の解像度による読み取り</td><td colspan="2">解像度200dpi相当以上で読み取ること</td></tr>
<tr><td>カラー画像による読み取り</td><td colspan="2">赤色、緑色及び青色の階調がそれぞれ256階調以上（24ビットカラー）で読み取ること
※一般書類の場合は、白黒階調（グレースケール）で読み取ることもできます(注1)</td></tr>
<tr><td>タイムスタンプの付与</td><td colspan="2">入力期間内に、総務大臣が認定する業務に係るタイムスタンプ（※1）を、一の入力単位ごとのスキャナデータに付すこと
※1 スキャナデータが変更されていないことについて、保存期間を通じて確認することができ、課税期間中の任意の期間を指定し、一括して検証することができるものに限りる
※2 入力期間内にスキャナ保存したことを確認できる場合には、このタイムスタンプの付与要件に代えることができる</td></tr>
<tr><td>バージョン管理</td><td colspan="2">スキャナデータについて訂正･削除の事実やその内容を確認することができるシステム等又は訂正･削除を行うことができないシステムなどを使用すること</td></tr>
<tr><td>帳簿との相互関連性の確保</td><td>スキャナデータとそのデータに関連する帳簿の記録事項との間において、相互にその関連性を確認することができるようにしておくこと</td><td>（不要）</td></tr>
<tr><td>見読可能装置などの備付け</td><td colspan="2">14インチ（映像面の最大径が35cm）以上のカラーディスプレイおよびカラープリンタ並びに操作説明書を備え付けること
※白黒階調（グレースケール）で読み取った一般書類は、カラー対応でないディスプレイおよびプリンタでの出力で問題ない(注1)</td></tr>
<tr><td>速やかに出力すること</td><td colspan="2">スキャナデータについて、次の①～④の状態で速やかに出力することができるようにすること
①整然とした形式
②書類と同程度に明瞭
③拡大または縮小して出力することができる
④4ポイントの大きさの文字を認識できる</td></tr>
<tr><td>システム概要書等の備付け</td><td colspan="2">スキャナ保存するシステム等のシステム概要書、システム仕様書、操作説明書、スキャナ保存する手順や担当部署などを明らかにした書類を備え付けること</td></tr>
<tr><td>検索機能の確保</td><td colspan="2">スキャナデータについて、次の要件による検索ができるようにすること
①取引年月日その他の日付、取引金額及び取引先での検索
②日付または金額に係る記録項目について範囲を指定しての検索
③2以上の任意の記録項目を組み合わせての検索
※税務職員による質問検査権に基づくスキャナデータのダウンロードの求めに応じることができるようにしている場合には、②および③の要件は不要</td></tr>
</table>

（注1）一般書類向けのルールを採用する場合は、事務の手続（責任者、入力の順序や方法など）を明らかにした書類を備え付ける必要があります。国税庁ホームページの下記URLの特設サイトにサンプルが掲載されています。

●「電子帳簿等保存制度特設サイト」（国税庁）

URL https://www.nta.go.jp/law/joho-zeikaishaku/sonota/jirei/tokusetsu/index.htm

SECTION 053 印紙税

●印紙税一覧

番号	文書の種類（物件名）	印紙税額（1通または1冊につき）		主な非課税文書
1	1 不動産、鉱業権、無体財産権、船舶もしくは航空機または営業の譲渡に関する契約書 （注）無体財産権とは、特許権、実用新案権、商標権、意匠権、回路配置利用権、育成者権、商号および著作権をいいます。 （例）不動産売買契約書、不動産交換契約書、不動産売渡証書など 2 地上権または土地の賃借権の設定または譲渡に関する契約書 （例）土地賃貸借契約書、土地賃料変更契約書など 3 消費貸借に関する契約書 （例）金銭借用証書、金銭消費貸借契約書など 4 運送に関する契約書 （注）運送に関する契約書には、傭船契約書を含み、乗車券、乗船券、航空券および送り状は含まれません。 （例）運送契約書、貨物運送引受書など	記載された契約金額		記載された契約金額が1万円未満（※）のもの ※第1号文書と第3号から第17号文書とに該当する文書で第1号文書に所属が決定されるものは、記載された契約金額が1万円未満であっても非課税文書となりません。
		10万円以下のもの	200円	
		10万円を超え50万円以下のもの	400円	
		50万円を超え100万円以下のもの	1,000円	
		100万円を超え500万円以下のもの	2,000円	
		500万円を超え1,000万円以下のもの	1万円	
		1,000万円を超え5,000万円以下のもの	2万円	
		5,000万円を超え1億円以下のもの	6万円	
		1億円を超え5億円以下のもの	10万円	
		5億円を超え10億円以下のもの	20万円	
		10億円を超え50億円以下のもの	40万円	
		50億円を超えるもの	60万円	
		契約金額の記載のないもの	200円	
	上記の1に該当する「不動産の譲渡に関する契約書」のうち、平成26年4月1日から令和9年3月31日までの間に作成されるものは、記載された契約金額に応じ、右欄の通り印紙税額が軽減されています。 （注）契約金額の記載のないものの印紙税額は、本則通り200円となります。"	記載された契約金額		
		50万円以下のもの	200円	
		50万円を超え100万円以下のもの	500円	
		100万円を超え500万円以下のもの	1,000円	
		500万円を超え1,000万円以下のもの	5,000円	
		1,000万円を超え5,000万円以下のもの	1万円	
		5,000万円を超え1億円以下のもの	3万円	
		1億円を超え5億円以下のもの	6万円	
		5億円を超え10億円以下のもの	16万円	
		10億円を超え50億円以下のもの	32万円	
		50億円を超えるもの	48万円	

番号	文書の種類(物件名)	印紙税額(1通または1冊につき)		主な非課税文書
2	請負に関する契約書 (注)請負には、職業野球の選手、映画(演劇)の俳優(監督・演出家・プロデューサー)、プロボクサー、プロレスラー、音楽家、舞踊家、テレビジョン放送の演技者(演出家、プロデューサー)が、その者としての役務の提供を約することを内容とする契約を含みます。★(例)工事請負契約書、工事注文請書、物品加工注文請書、広告契約書、映画俳優専属契約書、請負金額変更契約書など	記載された契約金額		記載された契約金額が1万円未満(※)のもの ※第2号文書と第3号から第17号文書とに該当する文書で第2号文書に所属が決定されるものは、記載された契約金額が1万円未満であっても非課税文書となりません。
		100万円以下のもの	200円	
		100万円を超え200万円以下のもの	400円	
		200万円を超え300万円以下のもの	1,000円	
		300万円を超え500万円以下のもの	2,000円	
		500万円を超え1,000万円以下のもの	1万円	
		1,000万円を超え5,000万円以下のもの	2万円	
		5,000万円を超え1億円以下のもの	6万円	
		1億円を超え5億円以下のもの	10万円	
		5億円を超え10億円以下のもの	20万円	
		10億円を超え50億円以下のもの	40万円	
		50億円を超えるもの	60万円	
		契約金額の記載のないもの	200円	
	上記の「請負に関する契約書」のうち、建設業法第2条第1項に規定する建設工事の請負に係る契約に基づき作成されるもので、平成26年4月1日から令和9年3月31日までの間に作成されるものは、記載された契約金額に応じ、右欄の通り印紙税額が軽減されています。 (注)契約金額の記載のないものの印紙税額は、本則通り200円となります。	記載された契約金額		
		200万円以下のもの	200円	
		200万円を超え300万円以下のもの	500円	
		300万円を超え500万円以下のもの	1,000円	
		500万円を超え1,000万円以下のもの	5,000円	
		1,000万円を超え5,000万円以下のもの	1万円	
		5,000万円を超え1億円以下のもの	3万円	
		1億円を超え5億円以下のもの	6万円	
		5億円を超え10億円以下のもの	16万円	
		10億円を超え50億円以下のもの	32万円	
		50億円を超えるもの	48万円	
3	約束手形、為替手形★(注1)手形金額の記載のない手形は非課税となりますが、金額を補充したときは、その補充をした人がその手形を作成したものとみなされ、納税義務者となります。★(注2)振出人の署名のない白地手形(手形金額の記載のないものは除く)で、引受人やその他の手形当事者の署名のあるものは、引受人やその他の手形当事者がその手形を作成したことになります。	記載された手形金額		1 記載された手形金額が10万円未満のもの★2 手形金額の記載のないもの★3 手形の複本または謄本
		10万円以上100万円以下のもの	200円	
		100万円を超え200万円以下のもの	400円	
		200万円を超え300万円以下のもの	600円	
		300万円を超え500万円以下のもの	1,000円	
		500万円を超え1,000万円以下のもの	2,000円	
		1,000万円を超え2,000万円以下のもの	4,000円	
		2,000万円を超え3,000万円以下のもの	6,000円	
		3,000万円を超え5,000万円以下のもの	1万円	
		5,000万円を超え1億円以下のもの	2万円	
		1億円を超え2億円以下のもの	4万円	
		2億円を超え3億円以下のもの	6万円	
		3億円を超え5億円以下のもの	10万円	
		5億円を超え10億円以下のもの	15万円	
		10億円を超えるもの	20万円	
	①一覧払のもの、②金融機関相互間のもの、③外国通貨で金額を表示したもの、④非居住者円表示のもの、⑤円建銀行引受手形		200円	
4	株券、出資証券もしくは社債券または投資信託、貸付信託、特定目的信託もしくは受益証券発行信託の受益証券 (注1)出資証券には、投資証券を含みます。 (注2)社債券には、特別の法律により法人の発行する債券および相互会社の社債券を含みます。	記載された券面金額が		1 日本銀行その他特定の法人の作成する出資証券 2 譲渡が禁止されている特定の受益証券 3 一定の要件を満たしている額面株式の株券の無効手続に伴い新たに作成する株券
		500万円以下のもの	200円	
		500万円を超え1,000万円以下のもの	1,000円	
		1,000万円を超え5,000万円以下のもの	2,000円	
		5,000万円を超え1億円以下のもの	1万円	
		1億円を超えるもの	2万円	
		(注)株券、投資証券については、1株(1口)当たりの払込金額に株数(口数)を掛けた金額を券面金額とします。		

番号	文書の種類(物件名)	印紙税額(1通または1冊につき)		主な非課税文書
5	合併契約書または吸収分割契約書もしくは新設分割計画書 (注1)会社法または保険業法に規定する合併契約を証する文書に限ります。 (注2)会社法に規定する吸収分割契約または新設分割計画を証する文書に限ります。		4万円	
6	定款 (注)株式会社、合名会社、合資会社、合同会社または相互会社の設立のときに作成される定款の原本に限ります。		4万円	株式会社または相互会社の定款のうち公証人法の規定により公証人の保存するもの以外のもの
7	継続的取引の基本となる契約書 (注)契約期間が3カ月以内で、かつ、更新の定めのないものは除きます。 (例)売買取引基本契約書、特約店契約書、代理店契約書、業務委託契約書、銀行取引約定書など		4,000円	
8	預金証書、貯金証書		200円	信用金庫その他特定の金融機関の作成するもので記載された預入額が1万円未満のもの
9	倉荷証券、船荷証券、複合運送証券 (注)法定記載事項の一部を欠く証書で類似の効用があるものを含みます。		200円	
10	保険証券		200円	
11	信用状		200円	
12	信託行為に関する契約書 (注)信託証書を含みます。		200円	
13	債務の保証に関する契約書 (注)主たる債務の契約書に併記するものは除きます。		200円	身元保証ニ関スル法律に定める身元保証に関する契約書
14	金銭または有価証券の寄託に関する契約書		200円	
15	債権譲渡または債務引受けに関する契約書	記載された契約金額が1万円以上のもの	200円	記載された契約金額が1万円未満のもの
		契約金額の記載のないもの	200円	
16	配当金領収証、配当金振込通知書	記載された配当金額が3,000円以上のもの	200円	記載された配当金額が3,000円未満のもの
		配当金額の記載のないもの	200円	

番号	文書の種類(物件名)	印紙税額(1通または1冊につき)		主な非課税文書
17	1 売上代金に係る金銭または有価証券の受取書 (注1)売上代金とは、資産を譲渡することによる対価、資産を使用させること(権利を設定することを含む)による対価および役務を提供することによる対価をいい、手付けを含みます。 (注2)株券などの譲渡代金、保険料、公社債および預貯金の利子などは売上代金から除かれます。 (例)商品販売代金の受取書、不動産の賃貸料の受取書、請負代金の受取書、広告料の受取書など	記載された受取金額		次の受取書は非課税 1 記載された受取金額が5万円未満のもの 2 営業に関しないもの 3 有価証券、預貯金証書など、特定の文書に追記した受取書
		100万円以下のもの	200円	
		100万円を超え200万円以下のもの	400円	
		200万円を超え300万円以下のもの	600円	
		300万円を超え500万円以下のもの	1,000円	
		500万円を超え1,000万円以下のもの	2,000円	
		1,000万円を超え2,000万円以下のもの	4,000円	
		2,000万円を超え3,000万円以下のもの	6,000円	
		3,000万円を超え5,000万円以下のもの	1万円	
		5,000万円を超え1億円以下のもの	2万円	
		1億円を超え2億円以下のもの	4万円	
		2億円を超え3億円以下のもの	6万円	
		3億円を超え5億円以下のもの	10万円	
		5億円を超え10億円以下のもの	15万円	
		10億円を超えるもの	20万円	
		受取金額の記載のないもの	200円	
	2 売上代金以外の金銭または有価証券の受取書 (例)借入金の受取書、保険金の受取書、損害賠償金の受取書、補償金の受取書、返還金の受取書など		200円	
18	預金通帳、貯金通帳、信託通帳、掛金通帳、保険料通帳	1年ごとに	200円	1 信用金庫など、特定の金融機関の作成する預貯金通帳 2 所得税が非課税となる普通預金通帳など 3 納税準備預金通帳
19	消費貸借通帳、請負通帳、有価証券の預り通帳、金銭の受取通帳などの通帳 (注)18に該当する通帳を除きます。	1年ごとに	400円	
20	判取帳	1年ごとに	4,000円	

第3章

会社の人事・労務

SECTION 054

人事・労務とは

●人事とは

人事とは、組織内で人材を適切に配置し、育成・管理を行う業務全般をいいます。採用や配置、評価、労働条件の管理など、人材に関わるあらゆる活動を含みます。組織の目標達成に向けて、適切な人材を確保し、役割を適切に果たすための重要な業務です。

▶人事の主な業務内容

業務	説明
①採用・退職	新しい人材を採用し、適切に配置することで組織の人的資源を確保する。また、退職手続きを円滑に行い、組織と従業員の離職を管理する
②教育・研修	従業員の能力やスキルを向上させるための教育プログラムや研修を計画・実施する。組織の成長と個人のキャリア発展を支援する役割を果たす
③人事考課・配置管理	従業員の業績や行動を評価し、適切な配置を行う。適切な人材の配置によって、組織の目標達成を支援する
④人事制度の構築・運用	組織の規定や制度を構築し、従業員と組織の関係を円滑に維持する。給与制度、労働条件、福利厚生などの人事制度を運用し、組織の適切な運営を支援する

●労務とは

労務とは、組織や企業における労働に関わる業務全般をいいます。具体的には、従業員の勤怠管理、給与計算、法や労働条件の遵守、従業員との契約管理などが含まれます。組織の円滑な運営や従業員の権利保護に関わる重要な業務です。

▶労務の主な業務内容

業務	説明
①勤怠管理	従業員の出勤・退勤時間や休憩時間、遅刻・早退・欠勤などを記録し、適切に就労状況を把握・管理する
②給与計算	従業員の労働条件や勤怠状況に基づき、給与額および控除額を計算する
③社会保険の手続	従業員の入退社、扶養家族の増減などによる社会保険（健康保険、介護保険、厚生年金保険、労災保険、雇用保険）の手続き、および保険給付請求の手続きを行う
④福利厚生業務	労働力の確保と定着、モチベーションや生産性の向上のために、従業員やその家族を対象とした生活支援業務を行う
⑤安全衛生管理	従業員が安全かつ健康的な環境で働けるようにするため、労働環境の維持・改善、事故や災害の予防、健康診断・ストレスチェックなどを実施する
⑥規則・規定の整備	就業規則や社内規定の作成だけでなく、従業員への周知、法令遵守の観点から改正に合わせた見直しや更新を行う
⑦労使関係の管理	従業員と組織の間の関係を調整し、労使間の紛争解決やトラブルなどの対応を行う

SECTION 055 職務分析と人事考課

人事労務管理を客観的・合理的に行うには、職務や従業員に関する情報を収集し、適切に分析・評価することが不可欠です。そのために必要となるのが、「職務分析・職務評価」であり、「人事考課・自己申告制度」です。

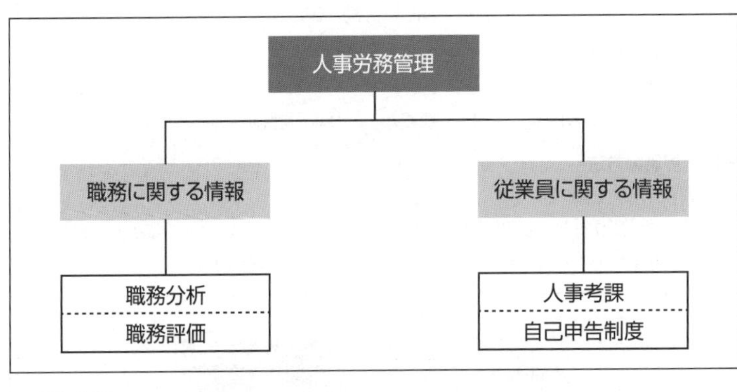

●職務分析

職務分析とは、各職務の内容を調査し、職務を遂行する過程で必要な知識や能力、経験、責任、権限または職務の難易度などを明確にする手続きのことです。適切な雇用管理を行い、組織を効果的に機能させる目的で行います。

▶職務分析の用途

①採用・適正配置・配置転換
②職務評価・賃金管理
③教育訓練・能力開発　など

▶職務分析の方法

分析方法	説明
観察法	分析員が、仕事を行っている対象者を観察して記録する方法
面接法	分析員が、対象者と面接して情報を得る方法
質問法	質問票を作成しておき、対象者に記入させる方法
体験法	分析員が、実際に対象者の仕事を自ら体験して記録する方法

▶職務分析結果の記録

職務分析の結果をまとめたものを「職務記述書」といい、職務評価の基礎資料となります。また、職務記述書に基づいて、職務に特に必要な資格要件などを明確に記述した「職務明細書」を作成します。

●職務評価

職務評価とは、職務分析によって得られた情報に基づき、各職務の困難度や責任の程度に応じて相対的な評価を決定することです。職務の相対評価を行うことで、公正な待遇(同一労働同一賃金)を確保する際に有効となります。

▶職務評価の用途

①適正配置

②職務給(仕事の内容、実績)・職能給(人の能力評価)の設定　など

▶職務評価の方法

①序列法(単純比較法)

社内の職務を1対1で比較し、職務の大きさが同じか、あるいは異なるかを評価します。比較の際に、職務を細かく分解せず、全体として捉えて比較します。

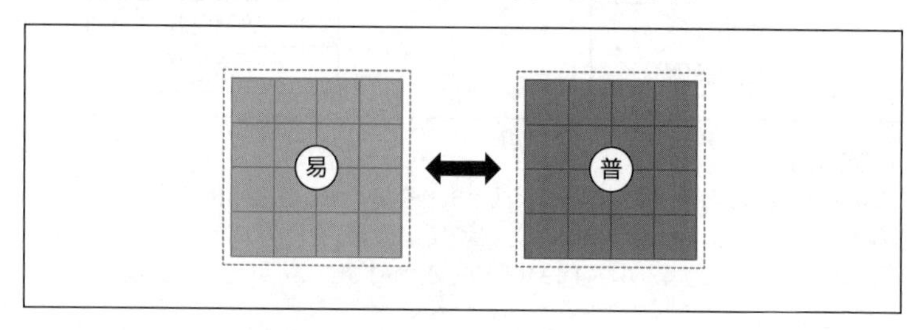

②分類法

社内で基準となる職務を選び、詳細な職務分析を行った上で、それを基に「職務レベル定義書」を作成します。職務レベル定義書に照らし合わせ、全体として最も合致する定義はどのレベルかを判断し、職務の大きさを評価します。

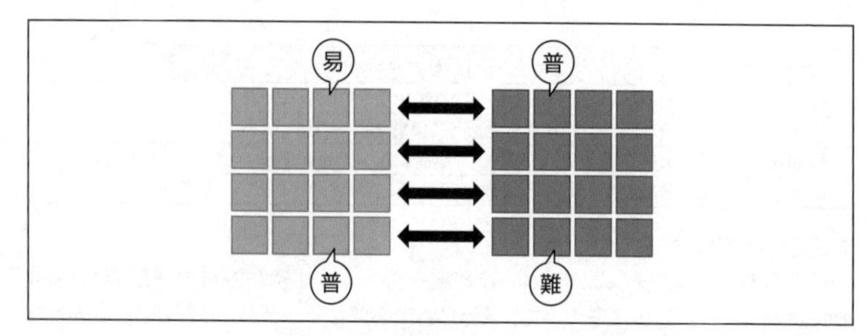

③要素比較法

あらかじめ定めておいた職務の構成要素別に、レベルの内容を定義します。職務を要素別に分解し、最も合致する定義はどのレベルかを判断することにより、職務の大きさを評価します(分類法のように、職務全体として判断するよりも、客観的な評価が可能)。

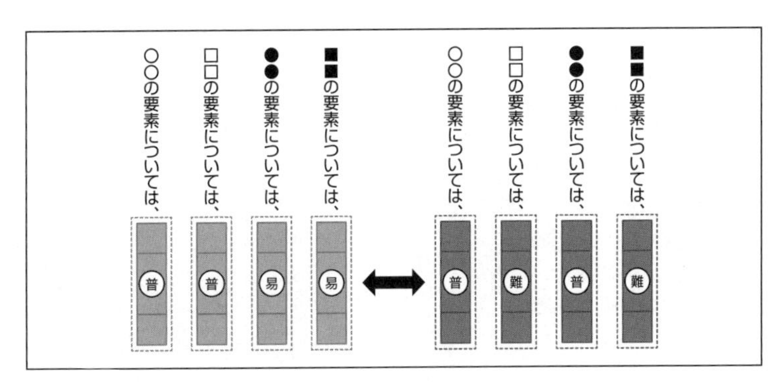

④要素点数法

要素別にレベルに応じたポイント数を付け、その総計ポイントで職務の大きさを評価する方法です。評価結果を要素比較法のようにレベルの違いで表すのではなく、ポイント数の違いで表すのが特徴です。

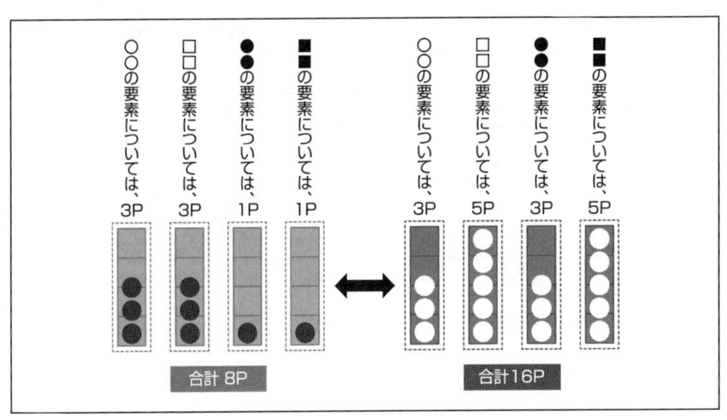

●出典・参考「職務評価の手法」(厚生労働省)

URL https://part-tanjikan.mhlw.go.jp/estimation/method/

●人事考課

人事考課とは、個々の従業員の知識、態度、職務遂行能力、業績、適性などを一定の基準に基づいて上司その他の者が適正に測定し、客観的・総合的に評価することです。公平・公正な査定により、従業員のモチベーションを引き上げて組織を活性化させ、企業の継続的な成長を図ります。

▶人事考課の用途

①昇給・賞与の査定
②昇進・昇格の査定
③教育訓練・能力開発
④適正配置　など

▶人事考課の方法

(1)序列法(成績順位法)
評価要素ごとに序列化し、被考課者の順位をつける方法です。

(2)図式評定尺度法
信頼性や知識度といった各要素ごとに、段階的な評価基準を示す目盛りのある直線的な尺度を使用し、該当する箇所に印をつける方法です。

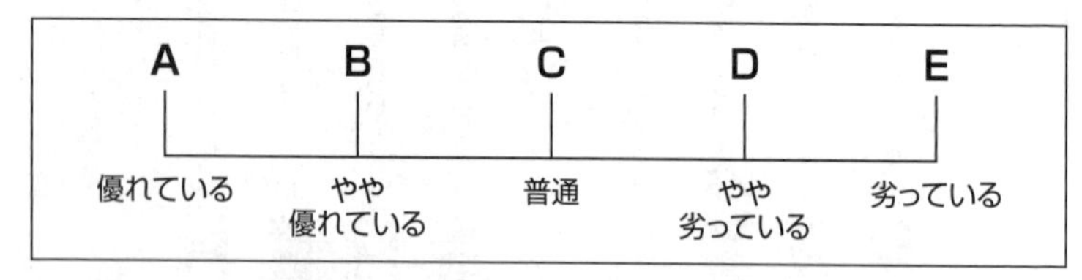

(3)プロブスト式考課法
被考課者の日常の勤務状態、能力や性格に関する具体的な項目を列挙しておき、考課者が確信の持てる項目のみをチェックする方法です。

(4)人物比較法
考課集団の中から各評定項目ごとに標準的な人物を選定し、これを基準として他の従業員を評価する方法です。

▶人事考課の評定誤差

(1)ハロー効果
被考課者の特定の要素に関する印象が、その他の要素にも影響してしまう傾向のことです。

(2)中央化傾向
考課者が被考課者の集団に対して、多数の者を中央(標準・普通)として評価する傾向のことです。

(3)寛大化傾向
被考課者の優劣にかかわらず、実際よりも高めの評価をつけてしまう傾向のことです。

(4)対比誤差
考課者が自身と比較して、反対の特性を持つ被考課者を過大又は過小に評価する傾向のことです。

(5)論理誤差
考課者が評価項目間の関連性を論理的に考え、類似の評価項目を同一もしくは類似評価してしまう傾向のことです。

●自己申告制度

自己申告制度は、従業員が職務への満足度や職場の人間関係、能力などに関する情報を会社に提出する制度です。申告によって従業員の自己認識が高まり、自己啓発への意欲が促進されます。従業員が自身の強味や弱み、キャリアの希望などを伝えることで、組織内での適切な人材配置やモチベーションの向上が図られます。

近年、人間関係の重要性が増しており、自己申告制度は単なる人事考課の補完ではなく、上司と部下の面接を重視する傾向になっています。上司と部下が対話を通じて意見を交換し、相互理解を深めることで、職場全体の帰属意識(モラール)の向上に役立ちます。

SECTION 056

社会保険の種類

社会保険は、病気やケガ、出産、障害、失業、老齢、死亡などのリスクに備え、国民の生活を保障するための公的な保険制度です。広義と狭義の社会保険があり、その運営は、被保険者や会社などが支払う保険料収入に加えて、国庫からの負担で賄われています。法律で定められた条件を満たす場合、原則として加入が義務付けられています。

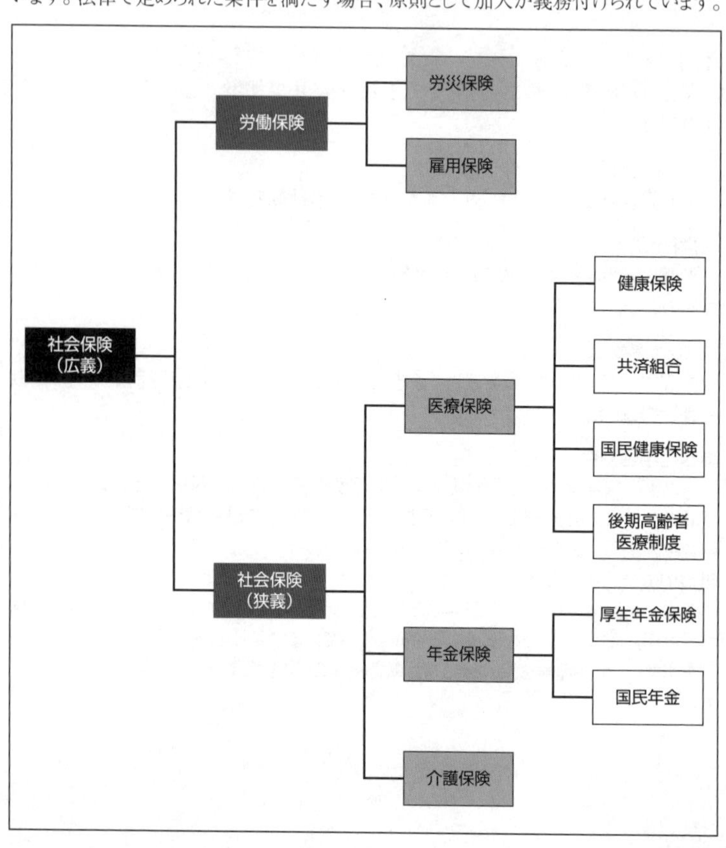

SECTION 057 労働保険の適用事業と被保険者

労働保険とは、労災保険（労働者災害補償保険）と雇用保険を総称したもので、事業場を単位として適用されます。

保険	説明
労災保険	労働者が業務上の事由または通勤中に負傷や病気、死亡した場合に、労働者や遺族を保護するために必要な保険給付
雇用保険	労働者が失業したり雇用の継続が困難になった場合に、生活や雇用の安定を図り再就職を促進するための保険給付

●労働保険（労災保険・雇用保険）の適用事業

（1）強制適用事業

労働者（正社員やアルバイト、パートなどの名称・雇用形態にかかわらず）を1人でも雇用して、事業が行われている限り、当然に労災保険・雇用保険の保険関係が成立するため適用事業となり、労働保険の加入義務が生じます（強制適用事業）。

（2）暫定任意適用事業

5人未満の労働者を使用する個人経営の農林水産の事業については、当分の間、労災保険の加入が任意とされています（暫定任意適用事業）。暫定任意適用事業の事業主は、労災保険においては労働者の過半数が加入を希望した場合には任意加入をしなければなりません。雇用保険においては労働者の2分の1以上が加入を希望した場合、任意加入をしなければなりません（罰則あり）。

<table>
<tr><th></th><th colspan="3">労災保険</th><th colspan="2">雇用保険</th></tr>
<tr><td rowspan="2">強制適用事業</td><td colspan="3">労働者を使用する事業</td><td colspan="2">労働者が雇用される事業</td></tr>
<tr><td colspan="3">※国の直営事業、官公署（現業を除く）の事業は適用除外</td><td colspan="2">法人、国・都道府県・市町村など、船員が雇用される事業</td></tr>
<tr><td rowspan="4">暫定任意適用事業</td><td colspan="3">個人経営</td><td colspan="2">個人経営</td></tr>
<tr><td>農業</td><td rowspan="2">常時使用労働者数5人未満</td><td>・特定危険有害作業以外の事業
・事業主が特別加入していない</td><td>農業</td><td rowspan="3">常時使用労働者数5人未満</td></tr>
<tr><td>水産業</td><td>・総トン数トン未満の漁船
・主として河川、湖沼、特定水面で操業する漁船（船員が雇用される事業を除く）</td><td>水産業（船員を使用して行う船舶所有者の事業を除く）</td></tr>
<tr><td>林業</td><td colspan="2">常時労働者を使用せず、1年間の使用労働者数が延300人未満</td><td>林業</td></tr>
</table>

●労働保険（労災保険・雇用保険）の被保険者

労災保険	雇用保険
常用、日雇、パート、アルバイト、派遣など、名称や雇用形態にかかわらず、労働の対償として賃金を受けるすべての者	常用、パート、アルバイト、派遣など、名称や雇用形態にかかわらず、次の2つのいずれにも該当する労働者 ①1週間の所定労働時間が20時間以上 ②31日以上引き続き雇用されることが見込まれる場合 ただし、次の場合は除く ・季節的な雇用で以下のいずれかに該当する労働者など ・1週間の所定労働時間が30時間未満 ・雇用期間が4カ月以内 ・昼間学生

※原則として、法人の取締役・監査役、理事などに就任している人、および個人・法人ともに代表者の同居親族は対象となりません。

●労災保険の特別加入制度

労災保険の特別加入制度とは、労働者以外の者のうち、業務の実態や災害の発生状況からみて、労働者に準じて保護されることがふさわしいとみなされる者に、一定の要件の下に労災保険に特別に加入することを認めている制度です。

特別加入できる者の範囲は次の通りです。

種類	特別加入者の対象者	加入手続
第1種	中小事業主など（役員、家族従事者を含む）	労働保険事務組合を通じて加入
第2種	1人親方その他の自営業者（家族従事者を含む）	特別加入団体を通じて加入
	特定作業従事者（特定農作業従事者など）	
第3種	海外派遣者	都道府県労働局長に申請して加入

労働保険の新規適用手続

●一元適用事業と二元適用事業

労働保険には「一元適用事業」と「二元適用事業」の2種類があります。一元適用事業では労災保険と雇用保険を1つの保険関係として保険料の申告・納付などを行い、二元適用事業では、保険料の申告・納付などを別々に行います。

一元適用事業	二元適用事業
右以外の事業	①都道府県及び市区町村が行う事業 ②①に準ずるものが行う事業 ③東京や横浜などの6大港における運送事業 ④農林水産の事業 ⑤建設の事業

▶「継続事業」と「有期事業」

労働保険は「事業」単位で適用され、加入（成立）などの各種手続きも「事業」単位で行われます。この「事業」は原則として、各企業単位ではなく、本店・支店・工場・営業所など、1つの経営組織として独立性を持った各事業所単位でとらえます。

ただし、二元適用の事業のうち、建設の事業と林業の事業の労災保険分だけは、ビル建設などの各工事や、立木の伐採の各作業を「事業」として取り扱います。工事・作業は当初から期間が予定され、それが完成するなど所定の目的を達成すれば終了するので、これらの事業を「有期事業」といいます。

「有期事業」以外の、建設業・林業以外の業種の事業や、建設業・林業の雇用保険の適用対象となる事業を「継続事業」といいます。

●労働保険の新規適用手続

労働保険（労災保険・雇用保険）の適用事業となった場合は、まず労働保険の保険関係成立届を提出し、その年度分の労働保険料を概算保険料として申告・納付します。

雇用保険の適用事業となった場合は、上記の他に、雇用保険適用事業所設置届および雇用保険被保険者資格取得届の提出が必要となる。一元適用事業と二元適用事業では書類の提出方法が異なるので注意してください。

	提出書類	提出期限	提出先
一元適用事業	①保険関係成立届	保険関係が成立した日の翌日から10日以内	所轄の労働基準監督署
	②概算保険料申告書	保険関係が成立した日の翌日から50日以内	下記のいずれか ・所轄の労働基準監督署 ・所轄の都道府県労働局 ・日本銀行（全国の銀行、信用金庫、郵便局も可）
	③雇用保険適用事業所設置届	設置の日の翌日から10日以内	所轄のハローワーク
	④雇用保険被保険者資格取得届	資格取得の事実があった日の翌月10日まで	所轄のハローワーク
	※①の手続きを行った後または同時に②の手続きを行う ※①の手続きを行った後に、③および④の手続きを行う		

		提出書類	提出期限	提出先
二元適用事業	労災保険	①保険関係成立届	保険関係が成立した日の翌日から10日以内	所轄の労働基準監督署
		②概算保険料申告書	保険関係が成立した日の翌日から50日以内	下記のいずれか ・所轄の労働基準監督署 ・所轄の都道府県労働局 ・日本銀行(全国の銀行、信用金庫、郵便局も可)
		※①の手続きを行った後または同時に②の手続きを行う		
	雇用保険	①保険関係成立届	保険関係が成立した日の翌日から10日以内	所轄のハローワーク
		②概算保険料申告書	保険関係が成立した日の翌日から50日以内	下記のいずれか ・所轄の都道府県労働局 ・日本銀行(全国の銀行、信用金庫、郵便局も可)
		③雇用保険適用事業所設置届	設置の日の翌日から10日以内	所轄のハローワーク
		④雇用保険被保険者資格取得届	資格取得の事実があった日の翌月10日まで	所轄のハローワーク
		※①の手続きを行った後または同時に②～④の手続きを行う		

●出典・参考「労働保険の成立手続」(厚生労働省)

URL https://www.mhlw.go.jp/www2/topics/seido/daijin/hoken/980916_2.htm

業務災害と通勤災害

●業務災害とは

業務災害とは、労働者の業務上の事由による負傷、疾病、障害または死亡のことをいいます。

業務災害と認定されるためには、次の2つの条件を満たす必要があります。

条件	説明
業務遂行性	労働者が労働契約に基づき事業主の支配下かつ管理下にあること
業務起因性	業務と疾病等との間に相当因果関係が認められること

●複数業務要因災害とは

複数業務要因災害とは、事業主が同一でない二以上の事業に使用される労働者(複数事業労働者)の、二以上の事業の業務を要因とする傷病など(負傷、疾病、障害または死亡)のことをいいます。

対象となる傷病などは脳・心臓疾患や精神障害などで、複数の事業場の業務上の負荷(労働時間やストレスなど)を総合的に評価して、労災と認定できるか判断されます。なお、1つの事業場のみの業務上の負荷を評価し業務上と認めらる場合は、これまで通り業務災害として労災認定されます。

●通勤災害とは

通勤災害とは、労働者が「就業に関し」、「住居と就業の場所」との間を「合理的な経路および方法」で移動する際に被った負傷、疾病、障害または死亡のことをいいます。ただし、要件を満たしていても業務の性質を有している場合は業務災害となります。

通勤災害と認められる場合	通勤災害と認められない場合
通勤途中において ・自動車にひかれた ・電車が急停車したため転倒して受傷した ・駅の階段から転落した ・歩行中にビルの建設現場から落下した物体により負傷した ・転倒したタンクローリーから流れ出す有害物質により急性中毒となった　など	・自殺の場合、その他被災者の故意によって生じた災害 ・通勤の途中で、怨恨をもってけんかをしかけて負傷した　など

▶逸脱・中断

通勤の途中で就業または通勤とは関係のない目的で合理的な経路を逸れたり(逸脱)、通勤の経路上で通勤と関係のない行為を行ったり(中断)があると、その後は原則として通勤となりません。ただし、日常生活上必要な行為であって、厚生労働省令で定めるものをやむを得ない事由により最小限度の範囲で行う場合には、逸脱または中断の間を除き、合理的な経路に復した場合は「通勤」と認められます。

厚生労働省令で定める「逸脱」「中断」の例外となる行為には次のようなものがあります。

①日用品の購入その他これに準ずる行為

②職業訓練、学校教育法第1条に規定する学校において行われる教育その他これらに準ずる教育訓練であって職業能力の開発向上に資するものを受ける行為

③選挙権の行使その他これに準ずる行為

④病院または診療所において診察または治療を受けること、その他これに準ずる行為

⑤要介護状態にある配偶者、子、父母、孫、祖父母および兄弟姉妹並びに配偶者の父母の介護(継続的にまたは反復して行われるものに限る)

●ケガや病気で受診した場合の給付申請の流れ

労災保険で受診した場合、その医療機関が労災指定医療機関か否かによって手続きが異なります。労災扱いであるのに誤って健康保険を使用してしまった場合は、労災保険に切り替えの手続きが必要となります。

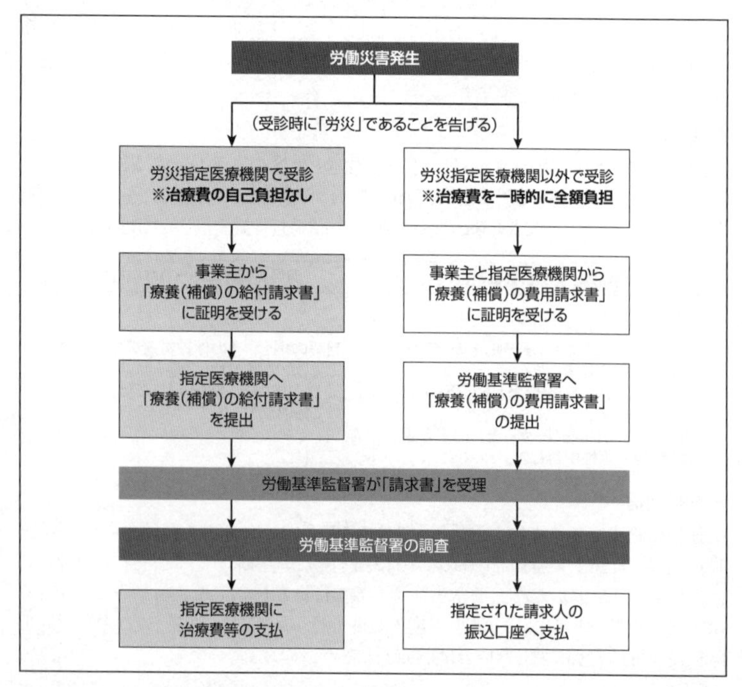

●出典・参考「請求(申請)のできる保険給付等」(厚生労働省)

URL https://www.mhlw.go.jp/content/11200000/001235000.pdf

●業務（通勤）災害の保険給付の手続

給付の種類		請求書の様式	提出先
療養（補償）等給付	労災指定医療機関で受診した場合	療養補償給付及び複数事業労働者療養給付たる療養の給付請求書（5号） 療養給付たる療養の給付請求書　通勤災害用（16号の3）	指定医療機関を経由して所轄の労働基準監督署長
	労災指定医療機関以外で受診した場合	療養補償給付及び複数事業労働者療養給付たる療養の費用請求書（7号） 療養給付たる療養の費用請求書　通勤災害用（16号の5）	所轄の労働基準監督署長
	労災指定医療機関を変更した場合	療養補償給付及び複数事業労働者療養給付たる療養の給付を受ける指定病院等（変更）届（6号） 療養給付たる療養の給付を受ける指定病院等（変更）届　通勤災害用（16号の4）	変更後の指定医療機関を経由して所轄の労働基準監督署長
休業（補償）等給付	仕事を休んだ場合	休業補償給付・複数事業労働者休業給付支給請求書（8号） 休業給付支給請求書　通勤災害用（16号の6）	所轄の労働基準監督署長
障害（補償）等給付	障害が残った場合	障害補償給付・複数事業労働者障害給付支給請求書（10号） 障害給付支給請求書　通勤災害用（16号の7）	
遺族（補償）等給付	死亡した場合	遺族補償年金・複数事業労働者遺族年金支給請求書（12号） 遺族年金支給請求書　通勤災害用（16号の8） 遺族補償一時金・複数事業労働者遺族一時金支給請求書（15号） 遺族一時金支給請求書　通勤災害用（16号の9）	
葬祭料等（葬祭給付）	葬祭をした場合	葬祭料又は複数事業労働者葬祭給付請求書（16号） 葬祭給付請求書　通勤災害用（16号の10）	

●出典・参考「労災保険給付の概要」（厚生労働省）
URL https://www.mhlw.go.jp/content/11200000/001241566.pdf

●労災発生に関わる事業主の責任・義務

労災保険に加入している場合は、労災保険による給付が行われるため、事業主は労働基準法上の補償責任を免れます。ただし、労災によって労働者が休業する際の休業1～3日目の休業補償は労災保険から給付されないため、労働基準法で定める平均賃金の60%を事業主が労働者に直接支払う必要があります。

●労働基準監督署への報告義務

労働者が労働災害（過労死などの労災業務上認定を含む）、その他就業中または事業場内（その附属建設物内を含む）における負傷、窒息または急性中毒により死亡し、または休業した場合は、「労働者死傷病報告書」を所轄の労働基準監督署へ報告することが義務付けられています。なお、派遣労働者が労働災害にあった場合、「労働者死病報告書」の提出義務は、派遣元の事業者及び派遣先の事業者双方に課せられています。

また、爆発や火災、クレーンの倒壊、ワイヤーロープの切断などの特別な事故については、負傷者の有無にかかわらず「事故報告書」の提出が必要となります。

労災保険率表

労災保険率は、事業の種類ごとに、最低1000分の2.5（金融業、保険業、不動産業など）から最高1000分の88（金属鉱業、非金属鉱業または石炭鉱業）の範囲で定められています。

（単位：1/1,000）　　　　（令和6年4月1日施行）

事業の種類の分類	業種番号	事業の種類	労災保険率
林業	02または03	林業	52
漁業	11	海面漁業（定置網漁業又は海面魚類養殖業を除く）	18
	12	定置網漁業または海面魚類養殖業	37
鉱業	21	金属鉱業、非金属鉱業（石灰石鉱業またはドロマイト鉱業を除く）または石炭鉱業	88
	23	石灰石鉱業またはドロマイト鉱業	13
	24	原油または天然ガス鉱業	2.5
	25	採石業	37
	26	その他の鉱業	26
建設事業	31	水力発電施設、ずい道等新設事業	34
	32	道路新設事業	11
	33	舗装工事業	9
	34	鉄道または軌道新設事業	9
	35	建築事業（既設建築物設備工事業を除く）	9.5
	38	既設建築物設備工事業	12
	36	機械装置の組立てまたは据付けの事業	6
	37	その他の建設事業	15
製造業	41	食料品製造業	5.5
	42	繊維工業または繊維製品製造業	4
	44	木材または木製品製造業	13
	45	パルプまたは紙製造業	7
	46	印刷または製本業	3.5
	47	化学工業	4.5
	48	ガラスまたはセメント製造業	6
	66	コンクリート製造業	13
	62	陶磁器製品製造業	17
	49	その他の窯業または土石製品製造業	23
	50	金属精錬業（非鉄金属精錬業を除く）	6.5
	51	非鉄金属精錬業	7
	52	金属材料品製造業（鋳物業を除く）	5
	53	鋳物業	16
	54	金属製品製造業または金属加工業（洋食器、刃物、手工具または一般金物製造業およびめつき業を除く）	9
	63	洋食器、刃物、手工具または一般金物製造業（めつき業を除く）	6.5

(単位:1/1,000)　　　　(令和6年4月1日施行)

事業の種類の分類	業種番号	事業の種類	労災保険率
製造業	55	めつき業	6.5
	56	機械器具製造業(電気機械器具製造業、輸送用機械器具製造業、船舶製造または修理業及び計量器、光学機械、時計等製造業を除く)	5
	57	電気機械器具製造業	3
	58	輸送用機械器具製造業(船舶製造または修理業を除く)	4
	59	船舶製造または修理業	23
	60	計量器、光学機械、時計等製造業(電気機械器具製造業を除く)	2.5
	64	貴金属製品、装身具、皮革製品等製造業	3.5
	61	その他の製造業	6
運輸業	71	交通運輸事業	4
	72	貨物取扱事業(港湾貨物取扱事業および港湾荷役業を除く)	8.5
	73	港湾貨物取扱事業(港湾荷役業を除く)	9
	74	港湾荷役業	12
電気、ガス、水道または熱供給の事業	81	電気、ガス、水道または熱供給の事業	3
その他の事業	95	農業または海面漁業以外の漁業	13
	91	清掃、火葬またはと畜の事業	13
	93	ビルメンテナンス業	6
	96	倉庫業、警備業、消毒または害虫駆除の事業またはゴルフ場の事業	6.5
	97	通信業、放送業、新聞業または出版業	2.5
	98	卸売業・小売業、飲食店または宿泊業	3
	99	金融業、保険業または不動産業	2.5
	94	その他の各種事業	3
	90	船舶所有者の事業	42

●出典・参考「労災保険率表」(厚生労働省)

URL https://www.mhlw.go.jp/content/rousaihokenritu_r05.pdf

SECTION 061

労働保険の年度更新

●労働保険の年度更新とは

労働保険の保険料は、その年度分を概算で申告・納付し、翌年度の申告の際に確定申告の上、精算する方法をとっています。したがって、事業主は、前年度の確定保険料と当年度の概算保険料を併せて申告・納付する手続きが必要となります。これを「年度更新」といい、毎年6月1日から7月10日までに行います。

●保険料の計算方法

労働保険の保険料は、毎年4月1日から翌年3月31日までの1年間(保険年度)を単位として計算します。その額はすべての労働者に支払われる賃金の総額に、その事業所ごとに定められた保険料率を乗じて算定します(労災保険・雇用保険いずれか一方のみの場合もあります)。

なお、労災保険料は事業主が全額負担し、雇用保険料は事業主負担率と被保険者負担率によって算出した額を労使で負担します。

また、石綿(アスベスト)健康被害者の救済に充てるための一般拠出金(賃金総額に1000分の0.02を乗じて計算した額)を労働保険料と一緒に申告・納付します。

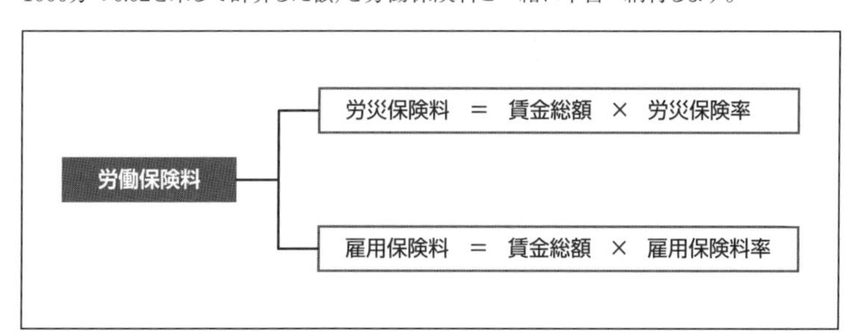

※労災保険率についてはSec.060を参照
※雇用保険料率についてはSec.062を参照
※賃金総額についてはSec.063を参照

●申告書の提出と保険料の納付方法

ケース	提出・納付方法
(1)申告書の提出と保険料の納付を同時にする場合	納付書とともに申告書を金融機関の窓口へ提出する(申告書は労働局へ送付される)。
(2)(1)以外の場合 ・提出と同時に保険料を納めない場合 ・納付書の金額を書き損じた場合 ・納付額が0円の場合、保険料の還付がある場合　など	管轄の労働基準監督署か労働局へ持参または郵送で提出する。郵送提出で、申告書(事業主控)に受付印が必要な場合は、返信用封筒(切手貼付)を同封する。

●保険料の延納

概算保険料額が40万円（労災保険または雇用保険のどちらか一方の保険関係のみ成立している場合は20万円）以上の場合、または労働保険事務組合に労働保険事務の処理を委託している場合は、労働保険料の納付を3回に延納（分割納付）することができます。

●保険料の納期限

下記納付期日が土日祝日の場合は、翌営業日となります。

	全期（第1期）	第2期	第3期
通常の納期限	7月10日	10月31日	1月31日
口座振替納付日	9月 6日	11月14日	2月14日

※労働保険事務組合に委託している場合は、2期および3期の納期限が延長され、口座振替による納付日と同日となります。

SECTION 062 雇用保険料率と失業給付

●雇用保険料率

雇用保険料は、毎月の賃金総額に雇用保険料率（被保険者負担率）を乗じて計算します。時給制や残業代などで賃金が毎月変動する場合は、毎月、雇用保険料の計算が必要となります。

令和6年度（令和6年4月1日から令和7年3月31日まで）

事業の種類	保険料率	事業主負担率	被保険者負担率
一般の事業	15.5/1000	9.5/1000 （うち二事業分3.5/1000）	6/1000
農林水産・清酒製造の事業	17.5/1000	10.5/1000 （うち二事業分3.5/1000）	7/1000
建設の事業	18.5/1000	11.5/1000 （うち二事業分4.5/1000）	

※園芸サービス、牛馬の育成、酪農、養鶏、養豚、内水面養殖および特定の船員を雇用する事業については一般の事業の率が適用されます。

※「雇用保険二事業」とは、失業の予防、雇用機会の増大、労働者の能力開発などに資する雇用対策（雇用安定事業と能力開発事業）のことで、保険料は事業主負担となっています。

●出典・参考「令和6年度雇用保険料率について」（厚生労働省）
URL https://jsite.mhlw.go.jp/aichi-hellowork/content/contents/001736816.pdf

●雇用保険の1日当たりの給付額（基本手当日額）

失業している日に受給できる1日当たりの金額を「基本手当日額」といいます。

原則として、離職日以前6カ月の賃金の合計を180で割って算出した金額（賃金日額）のおよそ5～8割で、賃金が低いほど高い給付率となっています。また、基本手当日額には、上限額・下限額が定められています。

◆およその計算式

$$\text{基本手当日額} = \left(\frac{\text{離職以前6カ月の賃金の合計}}{180}\right) \times \begin{array}{c}\text{給付率}\\(50〜80\%)\end{array}$$

※60～64歳の給付率は45～80%

●出典・参考「離職されたみなさまへ」（厚生労働省）
URL https://www.mhlw.go.jp/content/11600000/000951119.pdf

●失業給付(基本手当)の所定給付日数

(1)定年、契約期間満了や自己都合退職の方

※離職の日以前2年間に通算12カ月以上の被保険者期間が必要

被保険者であった期間 / 離職時等の満年齢	1年未満	1年以上5年未満	5年以上10年未満	10年以上20年未満	20年以上
65歳未満	ー	90日		120日	150日

(2)特定受給者(倒産・解雇等により離職を余儀なくされた方)、一部の特定理由離職者(雇い止めやその他やむを得ない理由により離職した方)

※離職の日以前1年間に通算6カ月以上の被保険者期間が必要

被保険者であった期間 / 離職時等の満年齢	1年未満	1年以上5年未満	5年以上10年未満	10年以上20年未満	20年以上
30歳未満	90日	90日	120日	180日	ー
30歳以上35歳未満		120日	180日	210日	240日
35歳以上45歳未満		150日		240日	270日
45歳以上60歳未満		180日	240日	270日	330日
60歳以上65歳未満		150日	180日	210日	240日

(3)障害者等の就職困難者

※離職の日以前1年間に通算6カ月以上の被保険者期間が必要

被保険者であった期間 / 離職時等の満年齢	1年未満	1年以上
45歳未満	150日	300日
45歳以上65歳未満		360日

(4)高年齢被保険者(65歳以上で離職された方)

※下記日数分を限度として一時金で支給。また、離職の日以前1年間に通算6カ月以上の被保険者期間が必要

被保険者であった期間	1年未満	1年以上
高年齢求職者給付金の額	30日分	50日分

▶被保険者期間

被保険者期間とは、雇用保険の被保険者であった期間のうち、離職日から1カ月ごとに区切っていった期間に賃金支払いの基礎となった日数が11日以上ある月を1カ月として計算します。

▶被保険者であった期間(算定基礎期間)

所定給付日数(基本手当がもらえる日数の上限)を決定するための期間です。

「被保険者であった期間」には、離職した事業所以前の雇用保険に加入していた期間を通算することができます。なお、通算には一定の条件があるので、詳しくはハローワークへお問い合わせください。

●支給の開始と期間（待期・給付制限・受給期間）

離職理由	解雇、定年、契約期間満了で離職	自己都合、懲戒解雇で離職
支給の開始	離職票を提出し、求職申し込みをしてから7日間の失業している日（待期）が経過した後	離職票を提出し、求職申し込みをしてから7日間の失業している日（待期）＋2カ月または3カ月（給付制限）
受給期間	離職の日の翌日から1年間 1年の間に所定給付日数を限度として支給。受給期間を過ぎてしまうと、給付日数が残っていても支給されない	

SECTION 063

労働保険の賃金の範囲

●賃金とは

労働保険における「賃金」とは、事業主がその事業に使用する労働者に対して、賃金、手当、賞与、その他名称のいかんを問わず労働の対償として支払うすべてのもので、税金その他社会保険料等を控除する前の支払総額をいいます。ただし、結婚祝金、災害見舞金、退職金などは、就業規則等で支給が義務付けられていても賃金に算入されません。

▶賃金とするもの

項目	説明
基本賃金	時間給・日給・月給、臨時・日雇労働者・パート・アルバイトに支払う賃金
賞与	夏季・年末などに支払うボーナス
通勤手当	課税分、非課税分を問わない(注1)
定期券・回数券	通勤のために支給する現物給与
超過勤務手当 深夜手当等	通常の勤務時間以外の労働に対して支払う残業手当など
扶養手当 子供手当 家族手当	労働者本人以外の者について支払う手当
技能手当 特殊作業手当 教育手当	労働者個々の能力、資格などに対して支払う手当や、特殊な作業に就いた場合に払う手当
在宅勤務手当	在宅勤務を行うことのみを要件として、就業規則などの定めに基づき定額を支払う手当(注2)
調整手当	配置転換・初任給などの調整手当
地域手当	寒冷地手当・地方手当・単身赴任手当など
住宅手当	家賃補助のために支払う手当
奨励手当	精勤手当・皆勤手当など
休業手当	労働基準法第26条に基づき、事業主の責に帰すべき事由により支払う手当
宿直・日直手当	宿直・日直などの手当
雇用保険料 社会保険料等	労働者の負担分を事業主が負担する場合
昇給差額	離職後支払われた場合で在職中に支払いが確定したものを含む
前払い退職金	支給基準・支給額が明確な場合は原則として含む
社会保険適用 促進手当	短時間労働者への社会保険の適用を促進するため、労働者が社会保険に加入するにあたり、事業主が労働者の保険料負担を軽減するために支給するもの
その他	労働協約、就業規則、労働契約、労使協定(休業協定)などによってあらかじめ支給条件が明確にされたもの

▶賃金としないもの

項目	説明
役員報酬	取締役などに対して支払う報酬
結婚祝金 死亡弔慰金 災害見舞金 年功慰労金 勤続褒賞金 退職金	労働協約・就業規則などの定めがあるとないとを問わない
出張旅費 宿泊費 赴任手当	実費弁償と考えられるもの
工具手当 寝具手当	労働者が自己の負担で用意した用具に対して手当を支払う場合
休業補償費	労働基準法第76条の規定に基づくもの 法定額60%を上回った差額分を含めて賃金としない
傷病手当金	健康保険法第99条の規定に基づくもの
解雇予告手当	労働基準法第20条に基づいて労働者を解雇する際、解雇日の30日以前に予告をしないで解雇する場合に支払う手当
財産形成貯蓄などのため事業主が負担する奨励金等	勤労者財産形成促進法に基づく勤労者の財産形成貯蓄を援助するために事業主が一定の率または額の奨励金を支払う場合(持株奨励金など)
会社が全額負担する生命保険の掛け金	労働者を被保険者として保険会社と生命保険等厚生保険の契約をし、事業主が保険料を全額負担するもの
持家奨励金	労働者が持家取得のため融資を受けている場合で事業主が一定の率または額の利子補給金などを支払う場合
住宅の貸与を受ける利益(福利厚生施設として認められるもの)	住宅貸与されない者全員に対し(住宅)均衡手当を支給している場合は、賃金となる場合がある

(注1)在宅勤務が行われる際の交通費の取扱いについては下記の通りです。

当該日における労働契約上の労務提供地	「自宅一企業」間の移動に要する費用の取扱い
自宅	業務として一時的に出社する場合は実費弁償
企業	通勤手当

(注2)就業規則などにより、在宅勤務手当のうち業務の遂行に必要な費用の実費弁償に当たることが明らかである部分は、賃金に含まれません。

●出典・参考「令和6年度事業主の皆様へ(継続事業用)労働保険年度更新申告書の書き方」(厚生労働省)

URL https://www.mhlw.go.jp/new-info/kobetu/roudou/gyousei/hoken/kakikata/keizoku.html

SECTION 064 労働基準監督署の調査

●調査方法と種類

労働基準監督署による調査は、労働者への重大かつ深刻な被害を未然に防ぐために、労働法令違反行為または違反状態を是正して、労働法令を遵守させることを目的として行われます。

調査方法には、労働基準監督署が呼び出しを要請する「事業所調査（呼び出し調査）」と、労働基準監督官が事務所や工場などに立ち入って調査する「臨検（立ち入り調査）」があり、次の4種類があるとされています。

種類	内容
定期監督	指導監督計画に基づいて、任意に調査対象を選択して行われる
申告監督	労働者からの相談や申告により行われる
災害時監督	一定の重大な労働災害や火災などの事故について、原因究明や再発防止などのために行われる
再監督	監督の結果、是正勧告などを受けた場合に、その後の是正措置の実施状況を確認するために行われる

●調査の流れ

労働基準監督署の調査の結果、法令違反が発見された場合は、行政指導を受けることになり、その際に労働基準監督官から交付されるのが「是正勧告書」です。また、法令違反ではないが改善の必要があると判断された場合は「指導票」が交付されます。「使用停止等命令書」は、施設や設備の不備・不具合で、労働者に危険があり緊急を要すると判断された場合に労働基準監督署長名で交付され、行政処分となります。

是正勧告書、指導票、使用停止等命令書を交付された場合は、指定期日までに指摘事項を改善し、「是正（改善）報告書」を監督官に提出しなければなりません。

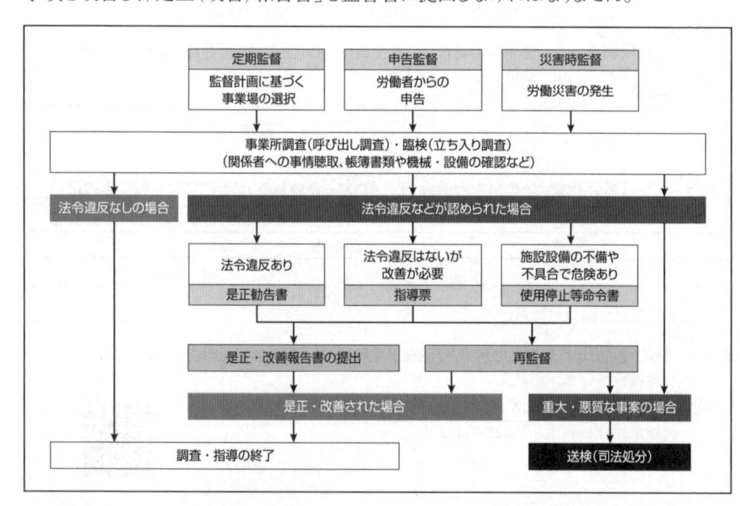

●調査で提出を求められる主な書類

- 会社組織図
- 労働者名簿
- 就業規則
- 雇用契約書(労働条件通知書)
- 賃金台帳
- 出勤簿(タイムカード)
- 時間外・休日労働に関する協定書(36協定届)
- 変形労働時間制などの協定書
- 年次有給休暇管理簿
- 健康診断の実施結果
- 安全委員会・衛生委員会などの設置・実施状況がわかる資料
- 産業医の選任状況がわかる資料

●調査される主な内容

項目	内容
労働時間・休日・休憩・休暇	・法定労働時間及び休日を超えて働かせていないか ・適切な休憩を与えているか ・適正に年次有給休暇を与えているか
時間外労働・休日労働	・時間外・休日労働協定書(36協定届)を締結し、届出をしているか ・36協定の限度時間や回数を超えていないか
健康診断	・雇入れ時とその後、年1回の定期健康診断を実施しているか ・特殊健康診断やパートタイマーなどの健康診断をしているか
割増賃金・最低賃金	・時間外労働、休日労働、深夜労働の割増賃金を正しく計算し、支払っているか ・管理監督者に深夜労働の割増賃金を支払っているか ・最低賃金以上の賃金を支払っているか
賃金台帳	・労働日数、労働時間数、時間外労働時間数などの必要項目を記載しているか
労働条件の明示	・労働条件通知書を交付しているか、内容は正しいか ・労働契約通りに処遇しているか
就業規則	・常時10人以上の労働者を使用する場合、就業規則を作成し、労働基準監督署に届出をしているか ・労働者代表の意見を聴いているか ・就業規則を労働者へ周知しているか ・就業規則を法改正に合わせて改定しているか
安全衛生管理	・機械や設備が安全基準を満たしているか ・衛生管理者・安全管理者・総括安全管理者・産業医等を選任しているか(選任義務がある事業場の場合)

●調査の際にやってはいけないこと

- 労働契約書など指定された書面を隠すこと
- タイムカードなどの勤怠データや賃金台帳などの改ざん
- 尋問に対し答えない、虚偽の受け答えをすること
- 従業員に対し、「残業はない」などと嘘の供述を強要すること

「労働基準監督官の臨検を拒み、妨げ、もしくは忌避し、その尋問に対して陳述をせず、もしくは帳簿書類の提出をせず、または虚偽の記載をした帳簿書類の提出をした者は、30万円以下の罰金に処する」(労働基準法第120条4号)とされています。

●出典・参考「労働基準監督署の役割」(厚生労働省)
URL https://www.mhlw.go.jp/new-info/kobetu/roudou/gyousei/dl/131227-1.pdf

SECTION 065 健康保険

●健康保険の仕組み

医療保険は職域や年齢などに応じて分かれており、民間企業などで働く従業員が対象の健康保険、公務員や私立学校教職員が対象の共済組合、自営業者などが対象の国民健康保険に大別され、75歳以上では後期高齢者医療制度に加入することになっています。

健康保険は労災保険で補償される業務上または通勤途上以外の病気やケガ、出産、死亡などについて給付を行います。また、一定の条件を満たしている場合には、扶養家族も健康保険の給付を受けることができます。

●保険の種類と主な比較

健康保険には、企業が単独あるいは複数で設立した健康保険組合が運営する「組合健保」と、全国健康保険協会が運営する「協会けんぽ」の2種類があります。

健康保険の保険料は、加入者の標準報酬月額をもとに計算されます。組合健保の場合、保険料率や会社と従業員の負担割合・付加給付を任意に設定することができます。一方、協会けんぽは都道府県ごとに保険料率が設定（労使折半）されており、付加給付はありません。

制度名	国民健康保険		健康保険		共済組合	後期高齢者医療制度
	市町村国保	組合国保	組合健保	協会けんぽ		
保険者（運営者）	都道府県市区町村	国民健康保険組合	健康保険組合	全国健康保険協会	各種共済組合	後期高齢者医療広域連合
被保険者（加入者）	右記以外の人	特定業種の個人事業主とその従業員等	主に大企業の会社員とその扶養家族	主に中小企業の会社員とその扶養家族	公務員・私立学校教職員とその扶養家族	75歳以上の人・65歳～74歳で一定の障害状態にある人
保険料の事業主負担	なし	なし	あり（労使折半）			なし
扶養認定	なし（全額本人負担）		あり			なし（全額本人負担）
保険料の支払	加入者が支払う（世帯主）	加入者が支払う（組合員）	給与から天引き			原則として年金から天引き
医療費の自己負担	義務教育就学前：2割 義務教育就学後～70歳未満：3割 70歳以上75歳未満：2割（現役並み所得者：3割）					1割（一定以上所得者2割）（現役並み所得者3割）
高額療養費制度	○		○			○
出産育児一時金	○		○			－
出産手当金（出産費）	△		○			－
傷病手当金	△		○			△
埋葬料（葬祭費）	○		○			○

※△は給付を行うか否かが保険者（運営者）の任意となっています。

SECTION 066 厚生年金保険

●厚生年金保険の仕組み

厚生年金保険は、会社などに勤務する従業員の老齢、障害または死亡について保険給付を行い、従業員およびその家族の生活の安定と福祉の向上に寄与することを目的とした社会保障制度です。

公的年金には国民年金と厚生年金保険の2種類があり、1階部分が国民年金で、2階の上乗せ部分が厚生年金保険となっています。

また、国民年金の2階部分を増やす任意の制度として国民年金基金があり、3階部分を増やすために会社が独自に運営する企業年金制度などがあります。

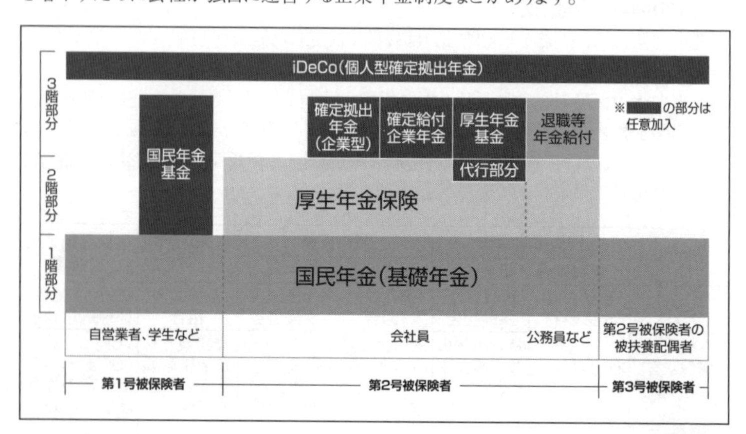

●出典・参考「公的年金制度の体系」(厚生労働省)
URL https://www.mhlw.go.jp/content/12500000/000955289.pdf

●厚生年金保険の被保険者と保険料

▶被保険者

70歳未満の会社員(厚生年金の適用事業所で働いている人)、国・地方公共団体の公務員や私立学校の教職員は厚生年金に加入します。これらの会社や国・自治体、学校などに雇われている人は、原則として、厚生年金に加入すると同時に国民年金の第2号被保険者になります。

厚生年金加入者の配偶者で扶養されている(年収が130万円未満で、かつ、配偶者の年収の2分の1未満である)20歳以上60歳未満の人は、国民年金第3号被保険者となります。

これら以外の自営業者、学生などで、日本国内に住む20歳以上60歳未満の人は、すべて国民年金の第1号被保険者となります。

※国民年金第3号被保険者については、Sec.071を参照

▶保険料

会社員など（国民年金の第2被保険者）は、給与や賞与に、定められた保険率で計算した額を会社と折半で負担します。厚生年金の保険料は、会社側に納める義務があり、会社は従業員に支払う給与などから、本人負担分の保険料を控除（徴収）し、会社負担分と合わせて納付します。

厚生年金に加入している人に扶養されている配偶者（国民年金第3号被保険者）は、自ら保険料を納める必要はありません。

保険料を計算する際には、給与や賞与を基に定める標準報酬月額や標準賞与額を使用します。標準報酬月額は、原則として、4～6月の3カ月間の平均給与を基に毎年9月に改定します。

自営業者、学生など（国民年金の第1号被保険者）は、毎月一定額の保険料を自分で納付します。

対象	国民年金	厚生年金保険	保険料（2024年4月時点）
自営業者、学生など（20歳以上60歳未満で下記以外の人）	第1号被保険者	－	16,980円（月額）
適用事業所などに雇用される会社員など（70歳未満）	第2号被保険者	厚生年金被保険者	月収の18.3%（労使折半）
国家公務員（70歳未満） 地方公務員（70歳未満）			
私立学校教職員（70歳未満）			月収の16.389%（労使折半）
被用者の配偶者で扶養されている人	第3号被保険者	－	保険料負担はない（配偶者が加入する厚生年金が負担）

※65歳以上で老齢または退職を支給事由とする年金給付の受給権を有する人は、厚生年金の被保険者になりますが、国民年金の第2号被保険者にはなりません。

●給付の種類

年金の種類	一定の年齢に達したとき	障害状態になったとき	亡くなったとき
厚生年金保険	老齢厚生年金	障害厚生年金	遺族厚生年金
国民年金	老齢基礎年金	障害基礎年金	遺族基礎年金

SECTION 067 介護保険

●介護保険の仕組み

介護保険制度は、加齢に伴って生ずる心身の変化に起因する疾病などにより介護を必要とする状態になった人（介護保険の被保険者）が、その有する能力に応じて自立し、尊厳のある生活を営むことができるよう支援することを目的としています。

介護保険は市区町村が制度を運営しており、介護が必要であると認定を受けた場合には、在宅サービスや施設サービスなどの介護サービスを受けることができます。

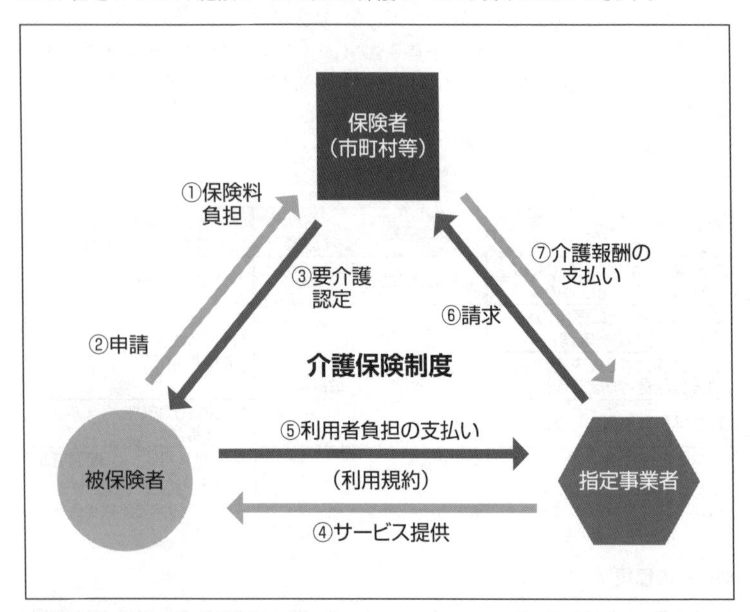

●出典・参考「新たに通所リハビリテーションの指定を受けようとする方に」（厚生労働省）

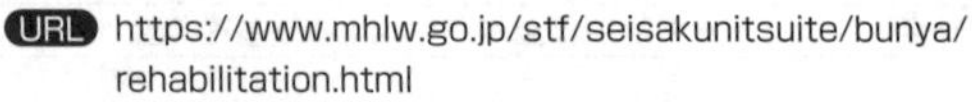
URL https://www.mhlw.go.jp/stf/seisakunitsuite/bunya/rehabilitation.html

●介護保険の被保険者と受給要件

	第1号被保険者	第2号被保険者
対象者	65歳以上の方	40歳以上65歳未満の医療保険加入者
受給要件	・要介護状態 ・要支援状態	要介護・要支援状態が、末期がんや関節リウマチ、初老期の認知症などの老化による特定疾病の場合に限定
保険料の徴収方法	市区町村が徴収 (原則として年金から天引き)	・健康保険の加入者 健康保険の保険料と一体に徴収され、原則として労使で1/2ずつ負担 ・国民健康保険の加入者 国民健康保険の保険料と一体的に徴収される

●要介護状態の区分

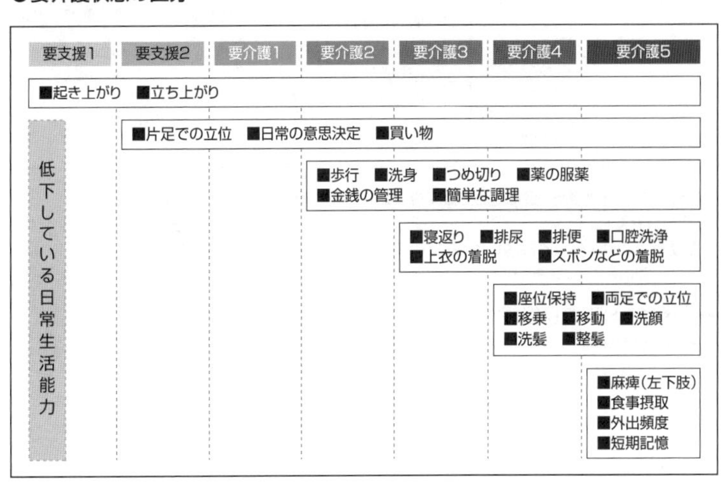

●出典・参考「要介護認定の仕組みと手順」(厚生労働省)

URL https://www.mhlw.go.jp/file/05-Shingikai-11901000-Koyoukintoujidoukateikyoku-Soumuka/0000126240.pdf

第1章 第2章 第3章 第4章 介護保険

●介護サービス利用の流れ（要介護認定の流れと利用できるサービス）

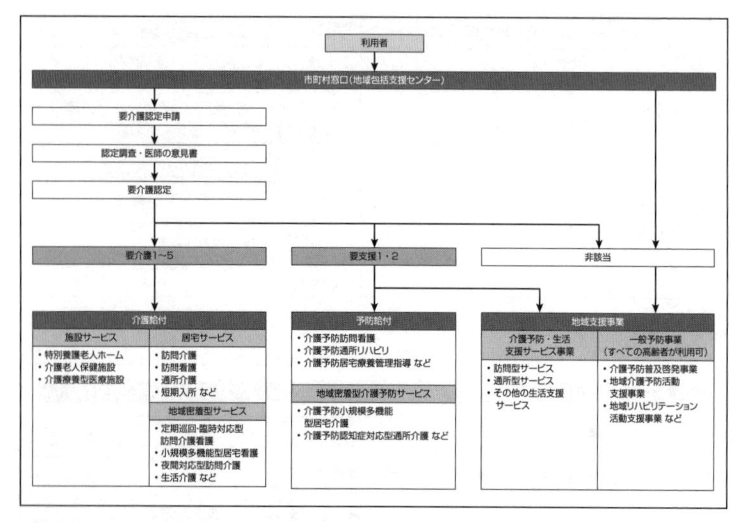

●出典・参考「介護予防・日常生活支援総合事業のサービス利用の流れ」（厚生労働省）

URL https://www.kaigokensaku.mhlw.go.jp/commentary/flow_synthesis.html

●介護サービスの負担額

利用者は原則として1割を負担します（一定以上所得者は2割または3割）。

●在宅サービスの支給限度額

介護保険の在宅(居宅)サービスなどを利用する場合は、要介護状態区分別に、介護保険から給付される1カ月あたりの上限額(支給限度額)が決められています。支給限度額の範囲内でサービスを利用した場合は1割(一定以上所得者は2割または3割)の自己負担で、支給限度額を超えてサービスを利用した場合は、超えた部分が全額自己負担となります。

区分	1カ月の支給限度額
要支援1	50,320円
要支援2	105,310円
要介護1	167,650円
要介護2	197,050円
要介護3	270,480円
要介護4	309,380円
要介護5	362,170円

(注)実際の支給限度額は、金額ではなく単位で決められており、サービス提供事業者の所在地やサービスの種類により1単位当たりの報酬額が異なります。上記の表は、利用できる目安として、1単位当たり10円で計算しています。

●高額介護サービス費

高額介護サービス費とは、月々の自己負担額(福祉用具購入費や食費・居住費等一部を除く)の合計額が所得に応じて区分された上限額を超えた場合、その超えた分が介護保険から支給される制度です(一般的な所得の場合、負担限度額は44,400円)。高額介護サービス費の上限額は世帯で合算でき、支給を受けるためには市区町村に申請が必要です。

●高額医療・高額介護合算療養費制度

高額医療・高額介護合算療養費制度とは、医療保険と介護保険における1年間(毎年8月1日～翌年7月31日)の自己負担の合算額が高額な場合に、自己負担を軽減する制度です。

自己負担限度額を超える場合、加入している医療保険(国民健康保険、後期高齢者医療、被用者保険など)に申請することで、その超過分がそれぞれの保険者から支給されます。

SECTION 068

国民健康保険

●国民健康保険の仕組み

国民健康保険は、自営業者や会社を退職した人などの業務上・業務外を問わず、疾病、負傷、出産または死亡したときに必要な保険給付を行う制度であり、生活の安定を図ることを目的としています。

国民健康保険は、他の医療保険制度（被用者保険、後期高齢者医療制度）に加入していないすべての住民を対象としており、都道府県と市区町村が運営する「市町村国保」と、業種ごとに組織される「国民健康保険組合」があります。

国民健康保険の被保険者となったときや脱退するときなどは、14日以内に現住所のある市区町村の国民健康保険の窓口（国民健康保険組合の場合は国民健康保険組合の窓口など）まで関係書類を提出する必要があります。

▶国民健康保険の対象（被保険者）にならない人

- 健康保険、船員保険、共済組合等に加入している人、その被扶養者
- 後期高齢者医療制度に加入している人
- 生活保護を受けている人
- 短期滞在在留外国人　など

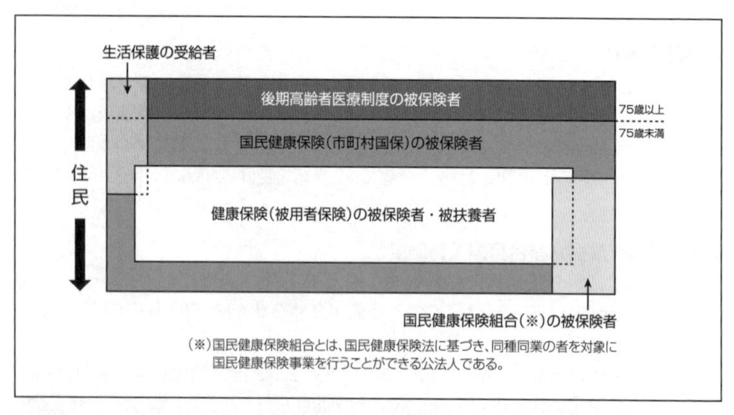

●出典・参考「国民健康保険の加入・脱退について」（厚生労働省）
URL https://www.mhlw.go.jp/stf/newpage_21539.html

●国民健康保険の保険料(税)の算定方法

国民健康保険の保険料(税)は被保険者ごとに計算したものを世帯単位で合算し、世帯主が納付します。保険料(税)の内訳には下記の3つの区分があり、これらの合計が保険料(税)額となります。なお、区分ごとに世帯単位の賦課限度額(年間で納付する最高額)が定められています。

①医療分(医療給付に充てるもの)
②後期高齢者支援金分(後期高齢者の支援金などに充てるもの)
③介護分(介護給付に充てるもので、40歳以上65歳未満の人のみ負担)

年齢区分	保険料
40歳未満	保険料(税)=医療分+後期高齢者支援金分
40歳以上65歳未満	保険料(税)=医療分+後期高齢者支援金分+介護分
65歳以上75歳未満	保険料(税)=医療分+後期高齢者支援金分 (介護保険料は別途、市区町村より通知される)

前述の①②③の区分ごとの額は、次の4つの項目の組み合わせによって計算された額の合計額となります。4つの項目の組み合わせや料(税)率、賦課限度額は市区町村により異なります。

項目	計算
所得割	世帯加入者の所得に応じて計算　[所得額 × 料(税)率]
資産割	世帯加入者の資産に応じて計算　[固定資産税額 × 料(税)率]
均等割	世帯加入者の人数に応じて計算　[加入者数 × 均等割額]
平等割	一世帯あたり定額により計算

▶産前産後期間の国民健康保険料の軽減措置

子育て世帯の負担を軽減するため、2024年1月より産前産後の国民健康保険料が免除される制度が開始されました。免除されるのは2024年1月分の保険料(所得割と均等割の全額)からで、2023年11月以降に出産した人が対象となります。

対象期間は、出産予定月(または出産月)の前月から、出産予定月(または出産月)の翌々月までの4カ月間です。多胎児の場合は、出産予定月(または出産月)の3カ月前～出産予定月(または出産月)の翌々月までの6カ月間となります。

制度を利用するには原則として手続きが必要となりますが、自治体によっては届出が不要な場合もあるため、詳細については市区町村の窓口へお問い合わせください。

SECTION 069
社会保険の適用事業と被保険者

●社会保険（健康保険・厚生年金保険）の適用事業所

社会保険とは、健康保険と厚生年金保険を総称したもので、事業所を単位として適用されます。

(1) 強制適用事業所

法人、国・地方公共団体（業種・従業員数は問わない）および、個人で常時5人以上の従業員を使用して一定の事業（法定17業種）を行う場合は、社会保険の加入義務があります（強制適用）。

(2) 任意適用事業所

個人の事業所で常時5人以上の従業員を使用していても、農林水産業、サービス業（旅館、飲食店、理・美容業、映画館など）、宗教業（寺社、教会など）については適用事業所から除かれています（任意適用）。

強制適用事業所以外の事業所でも、被保険者となる従業員の2分の1以上の同意を得て、事業主が厚生労働大臣に申請して認可を受けたときは、社会保険に加入することができます（任意適用事業所）。

事業形態		法人、国・地方公共団体	個人	
			適用業種	非適用業種
業種		問わない	法定17業種	①農林水産業 ②サービス業（旅館、飲食店、理・美容業、映画館など） ③宗教業（寺社、教会など）
常時使用する従業員数	5人以上	強制適用	強制適用	任意適用
	5人未満	強制適用	任意適用	任意適用

▶適用業種（法定17業種）

①物の製造、加工、選別、包装、修理または解体の事業
②土木、建築その他工作物の建設、改造、保存、修理、変更、破壊、解体またはその準備の事業
③鉱物の採掘または採取の事業
④電気または動力の発生、伝導または供給の事業
⑤貨物または旅客の運送の事業
⑥貨物積卸しの事業
⑦焼却、清掃またはと殺の事業
⑧物の販売または供給の事業
⑨金融または保険の事業
⑩物の保管または賃貸の事業
⑪媒介周旋の事業
⑫集金、案内または広告の事業
⑬教育、研究または調査の事業
⑭疾病の治療、助産その他医療の事業
⑮通信または報道の事業
⑯社会福祉法に定める社会福祉事業および更生保護事業法に定める更生保護事業
⑰弁護士、公認会計士その他政令で定める者（沖縄弁護士、外国法事務弁護士、公証人、司法書士、土地家屋調査士、行政書士、海事代理士、税理士、社会保険労務士、弁理士）が法令の規定に基づき行うこととされている法律または会計に係る業務を行う事業（令和4年10月より適用対象）

●社会保険(健康保険・厚生年金保険)の被保険者

(1)被保険者

社会保険の適用事業所に常時使用される人は、国籍や性別、賃金の額などに関係なく、すべて被保険者となります(70歳以上75歳未満の人は健康保険のみ加入)。

「常時使用される人」とは雇用契約の有無にかかわらず、適用事業所で働き、労働の対価として給料や賃金を受けるという使用関係が常用的であることをいいます。

(2)パートタイマー・アルバイト等

1週間の所定労働時間および1カ月の所定労働日数が、同じ事業所の通常の労働者の4分の3以上の人は加入対象となります。

また、「特定適用事業所(注1)」「任意特定適用事業所(注2)」または「国・地方公共団体に属する事業所」に勤務する、通常の労働者の1週間の所定労働時間または、1カ月の所定労働日数が4分の3未満である人で、次の4つのすべての要件に該当した人は加入対象となります(短時間労働者)。

①1週間の所定労働時間が20時間以上
②賃金の月額(家族手当、通勤手当などを除く)が88,000円以上
③2カ月を超える雇用の見込みがある
④学生ではない(休学中や夜間学生は加入対象)

(注1)特定適用事業所とは、1年のうち6カ月以上、適用事業所の厚生年金保険の被保険者(短時間労働者は含まない、共済組合員を含む)の総数が101人以上(令和6年10月からは51人以上)となることが見込まれる企業等のことです。

(注2)厚生年金被保険者が基準に満たない(現在は100人以下、令和6年10月からは50人以下)企業等であっても、被保険者の同意に基づき、短時間労働者の適用拡大の対象事業所になることができます(任意特定適用事業所)。

(3)被保険者とされない人

被保険者とされない人は次の通りですが、一定期間を超えて雇用される場合は「常時使用される人」とみなされ、被保険者となります。

被保険者とされない人	被保険者となる場合
日々雇い入れられる人	1カ月を超えて引き続き使用されるようになった場合は、その日から
2カ月以内の期間を定めて使用される人	・就業規則、雇用契約書等においてその契約が「更新される旨」または「更新される場合がある旨」が明示されている場合は当初から ・同一事業所において同様の雇用契約に基づき雇用されている者が、更新などにより最初の雇用契約期間を超えて雇用された実績がある場合は当初から
4カ月以内の季節的業務に使用される人	4カ月を超える見込みの場合は当初から
6カ月以内の臨時的事業に使用される人	6カ月を超える見込みの場合は当初から
所在地が一定しない事業に使用される人	いかなる場合も被保険者とならない

SECTION 070

社会保険の新規適用手続

●社会保険（健康保険・厚生年金保険）の新規適用手続

社会保険（健康保険・厚生年金保険）に加入すべき要件を満たした場合は、その事実が発生した日から5日以内に届出を行います。

項目	説明
申請書類	健康保険・厚生年金保険新規適用届
添付書類	・法人の場合：法人（商業）登記簿謄本（原本） ・個人の場合：事業主の世帯全員の住民票（原本） ※法人事業所の所在地が登記上の所在地と異なる場合、個人事業所の所在地が住民票の住所と異なる場合は、賃貸借契約書のコピーなども必要
提出期限	適用事業所に該当してから5日以内
提出先	管轄の年金事務所（事務センター）または健康保険組合

●短時間労働者に対する社会保険の適用拡大

社会保険（健康保険・厚生年金保険）の適用拡大とは、これまで社会保険の適用対象外だったパートやアルバイトなどの短時間労働者に対しても社会保険の加入対象を拡大させる法改正のことです。

社会保険の適用拡大は、2016年10月から段階的に実施されており、2024年10月からは、従業員数が51人以上の企業で働く短時間労働者が新たに社会保険の適用対象になります。

▶対象となる企業

対象となるのは、直近12カ月のうち6カ月以上、適用事業所の厚生年金保険の従業員（短時間労働者は含まない、共済組合員を含む）の総数が101人以上（2024年10月からは51人以上）となることが見込まれる企業です。この企業のことを「特定適用事業所」といいます。

▶従業員数のカウント方法

社会保険の適用の要件を判断する「従業員数」をカウントする場合には、その企業の「厚生年金保険の適用対象者数（被保険者数）」で判断します。

具体的には、フルタイム従業員数と、週所定労働時間および月所定労働日数がフルタイムの4分の3以上の従業員数を合計した数で判定します（週労働時間がフルタイムの4分の3以上であれば、雇用形態を問わずにカウントします）。なお、法人は法人番号が同一の全企業を合計し、個人事業所は個々の事業所ごとにカウントします。

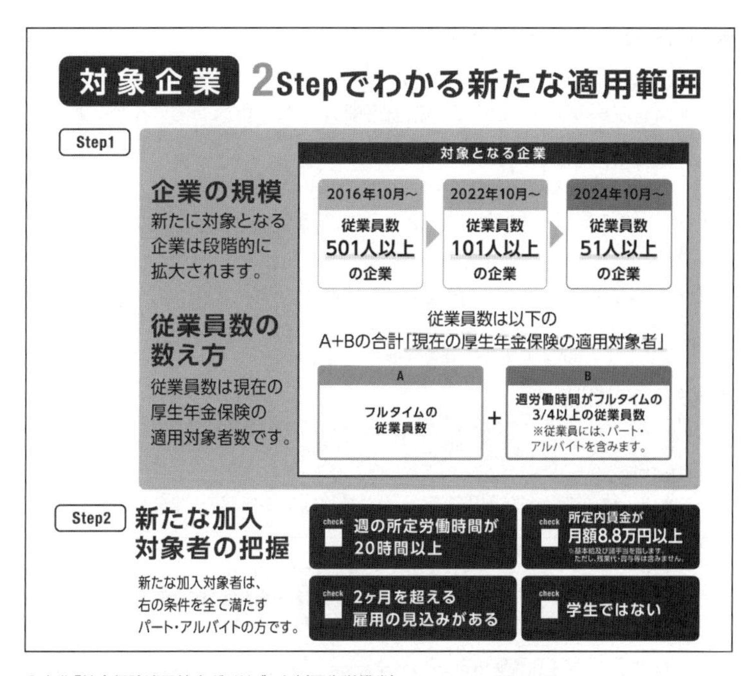

●出典「社会保険適用拡大ガイドブック」(厚生労働省)

URL https://www.mhlw.go.jp/tekiyoukakudai/pdf/guidebook_jigyonushi.pdf

SECTION 071
健康保険の被扶養者・国民年金第3号被保険者

●被扶養者として認められる範囲

(1)被保険者と同居している必要がない人
- 配偶者(内縁関係を含む)、子、孫、兄弟姉妹、父母・祖父母等の直系尊属

(2)被保険者と同居していることが必要な人
- (1)以外の三親等以内の親族(伯叔父母、甥姪とその配偶者など)
- 内縁関係の配偶者の父母および子(当該配偶者の死後、引き続き同居する場合を含む)

(3)日本国内に住所(住民票)を有する人(例外あり)

※75歳以上など、後期高齢者制度の被保険者等である人は除きます。

●被扶養者の認定基準

生計維持関係(被保険者の収入で生活を維持している)を判断するための要件です。

(1)同居の場合

認定対象者の年収が130万円未満で、かつ被保険者の年収の1/2未満。

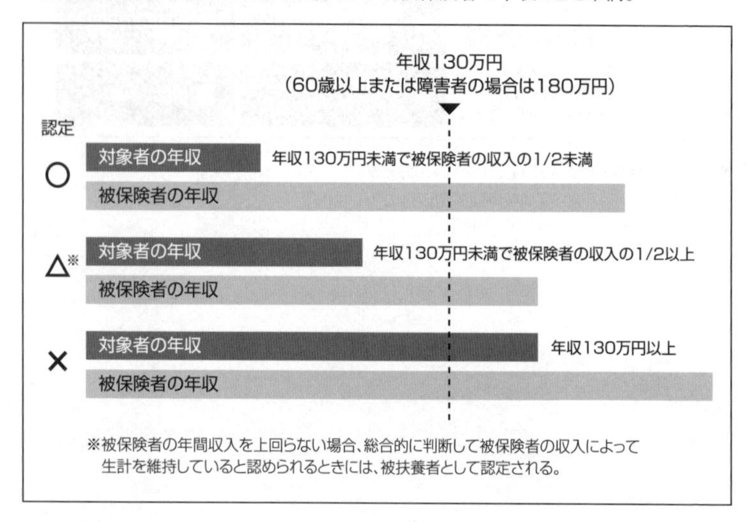

(2)別居の場合

認定対象者の年収が130万円未満で、かつ被保険者からの仕送り額より少ないこと。

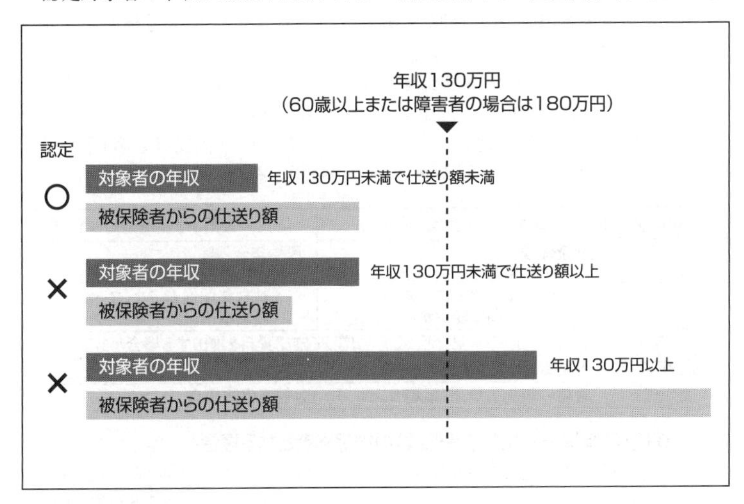

●被扶養者の年収

年収は、認定時以前に得ていた収入ではなく、今後1年間に得るであろうすべての収入で判断され、給与、事業収入、地代・家賃などの財産収入、配当収入、公的年金、失業等給付、出産手当金や傷病手当金などを含み、宝くじの当選金のような臨時的なものは除かれます。

※給与所得等の収入がある場合は月額108,333円以下(通勤手当・残業代含む)、失業給付等は基本手当日額が3,611円以下であれば、被扶養者の認定を受けられます。

●国民年金第3号被保険者

厚生年金被保険者(第2号被保険者)の被扶養配偶者で20歳以上60歳未満の人は、国民年金の第3号被保険者として年金制度に加入します。また、第3号被保険者は、妻に限定されていないため、要件に該当すれば夫であっても第3号被保険者になることができます。

なお、60歳を超えると、国民年金の第3号被保険者の資格はなくなりますが、自動的に喪失手続きがなされるので届け出る必要はありません。

●届出方法

被扶養者の条件に該当した場合は「健康保険被扶養者（異動）届」の提出が必要であり、さらに被扶養者が被保険者の配偶者の場合には「国民年金第3号被保険者関係届」も提出します。

「健康保険被扶養者（異動）届」と「国民年金第3号被保険者関係届」は一体化した様式となっているため、健康保険と国民年金の加入手続きを同時に行うことができます。

なお、健康保険組合などに加入している会社は、別様式の「国民年金第3号被保険者関係届」を管轄の年金事務所（事務センター）へ提出します。

申請書類	健康保険被扶養者（異動）届	国民年金第3号被保険者関係届
届け出るとき	健康保険で ・被扶養者になったとき ・被扶養者でなくなったとき ・届出事項に変更があったとき	厚生年金保険で ・被扶養配偶者になったとき ・被扶養配偶者でなくなったとき ・届出事項に変更があったとき
添付書類	収入や同居の有無など、必要に応じて確認資料を提出する場合がある	
提出期限	資格取得または異動のあった日から5日以内	
提出先	管轄の年金事務所（事務センター）または健康保険組合	

●社会保険（健康保険・厚生年金保険）の被保険者となる場合

被扶養者の条件を満たしている場合であっても、パートタイマー・アルバイトなどの短時間労働者が社会保険（健康保険・厚生年金保険）の加入要件を満たすときは、社会保険の被保険者となるため、健康保険の被扶養者および国民年金第3号被保険者になることはできません。

●よくある質問

Q1　別居している妻の義父母を被扶養者にすることはできますか?

A1　妻の父母を被扶養者とすることは、主として被保険者が生計を維持していることと、同居していることが条件となります。したがって、別居している場合には被扶養者にすることができません。

Q2　妻が退職して失業保険を受給する予定ですが、いつから扶養家族とすることができますか?　また、失業保険の受給中も扶養家族とすることはできますか?

A2　妻が退職した翌日から扶養家族とすることができます。ただし、失業保険の受給中（基本手当日額が3,612円以上の場合）は扶養家族とすることはできません。失業保険の受給期間終了後、被扶養者の認定を受けることになります。

健康保険・厚生年金保険の保険料額表

●令和6年3月分(4月納付分)からの健保康険・厚生年金保険の保険料額表

健康保険料率　:令和6年3月分～ 適用　(東京都・協会けんぽの場合)
介護保険料率　:令和6年3月分～ 適用
厚生年金保険料率　:平成29年9月分～ 適用
子ども・子育て拠出金率　:令和2年4月分～ 適用

(単位:円)

標準報酬		報酬月額	健康保険料(東京都)		厚生年金保険料
			右以外の者	40歳から64歳	70歳までの者
			9.98%	11.58%	18.300%
等級	月額		労働者負担額(事業主は同額を別途負担)		
		円以上　　円未満			
1	58,000	～ 63,000	2,894.2	3,358.2	
2	68,000	63,000 ～ 73,000	3,393.2	3,937.2	
3	78,000	73,000 ～ 83,000	3,892.2	4,516.2	
4(1)	88,000	83,000 ～ 93,000	4,391.2	5,095.2	8,052.00
5(2)	98,000	93,000 ～ 101,000	4,890.2	5,674.2	8,967.00
6(3)	104,000	101,000 ～ 107,000	5,189.6	6,021.6	9,516.00
7(4)	110,000	107,000 ～ 114,000	5,489.0	6,369.0	10,065.00
8(5)	118,000	114,000 ～ 122,000	5,888.2	6,832.2	10,797.00
9(6)	126,000	122,000 ～ 130,000	6,287.4	7,295.4	11,529.00
10(7)	134,000	130,000 ～ 138,000	6,686.6	7,758.6	12,261.00
11(8)	142,000	138,000 ～ 146,000	7,085.8	8,221.8	12,993.00
12(9)	150,000	146,000 ～ 155,000	7,485.0	8,685.0	13,725.00
13(10)	160,000	155,000 ～ 165,000	7,984.0	9,264.0	14,640.00
14(11)	170,000	165,000 ～ 175,000	8,483.0	9,843.0	15,555.00
15(12)	180,000	175,000 ～ 185,000	8,982.0	10,422.0	16,470.00
16(13)	190,000	185,000 ～ 195,000	9,481.0	11,001.0	17,385.00
17(14)	200,000	195,000 ～ 210,000	9,980.0	11,580.0	18,300.00
18(15)	220,000	210,000 ～ 230,000	10,978.0	12,738.0	20,130.00
19(16)	240,000	230,000 ～ 250,000	11,976.0	13,896.0	21,960.00
20(17)	260,000	250,000 ～ 270,000	12,974.0	15,054.0	23,790.00
21(18)	280,000	270,000 ～ 290,000	13,972.0	16,212.0	25,620.00
22(19)	300,000	290,000 ～ 310,000	14,970.0	17,370.0	27,450.00
23(20)	320,000	310,000 ～ 330,000	15,968.0	18,528.0	29,280.00
24(21)	340,000	330,000 ～ 350,000	16,966.0	19,686.0	31,110.00
25(22)	360,000	350,000 ～ 370,000	17,964.0	20,844.0	32,940.00
26(23)	380,000	370,000 ～ 395,000	18,962.0	22,002.0	34,770.00
27(24)	410,000	395,000 ～ 425,000	20,459.0	23,739.0	37,515.00
28(25)	440,000	425,000 ～ 455,000	21,956.0	25,476.0	40,260.00
29(26)	470,000	455,000 ～ 485,000	23,453.0	27,213.0	43,005.00
30(27)	500,000	485,000 ～ 515,000	24,950.0	28,950.0	45,750.00

（単位：円）

標準報酬		報酬月額	健康保険料（東京都）		厚生年金保険料
			右以外の者	40歳から64歳	70歳までの者
			9.98%	11.58%	18.300%
等級	月額		労働者負担額（事業主は同額を別途負担）		
31(28)	530,000	515,000 ～ 545,000	26,447.0	30,687.0	48,495.00
32(29)	560,000	545,000 ～ 575,000	27,944.0	32,424.0	51,240.00
33(30)	590,000	575,000 ～ 605,000	29,441.0	34,161.0	53,985.00
34(31)	620,000	605,000 ～ 635,000	30,938.0	35,898.0	56,730.00
35(32)	650,000	635,000 ～ 665,000	32,435.0	37,635.0	59,475.00
36	680,000	665,000 ～ 695,000	33,932.0	39,372.0	
37	710,000	695,000 ～ 730,000	35,429.0	41,109.0	
38	750,000	730,000 ～ 770,000	37,425.0	43,425.0	
39	790,000	770,000 ～ 810,000	39,421.0	45,741.0	
40	830,000	810,000 ～ 855,000	41,417.0	48,057.0	
41	880,000	855,000 ～ 905,000	43,912.0	50,952.0	
42	930,000	905,000 ～ 955,000	46,407.0	53,847.0	
43	980,000	955,000 ～ 1,005,000	48,902.0	56,742.0	
44	1,030,000	1,005,000 ～ 1,055,000	51,397.0	59,637.0	
45	1,090,000	1,055,000 ～ 1,115,000	54,391.0	63,111.0	
46	1,150,000	1,115,000 ～ 1,175,000	57,385.0	66,585.0	
47	1,210,000	1,175,000 ～ 1,235,000	60,379.0	70,059.0	
48	1,270,000	1,235,000 ～ 1,295,000	63,373.0	73,533.0	
49	1,330,000	1,295,000 ～ 1,355,000	66,367.0	77,007.0	
50	1,390,000	1,355,000 ～	69,361.0	80,481.0	

※等級欄の（　）内の数字は、厚生年金保険の標準報酬月額等級です。
※介護保険料第2号被保険者（40歳から64歳）は、健康保険料に介護保険料（1.60%）が加わります。
※事業主は、全国一律に子ども・子育て拠出金率（0.36%）が加わります。

●出典・参考「都道府県毎の保険料額表」（全国健康保険協会）
URL https://www.kyoukaikenpo.or.jp/g7/cat330/sb3150/

社会保険の報酬の範囲

●報酬とは

社会保険における「報酬」とは、標準報酬月額の算定の対象となるもので、賃金、給料、俸給、手当、賞与などの名称を問わず、労働者が労働の対償として受けるすべてのものを含みます。また、金銭（通貨）に限らず、通勤定期券、食事、住宅など現物で支給されるものも報酬に含まれます。ただし、臨時に受けるものや、年3回以下支給の賞与（※）などは、報酬に含みません。

見舞金や慶弔費などは、就業規則などに支払基準が明記されていても報酬とはなりません。社会保険における「報酬」と、労働保険における「賃金」とは定義や範囲が異なるので注意が必要です。

	金銭（通貨）で支給されるもの	現物で支給されるもの
報酬となるもの	基本給（月給・週給・日給等）、能率給、奨励給、役付手当、職階手当、特別勤務手当、勤務地手当、物価手当、日直手当、宿直手当、家族手当、扶養手当、休職手当、通勤手当、住宅手当、別居手当、早出残業手当、継続支給する見舞金、年4回以上の賞与(注1)　など	通勤定期券、回数券、食事、食券、社宅、寮、被服（勤務服でないもの）、自社製品　など
報酬とならないもの	大入袋、見舞金、解雇予告手当、退職手当、出張旅費、交際費、慶弔費、傷病手当金、労災保険の休業補償給付、年3回以下の賞与(注1)　など	制服、作業着（業務に要するもの）、見舞品、食事（本人の負担額が、厚生労働大臣が定める価額により算定した額の2／3以上の場合）　など

（注1）年3回以下支給される賞与は標準賞与額の対象になります。

●現物給与の取り扱い

労働者に労働の対償として現物支給されるものがある場合は、その現物を通貨に換算した上で報酬と合算し、保険料額の算定基礎となる標準報酬月額を求めることになります。

(1) 通勤定期券など

通勤手当を、金銭ではなく定期券や回数券で支給している場合は、現物給与として取り扱われるので、その全額を報酬として算入します。3カ月または6カ月単位でまとめて支給する通勤定期券は、1カ月あたりの額を算出して報酬とします。

(2) 食事で支払われる報酬など

事業主が被保険者に食事を支給している場合は、都道府県ごとに厚生労働大臣が定める価額に換算して報酬を算出します。その一部を被保険者本人が負担している場合は、上記価額から本人負担分を差し引いた額を報酬として算入します。ただし、被保険者が当該価額の2／3以上を負担する場合は報酬に算入しません。

⑶住宅で支払われる報酬など

事業主が被保険者に社宅や寮を提供している場合は、都道府県ごとに厚生労働大臣が定める価額に換算して報酬を算出します。その一部を被保険者が負担している場合は、厚生労働大臣が定める価額から本人負担分を差し引いた額を算入します。

⑷食事および住宅以外の報酬など

食事および住宅以外の報酬などの価額について、労働協約に定めがある場合は、その価額を「時価」として取り扱いますが、労働協約に定めがない場合には実際費用を「時価」として取り扱います。

社会保険の定時決定（算定基礎届）

●社会保険の定時決定とは

被保険者が実際に受ける報酬と社会保険料額のもとになる標準報酬月額に大きな差が生じないように、年に1回決められた時期に、被保険者の報酬月額を見直して届出を行い、標準報酬月額を決定します。これを「定時決定」といい、この際に提出する書類が「算定基礎届」です。

算定基礎届は原則として、被保険者が4・5・6月の各月に受けた報酬月額とその平均額を記入し、7月1日から10日までに管轄の年金事務所（事務センター）または健康保険組合へ提出します。

この算定基礎届で決定された標準報酬月額は、著しい変動がない限り、その年の9月から翌年8月まで適用されます。なお、決定された標準報酬月額は被保険者へ通知しなければならなりません。

●定時決定の対象者

算定基礎届の対象となるのは、原則として7月1日現在のすべての被保険者です。

対象となる人	5月31日以前に入社（資格取得）した被保険者で、7月1日現在、在職中の人
	7月1日以降に退職（資格喪失日：7月2日以降）する人
	欠勤中または休職中（育児休業・介護休業を含む）の人
対象とならない人	6月1日以降に入社（資格取得）した被保険者
	6月30日以前に退職（資格喪失日：7月1日以前）した人
	7月・8月・9月に月額変更届・育児休業等終了時変更届を提出予定の人

※8月・9月の月額変更届等提出者にも算定基礎届の提出を求められる場合があります。

●支払基礎日数

支払基礎日数とは、その報酬の支払い対象となった日数のことをいいいます。

時給制・日給制の場合は、実際の出勤日数（有給休暇も含む）が支払い基礎日数となります。

月給制の場合は、出勤日数に関係なく暦日数が支払基礎日数となります。ただし、欠勤した場合には、就業規則等に基づき欠勤日数を差し引いた日数となります。

算定基礎届は4・5・6月に支払われた給与を報酬月額として届出をしますが、給与計算の締日と支払日の関係により支払基礎日数が異なる場合があります。

対象者	支払基礎日数
月給者（欠勤控除がない場合）	各月の暦日数 ※支払った月の暦日数ではなく、給与計算する基礎となった月の暦日数 例）月末締めで4月15日に3月分の給与を支給した場合には、4月の支払基礎日数は「31日（3月1日～31日の期間」となる。同様に、5月15日に支給した4月分の給与は、5月の支払基礎日数が「30日（4月1日～30日の期間）」となる。
日給月給者（欠勤控除がある場合）	就業規則等で定められた勤務日数（通常の所定労働日数等）から欠勤日数を控除した日数
日給者（時間給制を含む）	各月の出勤日数

●標準報酬月額の算定方法

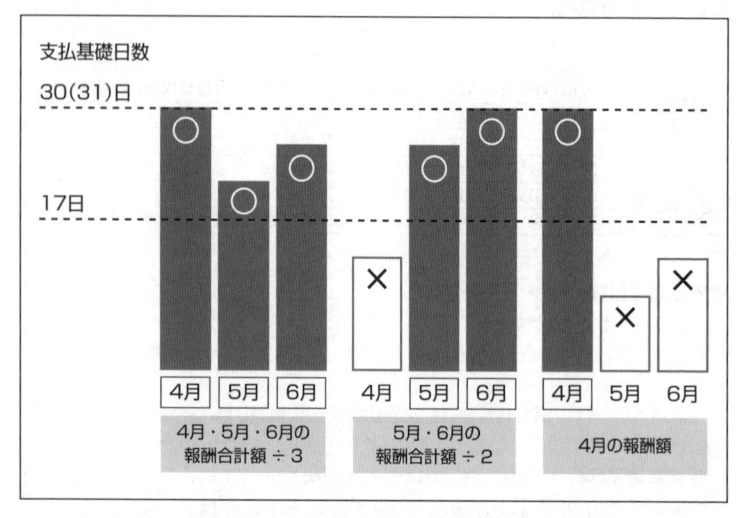

①4・5・6月のうち、報酬の支払基礎日数が17日未満の月があれば、その月については報酬月額の計算対象から除きます。

②報酬の範囲に入らないものを除外し、現物で支給されたものについては標準価額等によって金銭に換算し、報酬月額を計算します。

③対象月の報酬合計額を、対象月数で除して標準報酬月額を算定します。

●短時間就労者(パートタイマーなど)にかかる標準報酬月額の算定

支払基礎日数がいずれも17日未満であった場合、支払基礎日数が15日以上(17日未満)が算定の対象となり、いずれの月も15日未満の場合は従前の標準報酬月額となります。

なお、「随時改定」にはこの取扱いは適用されず、継続した3カ月のいずれの月においても支払い基礎日数が17日以上必要となります。

※特定適用事業所に勤務する短時間労働者(パートタイマーなど)の定時決定は、4月・5月・6月のいずれも支払基礎日数が11日以上で算定します。

支払基礎日数	標準報酬月額の算定方法
4月・5月・6月の3カ月とも17日以上	3カ月の報酬月額の平均額
1カ月でも17日以上	17日以上の月の報酬月額の平均額
4月・5月・6月の3カ月とも15日以上17日未満	3カ月の報酬月額の平均額
1カ月または2カ月は15日以上17日未満(1カ月でも17日以上ある場合を除く)	15日以上17日未満の月の報酬月額の平均額
4月・5月・6月の3カ月とも15日未満	従前の標準報酬月額で決定

●保険者算定

標準報酬月額を算定することが困難な場合などは、次の方法により算定されます(保険者算定)。

算定が困難な場合	著しく不当な場合
・病気欠勤などによって4月・5月・6月に報酬をまったく受けない場合、従前の標準報酬月額にて算定する。 ・支払基礎日数が4月・5月・6月の3カ月とも17日(短時間労働者は11日)未満の場合、従前の標準報酬月額にて算定する。	・4月・5月・6月の3カ月間において、3月分以前の給料の遅配を受けた場合、遅配分を差し引いて報酬月額を算定する。 ・さかのぼった昇給の差額を4月・5月・6月のいずれかの月に受けた場合、昇給差額分を差し引いて報酬月額を算定する。 ・4月・5月・6月のいずれかの月において低額の休職給を受けた場合、2カ月以下の月が該当する場合は、当該月を除いて報酬月額を算定する。また、3カ月とも該当する場合は、従前の報酬月額にて算定する。 ・4月・5月・6月の報酬額をもとに算出した標準報酬月額が、過去1年間(前年7月～翌年6月)の月平均報酬額によって算出された標準報酬月額と2等級以上の差があり、当該差が業務の性質上例年発生することが見込まれる場合は、過去1年間の月平均報酬額によって算定する。 ・給与計算期間の途中(途中入社月)で資格取得した場合、1カ月分の報酬が支給されなかった月を除いて報酬月額を算定する。

●一時帰休による休業手当等が支給した場合の決定方法

一時帰休とは、企業の売上減少や経営難により、従業員を在籍させたまま一時的に休業させることをいいます。一時帰休させた従業員へ休業手当等を支給した場合は、次の方法により決定します。

▶7月1日時点で一時帰休が解消している場合

①4月に休業手当等が支給され、5月・6月に通常の報酬が支給された場合は、5月・6月の報酬月額の平均額により決定します。

②4月・5月・6月すべて休業手当などが支給された場合は、従前の額で決定します。

▶7月1日時点で一時帰休が解消されていない場合

①休業手当等が支給された月を含む4月・5月・6月の平均額により決定します。また、一時帰休に伴う随時改定に該当する場合は、月額変更届を提出します。

●年金事務所による調査

年金事務所が実施する調査には、「定時決定(算定)時調査」や「総合調査」などがあります。調査で確認される主なポイントは、社会保険の事務が適正に行われているか、標準報酬月額が適正に届出されているかなどです。調査対象となった場合、事業者宛てに調査に関する通知書が送付されるので、指定された期日までに必要書類を準備の上、年金事務所へ郵送または持参します。

なお、不備が指摘された場合は、原則として過去2年間までさかのぼって社会保険料が徴収される可能性があります。

▶調査時に提出を求められる主な書類

①労働者名簿
②雇用契約書(労働条件通知書)
③就業規則および給与規定
④賃金台帳
⑤出勤簿(タイムカード)
⑥源泉所得税領収書
⑦社会保険決定通知書　など

SECTION 075 社会保険の随時改定（月額変更届）

●社会保険の随時改定とは

被保険者の報酬が昇給などによって大幅に変動した場合は、次の定時決定を待たずに標準報酬月額の改定が行われます。これを「随時改定」といい、この際に提出する書類が「月額変更届」であり、「月変」とも呼ばれます。

随時改定を行った場合は、速やかに管轄の年金事務所（事務センター）または健康保険組合へ月額変更届を提出します。

なお、改定された標準報酬月額は被保険者へ通知しなければなりません。

●随時改定の対象者

次の①②③すべての条件に該当する被保険者について随時改定を行います。

①昇給や降給などで固定的賃金に変更があった。

②変動月以降引き続く3カ月とも支払基礎日数が17日以上（特定適用事業所に勤務する短時間労働者は11日以上）ある。

③変動月から3カ月間の報酬の平均額と現在の標準報酬月額に2等級以上の差がある。

●固定的賃金の変動

固定的賃金	非固定的賃金
支給額・支給率が決まっているもの 基本給（月給・週給・日給）、家族手当、通勤手当、住宅手当、役職手当、勤務地手当　など	残業手当、能率手当、日直手当、休日勤務手当、精勤手当　など

※手当の名称が例示と同じでも必ずしも同じ手当とは限らないため、手当等の内容を確認の上、実態で判断します。

固定的賃金の変動とは次のような場合をいいます。

- 昇給（ベースアップ）、降給（ベースダウン）
- 給与体系の変更（日給から月給への変更など）
- 日給や時間給の基礎単価の変更
- 請負給、歩合給などの単価、歩合率の変更
- 固定的な手当の追加、支給額の変更

▶固定的賃金についての留意事項

- 非固定的賃金の変動のみでは随時改定は行いません。
- 2等級以上の差の判断は、固定的賃金の変動差額だけでなく、残業手当などの非固定的賃金を含めた総報酬で行います。
- 休職による休職給を受けた場合は固定的賃金の変動に該当しません。
- 一時帰休のため、継続して3カ月を超えて通常の報酬よりも低額の休業手当が支払われた場合は、固定的賃金の変動とみなし、随時改定の対象となります。また、一時帰休が解消され、継続して3カ月を超えて通常の報酬が支払われるようになった場合も、随時改定の対象となります。

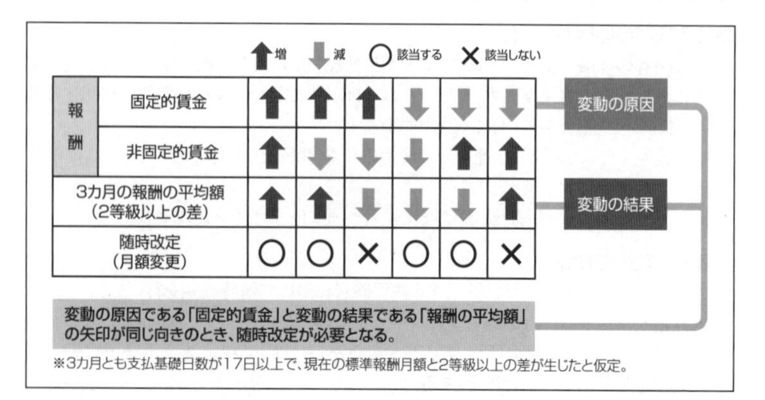

●出典・参考「月額変更届について」（関東ITソフトウェア健康保険組合）
URL https://www.its-kenpo.or.jp/hoken/jimu/santei/henkou.html

●報酬月額の算定方法

固定的賃金の変動以後引き続く3カ月間に受けた報酬の総額を3で除して得た額を、報酬月額とします。

給与計算の基礎となる支払基礎日数が、3カ月のうち1カ月でも17日（短時間労働者は11日）に満たない場合は随時改定は行いません。

●標準報酬月額の上限と下限の取扱い

標準報酬月額等級表の上限または下限にわたる等級変更の場合は、2等級以上の変更がなくても（1等級差でも）随時改定の対象となります。

健康保険	従前の標準報酬月額		報酬の平均月額	改定後の標準報酬月額	
昇給の場合	49等級	1,330,000円	1,415,000円以上	50等級	1,390,000円
	1等級	58,000円で報酬月額53,000円未満	63,000円以上	2等級	68,000円
降給の場合	50等級	1,390,000円で報酬月額1,415,000円以上	1,355,000円未満	49等級	1,330,000円
	2等級	68,000円	53,000円未満	1等級	58,000円

厚生年金保険	従前の標準報酬月額		報酬の平均月額	改定後の標準報酬月額	
昇給の場合	31等級	620,000円	665,000円以上	32等級	650,000円
	1等級	88,000円で報酬月額83,000円未満	93,000円以上	2等級	98,000円
降給の場合	32等級	650,000円で報酬月額665,000円以上	635,000円未満	31等級	620,000円
	2等級	98,000円	83,000円未満	1等級	88,000円

●保険者算定

下記に該当する場合はその算定額を被保険者の標準報酬月額とします（保険者算定）。

▶昇給がさかのぼって支給された場合

さかのぼって昇給があり、昇給差額が支給された場合は、その差額が支給された月が固定的賃金に変動のあった月となり、引き続く3カ月で随時改定に該当するか確認します。また、さかのぼって昇給した差額分は除外して計算します。

▶年間平均による随時改定を行う場合

固定的賃金の変動があり、随時改定に該当する者の業務の性質上、繁忙期に業務が集中するなど、非固定的賃金が著しく増加することが例年見込まれ、次の3つにすべて該当する場合、年間平均による保険者算定をすることができます。

①現在の標準報酬月額と通常の随時改定による報酬月額に2等級以上の差がある

②非固定的賃金を年間平均とした場合の3カ月間の報酬の平均額と通常の随時改定による報酬月額に2等級以上の差がある

③現在の標準報酬月額と、年間平均した場合の報酬月額との差が1等級以上ある

●その他の留意事項

▶随時改定による保険料の変更時期

新しい保険料は継続した3カ月の翌月から適用となるので、報酬が大幅に変動した月から数えると4カ月目に改定されます。原則として社会保険料は翌月控除のため、5カ月目の給与から改定後の保険料を控除することになります。

▶定時決定と随時改定が重なる場合

随時改定が定時改定に優先します。そのため、定時決定で算出した標準報酬月額が反映される前に、随時改定で社会保険料が変わります。

▶有効期間

改定月が1月～6月の場合はその年の8月まで、改定月が7月～12月の場合は翌年の8月までが有効期間となります。

▶複数回にわたる昇給・降給

1回目の昇給・降給などで随時改定の対象にならなかった場合でも、その後さらに変動があり、1回目と2回目をあわせた結果、当初の等級から2等級以上の差が生じた場合には随時改定が適用されます。

賞与に対する社会保険料の控除額の計算

●賞与とは

社会保険料の対象となる「賞与」は、いかなる名称であるかにかかわらず、支給回数が年3回以下のものです。したがって、年4回以上支給される場合は、賞与ではなく「賞与にかかる報酬」とみなされます。

●社会保険料の控除額の計算

賞与に対する社会保険料は、標準賞与額に毎月の保険料と同率の保険料率を掛けて計算します。

- 健康保険料　＝　標準賞与額　×　健康保険料率
- 介護保険料　＝　標準賞与額　×　介護保険料率
- 厚生年金保険料　＝　標準賞与額　×　厚生年金保険料率

これらの保険料を、労使折半します（子ども・子育て拠出金は全額事業主が負担）。

標準賞与額は賞与の総支給額から1,000円未満を切り捨てた額です。

標準賞与の限度額については、健康保険は年間（4月〜翌3月）の累計で573万円まで、厚生年金保険は1カ月あたり150万円まで（同じ月に2回以上支払われた場合は合計額）となります。

介護保険料については、40歳の誕生日の前日が属する月に支給される賞与からは保険料を控除しますが、65歳の誕生日の前日が属する月に支給される賞与からは保険料を控除しません。

決定された標準賞与額については、被保険者本人に通知しなければなりません。

●雇用保険料の控除額の計算

賞与に対する雇用保険料は、賞与の総支給額に毎月の保険料と同率の保険料率を掛けて計算します。控除した保険料は年度更新の際に、事業主負担分と合わせて納付します。

なお、賞与は労働保険料の計算にも含めるので、年度更新の際に忘れないように注意します。

- 賞与に対する雇用保険料　＝
　賞与の総支給額　×　雇用保険料率（被保険者負担分）

※賞与に対する源泉所得税の計算についてはSec.032を参照

●賞与にかかる届出

- 賞与支給日から5日以内に賞与支払届の提出が必要です。提出後に送られてくる納入告知書により、毎月の保険料と併せて賞与支払月の翌月末までに納付します。
- 資格取得月の賞与は保険料を徴収し、資格喪失月の賞与は保険料を徴収しませんが、資格喪失月の前日までに支払われた賞与は、年度累計の対象となるため、賞与支払届が必要です。
- 産前産後休業・育児休業等の取得により、保険料が免除される期間中に支払われた賞与についても賞与支払届が必要です。
- 賞与の支給がなかった場合でも、「賞与不支給報告書」の届出が必要です。

SECTION 077

求人募集

●求人募集時に最低限明示すべき項目

職業安定法施行規則の改正(2024年4月1日施行)により、労働者の募集や職業紹介事業者への求人の申込みの際、明示しなければならない労働条件に次の事項が追加されています(労働基準法に基づく労働契約締結時の明示義務と同様の改正)。

①従事すべき業務の変更の範囲
②就業場所の変更の範囲
③有期労働契約を更新する場合の基準(通算契約期間または更新回数の上限を含む)

※「変更の範囲」とは、雇入れ直後にとどまらず、将来の配置転換など今後の見込みも含めた、締結する労働契約の期間中における変更の範囲のことをいいます。

最低限明示しなければならない労働条件　□ 今回の改正で追加される明示事項

記載が必要な項目	記載例	
業務内容	(雇入れ直後)　一般事務　(変更の範囲)　●●事務	…①
契約期間	期間の定めあり(2024年4月1日～2025年3月31日) 契約の更新　有(●●により判断する) 更新上限　有(通算契約期間の上限　●年/更新回数の上限　●回)	…③
試用期間	試用期間あり(3か月)	
就業場所	(雇入れ直後)　東京本社　(変更の範囲)　●●支社	…②
就業時間	9:30～18:30	
休憩時間	12:00～13:00	
休日	土日、祝日(年末年始を含む)	
時間外労働	あり(月平均20時間) **裁量労働制を採用している場合は、以下のような記載が必要です。** 例:企画業務型裁量労働制により、●時間働いたものとみなされます。	
賃金	月給　25万円(ただし、試用期間中は月給20万円) **時間外労働の有無に関わらず一定の手当を支給する制度(いわゆる「固定残業代」)を採用する場合は、以下のような記載が必要です。** (1) 基本給　●●円((2)の手当を除く額) (2) ■■手当(時間外労働の有無に関わらず、●時間分の時間外手当として▲▲円を支給) (3) ×時間を超える時間外労働分についての割増賃金は追加で支給	
加入保険	雇用保険、労災保険、厚生年金、健康保険	
受動喫煙防止措置	屋内禁煙	
募集者の氏名または名称	○○株式会社	
(派遣労働者として雇用する場合のみ)	(「雇用形態:派遣労働者」というように派遣労働者として雇用することを示すことが必要です。)	

※ 募集広告などの労働者の募集に関する情報を提供する場合は、掲載した時点を明示するなど、正確かつ最新の内容に保つ義務があります。

明示事項の記載例

①・②「変更の範囲」

業務内容	（雇入れ直後）法人営業　（変更の範囲）製造業務を除く当社業務全般
	（雇入れ直後）経理　（変更の範囲）法務の業務

就業場所	（雇入れ直後）大阪支社　（変更の範囲）本社および全国の支社、営業所
	（雇入れ直後）渋谷営業所（変更の範囲）都内23区内の営業所

※ いわゆる在籍出向を命じることがある場合で、出向先での就業場所や業務が出向元の会社の変更の範囲を超える場合には、その旨を明示するようにしてください。

③有期契約を更新する場合の基準

契約期間	期間の定めあり（2024年4月1日～2025年3月31日）
	契約の更新　有（契約期間満了時の業務量、勤務成績により判断）※ 通算契約期間は4年を上限とする。
	契約の更新　有（自動的に更新する） 契約の更新回数は3回を上限とする。

※ 「諸般の事情を総合的に考慮したうえで判断する」というような抽象的なものではなく、「勤務成績、態度により判断する」、「会社の経営状況により判断する」など、具体的に記載いただくことが望ましいです。

●出典「求人企業の皆さま」（厚生労働省）
URL https://www.mhlw.go.jp/content/001114110.pdf

●求人票に記載が禁止されている事項

▶性別を限定する表現の禁止

募集および採用に当たって、性別の制限を設けることは男女雇用機会均等法により禁止されています。求人の際、性別制限に当てはまるNG表現は次の通りです。

	NG表現例	OK表現例
募集職種	営業マン	営業スタッフ、営業職
	ウェイター、ウェイトレス	ホールスタッフ
	看護婦	看護師
	スチュワーデス	キャビンアテンダント、客室乗務員
募集内容	主婦歓迎	主婦（主夫）歓迎
	男性のみ募集	男性、女性募集
	募集人数：男性5名、女性3名	募集人数：8名
	男性歓迎	男性活躍中

例外的に性別制限が認められる場合は次の通りです。

(1)職務上、性別制限が必要である場合
- 芸術、芸能分野において男女のいずれかのみに従事させることが必要である職務(モデルなど)
- 防犯上の要請から男性に従事させることが必要である職務(守衛、警備員など)
- 宗教上、風紀上、スポーツにおける競技の性質上など、性別制限の必要性がある職務(巫女、女性更衣室の清掃員など)

(2)男女のいずれかの就業が認められていない場合
- 労働基準法に定められている坑内業務の就業制限や危険有害業務の就業制限により女性を就業させることができない
- 保健師助産師看護師法第3条の規定により男性を就業させることができない

(3)風俗、風習などの相違により、男女のいずれかが能力を発揮し難い海外勤務が必要な場合

また、ポジティブ・アクションのための特例措置もあります。

ポジティブ・アクションとは、男女の均等な機会・待遇の確保に支障となっている事情を改善するため、事業主が女性のみを対象とする、または女性を有利に取り扱う措置のことです。ポジティブ・アクションの取り組みは、男女雇用機会均等法の法違反とはなりません。

具体的には、1つの雇用管理区分において男性労働者と比較して女性労働者の割合が4割を下回っている場合、格差が存在していると判断されます。そのような場合において、過去の慣行や固定的な男女の役割分担意識が原因で生じている格差を改善することが目的であれば、募集や採用に関する情報提供において女性に有利な扱いをすること、採用基準を満たす者の中から男性よりも女性を優先して採用することなどが可能となります。

▶年齢を限定する表現の禁止

募集および採用に当たって、年齢制限を設けることは雇用対策法の改正で禁止されています。求人票では年齢不問としながらも、年齢を理由に応募を断ったり、書類選考や面接で年齢を理由に採否を決定する行為は法の規定に反します。

例外的に年齢制限が認められる場合は次の通りです。

(1)定年年齢を上限として、労働者を期間の定めなく募集・採用する場合
　例)65歳定年の会社が、64歳未満の人に限定して募集

(2)18歳以下は働いてはならない業種など、労働基準法などの規定により年齢制限が設けられている場合
　例)18歳以上の人を募集(警備業法第14条の警備業務)

(3) 長期勤続によるキャリア形成のため、若年者などを期間の定めなく募集・採用する場合

例）35歳未満の人を募集（高卒以上・職務経験不問）

(4) 技能・ノウハウの継承のため、労働者数の少ない特定の業種・年齢層を対象に、期間の定めなく募集・採用する場合

例）電気通信技術者として、30～39歳の人を募集（電気通信技術者は、20～29歳が10人、30～39歳が2人、40～49歳が8人）

(5) 子役が必要な場合など、芸術・芸能における表現の真実性が要請される場合

例）演劇の子役のため、○歳以下の人を募集

(6) 60歳以上の高年齢層、就職氷河期世代の不安定就労者や特定年齢層などの雇用を促進する施策の対象者に限定して募集・採用する場合

例）60歳以上の人を募集

●最低賃金を下回る求人の禁止

使用者は、雇用形態にかかわらず、すべての労働者に最低賃金以上の賃金を支払わなければならないことが最低賃金法で定められています。したがって、最低賃金を下回る求人は最低賃金法違反となります。

求人募集の際には、最低賃金以上の賃金になっているか確認が必要です。

SECTION 078 雇用形態の種類

会社と従業員間の雇用形態の種類には、正社員や契約社員、パートタイマーやアルバイトなど、さまざまな呼び方がありますが、「正規雇用」「非正規雇用」の他に、「直接雇用」「間接雇用」という区分もあります。

雇用形態にかかわらず、要件を満たした場合は、労働保険(労災保険・雇用保険)、社会保険(健康保険・厚生年金保険)に加入する必要があります。

●主な雇用形態

区分		雇用形態	概要
直接雇用	正規雇用	正社員	・契約期間の定めがない労働契約(無期雇用) ・所定労働時間がフルタイムである
直接雇用	正規雇用	短時間正社員	フルタイムの正社員と比べて、所定労働時間(所定労働日数)が短い正社員で、次のどちらにも当てはまる労働者 ①契約期間の定めがない労働契約(無期雇用) ②時間当たりの基本給および賞与・退職金などの算定方法などが同じ事業所の同種のフルタイム正社員と同等 ただし、会社が制度として導入している必要がある
直接雇用	非正規雇用	契約社員	・契約期間の定めがある労働契約(有期雇用) ・契約期間の満了により労働契約は自動的に終了する ・1回当たりの契約期間の上限は、一定の場合を除いて3年 ・契約更新が続くと、期間の定めのない雇用契約とみなされる
直接雇用	非正規雇用	パートタイム労働者	1週間の所定労働時間が、同じ事業所に雇用されている正社員と比べて短い労働者(パートタイム・有期雇用労働法では「短時間労働者」という) ※パートタイマーやアルバイトなど、呼び方は異なっても、この条件を満たせばパートタイム・有期雇用労働法上のパートタイム労働者となる
直接雇用	非正規雇用	嘱託社員	主に定年退職後再雇用の社員
間接雇用	非正規雇用	派遣労働者	・労働契約を結んだ会社(派遣元)とは別の会社(派遣先)で働く ・契約形態は登録型派遣(有期雇用)、常用型派遣(無期雇用)、紹介予定派遣がある ・派遣元と派遣先が責任を分担すべき事項が定められている
出向			(在籍出向) ・出向元と出向先の双方との間に労働契約関係がある場合 ・就業規則に出向についての定めがあれば、原則として出向に同意しているとみなされる (転籍出向) ・出向元と労働契約を終了し、出向先と新たに労働契約を締結する場合 ・就業規則に出向の定めがあっても、個別に同意が必要である
請負(業務委託)			注文主から受けた仕事の完成に対して報酬が支払われる契約 ※注文主の指揮命令を受けない「事業主」として扱われ、基本的に「労働者」としての保護を受けることはできない。ただし、その働き方の実態から「労働者」であると判断されれば、労働法規の保護を受けることができる

●労働者派遣と請負の区分

注文主と労働者との間に指揮命令関係がある場合には、請負形式の契約により行われていても労働者派遣事業に該当し（いわゆる「偽装請負[注1]」）、労働者派遣法の適用を受けます。

一方で、請負業者が注文主から請け負った事業が、請負業者からフリーランスなどに再委託されるなど、請負業者と再委託された者との間に雇用関係がない限りは、労働者派遣法との関係で問題となることはありません。ただし、フリーランスなどであっても、契約の名称にかかわらず、その実態から労働者性[注2]があると認められる場合は、労働基準法等が適用される「労働者」となります。さらに、当該労働者が、注文主からの指揮命令を受けている場合には、労働者派遣事業に該当し、労働者派遣法に違反する偽装請負となります。

（注1）一般的に偽装請負は、次の2種類のパターンを指して称されることがあります。
①実態として、労働者派遣事業であると判断されるもの（労働者派遣法に違反）
②形式的には請負業者と雇用関係がない個人事業主に再委託されている場合であっても、その実態から当該個人事業主が労働基準法上の労働者であると判断されるなど、契約の形式と不一致があるもの

（注2）・労働が他人の指揮監督下において行われているかどうか
・報酬が、「指揮監督下における労働」の対価として支払われているかどうか

▶在籍出向

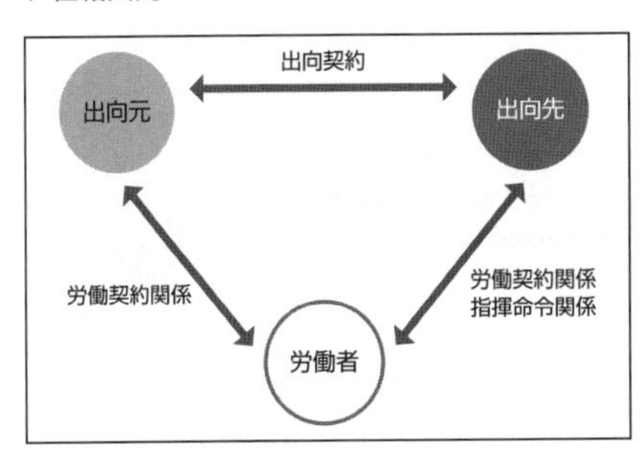

▶転籍出向

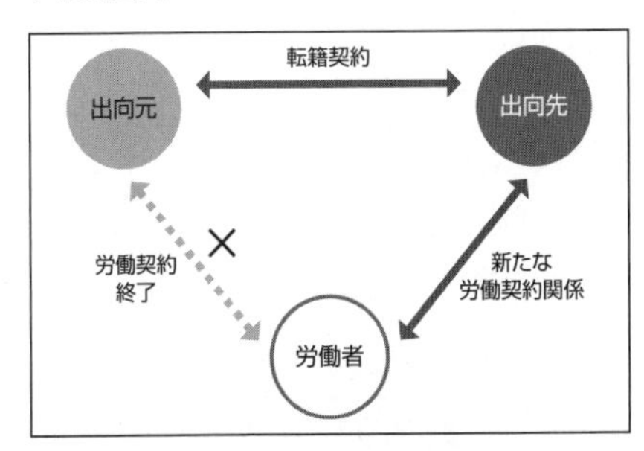

▶労働者派遣

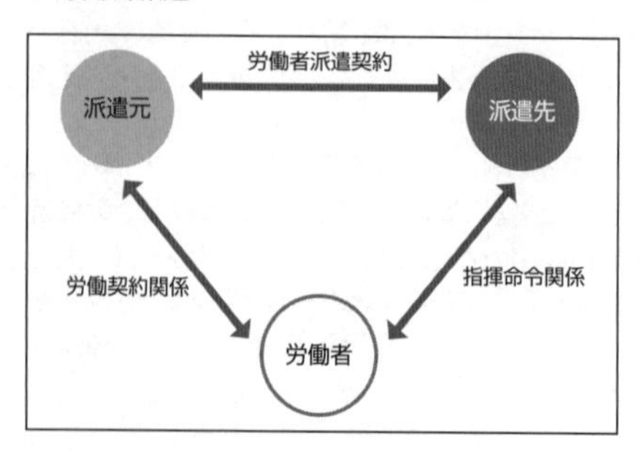

▶請負（業務委託）

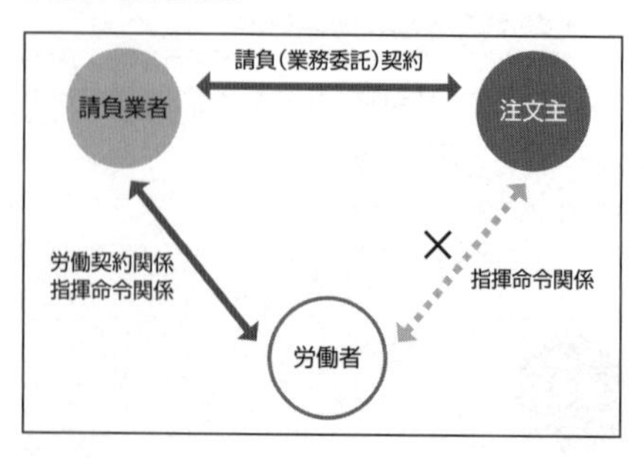

●出典・参考「出向等に関する参考資料 」（経済産業省北海道経済産業局）
URL https://www.hkd.meti.go.jp/hokij/20201009/sankou1.pdf

●出典・参考「労働者派遣・請負を適正に行うためのガイド」（厚生労働省）
URL https://www.mhlw.go.jp/content/000852717.pdf

パートタイム労働者・有期雇用労働者

●パートタイム労働者・有期雇用労働者とは

「パートタイマー」「アルバイト」「嘱託」「契約社員」「臨時社員」「準社員」など、呼び方は異なっても、下記の条件に該当する労働者であれば、「パートタイム・有期雇用労働法」の対象となります。なお、通常の労働者とは、いわゆる正社員を含む無期雇用フルタイム労働者のことをいいます。

- パートタイム労働者（短時間労働者）：1週間の所定労働時間が、同一の事業主に雇用される通常の労働者の1週間の所定労働時間に比べて短い労働者
- 有期雇用労働者：事業主と期間の定めのある労働契約をしている労働者

●「パートタイム・有期雇用労働法」の概要

パートタイム・有期労働法（短時間労働者及び有期雇用労働者の雇用管理の改善等に関する法律）は、正社員（無期雇用フルタイム労働者）とパートタイム・有期雇用労働者との間の不合理や待遇差をなくし、どのような雇用形態を選択しても待遇に納得して働き続けられるようにすることを目的として2020年4月に施行されました（中小企業への適用は2021年4月から）。

また、法の適用は「事業所」単位ではなく、「事業主（企業）」単位となっています。

▶労働条件明示義務

事業主は、パートタイム・有期雇用労働者を雇入れた際（更新時も含む）には、労働基準法上の明示事項に加えて、特定事項を文書などで明示しなければなりません。

(1)労働基準法での明示義務

- 契約期間
- 有期労働契約を更新する場合の基準
- 就業の場所と業務の内容
- 始業・終業の時刻、所定時間外労働の有無、休憩時間、休日、休暇、就業時転換
- 賃金に関する事項
- 退職に関する事項

※書面の交付などによる明示が義務付けられているが、労働者が希望した場合は、書面以外に電子メールやFAXなどでも可。

(2)パートタイム・有期雇用労働法での明示義務

(1)の労働条件に加えて、下記の特定事項を明示します。

- 昇給の有無
- 退職手当の有無
- 賞与の有無
- 相談窓口（相談担当者の氏名、役職、部署　など）

※文書での交付などによる明示が義務付けられているが、パートタイム・有期雇用労働者が希望した場合は文書以外に電子メールやFAXなどでも可。

▶事業主が講ずる措置の説明義務

パートタイム・有期雇用労働者を雇入れた際(更新時も含む)には、雇用管理の改善などに関する内容を説明する義務があります。パートタイム・有期雇用労働者から説明を求められたときは、通常の労働者との間の待遇の相違内容・理由並びにその待遇を決定する際に考慮した事項を説明する義務があります。また、説明を求めたことを理由として、解雇その他不利益な取扱いをしてはなりません。

(1)雇入れ時の説明義務事項

- 不合理な待遇の禁止
- 通常の労働者と同視すべきパートタイム・有期雇用労働者に対する差別的取扱いの禁止
- 賃金
- 教育訓練
- 福利厚生施設
- 通常の労働者への転換

【説明内容の例】

- 通常の労働者との間で不合理な待遇差を設けないことや、差別的取扱いを行わないこと
- 基本給額は何を勘案して決定したか
- どのような教育訓練があるか
- どのような福利厚生施設が利用できるか
- 正社員への転換推進措置としてどのようなものがあるか　など

(2)説明を求められたときの説明義務事項

- 通常の労働者との間の待遇の相違の内容および理由
- 労働条件に関する文書の交付など
- 就業規則の作成手続
- 不合理な待遇の禁止
- 通常の労働者と同視すべきパートタイム・有期雇用労働者に対する差別的取扱いの禁止
- 賃金
- 教育訓練福
- 利厚生施設
- 通常の労働者への転換

【説明内容の例】
- 比較対象の通常の労働者との間で待遇の決定基準に違いがあるか、違う場合はどのように違うのか、なぜ違うのか
- 教育訓練の実施や福利厚生施設の利用に当たり何を考慮したか（通常の労働者との違いがある場合は、なぜ違うのか）
- 正社員への転換推進措置として講じる措置の決定に当たり何を考慮したか　など

▶就業規則の作成手続

事業主は、パートタイム・有期雇用労働者に係る事項について就業規則を作成し、または変更しようとするときは、その事業所において雇用するパートタイム・有期雇用労働者の過半数を代表すると認められる人の意見を聴くように努めなければなりません。

▶不合理な待遇の禁止

事業主は、基本給や賞与などの賃金の決定、教育訓練の実施、福利厚生施設の利用など、あらゆる待遇について、通常の労働者とパートタイム・有期雇用労働者との間で、①職務内容（業務の内容および責任の程度）、②職務内容・配置の変更の範囲（人材活用の仕組みや運用など）、③その他の事情（合理的な労使の慣行など）を考慮して、不合理と認められる相違を設けてはならない。いわゆる「"均衡"待遇」（違いを意識して処遇する）が求められています。

▶差別的取扱いの禁止

事業主は、①職務内容、②職務内容・配置の変更範囲の（人材活用の仕組みや運用など）が通常の労働者と同一のパートタイム・有期雇用労働者については、パートタイム・有期雇用労働者であることを理由として、基本給や賞与などの賃金の決定、教育訓練の実施、福祉厚生施設の利用、解雇など、すべて待遇について、差別的取扱いをしてはなりません。いわゆる「"均等"待遇」（等しく処遇する）が求められています。

▶通常の労働者への転換の推進

事業主は、パートタイム・有期雇用労働者について、次のいずれかの措置を講じなければなりません。

①通常の労働者を募集する場合、その募集内容をすでに雇っているパートタイム・有期雇用労働者に周知する。
②通常の労働者のポストを社内公募する場合、すでに雇っているパートタイム・有期雇用労働者にも応募する機会を与える。
③パートタイム・有期雇用労働者が通常の労働者へ転換するための試験制度を設ける。
④その他通常の労働者への転換を推進するための措置を講じる（たとえば、必要な能力取得のための教育訓練機会の確保の援助など）。

▶相談のための体制の整備

事業主は、パートタイム・有期雇用労働者の雇用管理の改善などの事項に関し、その雇用するパートタイム・有期雇用労働者からの相談に応じ、適切に対応するために必要な体制を整備しなければなりません。

▶短時間・有期雇用管理者

事業主は、常時10人以上のパートタイム・有期雇用労働者を雇用する事業所ごとに、短時間・有期雇用管理者を選任するよう努めなければなりません。

▶行政による事業主への助言・苦情の自主的解決・紛争解決の援助

事業主は、パートタイム・有期雇用労働者からの苦情の申出を受けたときは、苦情処理機関に苦情の処理を委ねるなどして、自主的な解決を図るように努めなければなりません。

事業主または労働者が援助を求めた場合、次の紛争解決援助の仕組みがあります。

- 都道府県労働局長による紛争解決の援助
- 均衡待遇調停会議による調停

※援助の対象はパートタイム・有期雇用労働法の義務事項、差別的取扱いの禁止事項であり、不合理な待遇差の禁止が追加されました。

●出典・参考「パートタイム・有期雇用労働法のあらまし」(厚生労働省)
URL https://www.mhlw.go.jp/stf/seisakunitsuite/bunya/0000061842.html

●同一労働同一賃金

同一労働同一賃金の導入は、同一企業・団体における正規雇用労働者(無期雇用フルタイム労働者)と非正規雇用労働者(有期雇用労働者、パートタイム労働者、派遣労働者)との間の不合理な待遇差の解消を目指すものです。

同一労働同一賃金のガイドラインについて、詳しくは下記のURLを参照してください。

●出典・参考「同一労働同一賃金ガイドライン」(厚生労働省)
URL https://www.mhlw.go.jp/stf/seisakunitsuite/bunya/0000190591.html

SECTION 080

派遣労働者

派遣労働者の一層の雇用の安定、待遇の確保などを図るため、「労働者派遣法（労働者派遣事業の適正な運営の確保及び派遣労働者の保護等に関する法律）」が施行されています。

●労働者派遣とは

労働者派遣とは、自己の雇用する労働者を、その雇用関係の下に、他人の指揮命令を受けて、その他人のために労働に従事させることをいいます。

(1) 労働者派遣事業が禁止されている業務
①港湾運送業務
②建設業務
③警備業務
④病院などにおける医療関係業務（紹介予定派遣や産前産後休業の場合などは可能）
⑤弁護士、司法書士、公認会計士、税理士、社会保険労務士、管理建築士などの士業の業務（一部を除く）
⑥団体交渉や労使協議を担当する際の会社側の業務

(2) 日雇派遣（30日以内）は原則禁止

(3) 離職後1年以内の労働者の派遣禁止
離職した労働者を離職後1年以内に元の勤務先へ派遣労働者として派遣することはできません（60歳以上の定年退職者は例外）。

●労働者派遣契約の期間制限

労働者派遣においては、「事業所単位の期間制限」と「個人単位の期間制限」の2つの制限が設けられています。

▶事業所単位の期間制限

派遣先の同一事業所に対し派遣できる期間（派遣可能期間）は、原則3年が限度となります。

派遣先が3年を超えて派遣を受け入れようとする場合は、派遣可能期間が終了する1カ月前までに、派遣先の事業所の過半数労働組合など(注1)からの意見を聴く必要があります。

意見聴取を行い、3年ごとに派遣労働者を変えれば、3年を超えて、どの業務でも派遣労働者を受け入れることができます。

（注1）過半数労働組合が存在しない場合は、事業所の労働者の過半数を代表する者

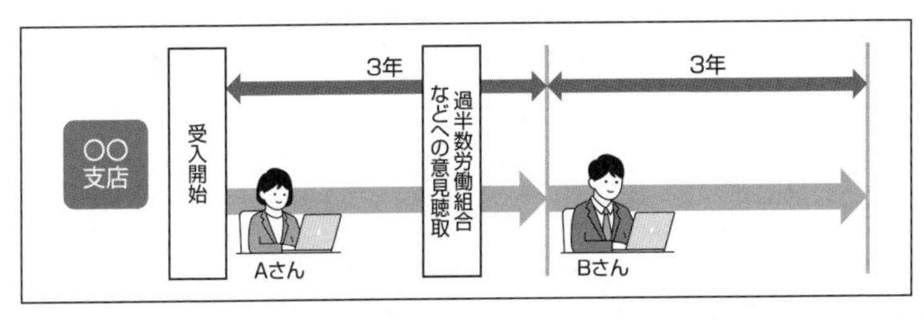

▶個人単位の期間制限

同一の派遣労働者を、派遣先の事業所における同一の組織単位（課、グループなど）に対し派遣できる期間は、3年が限度となります。

派遣先の事業所が意見聴取により、継続的に派遣労働者を受け入れることができる場合であっても、同じ人が同じ組織単位で3年を超えて働くことはできません。

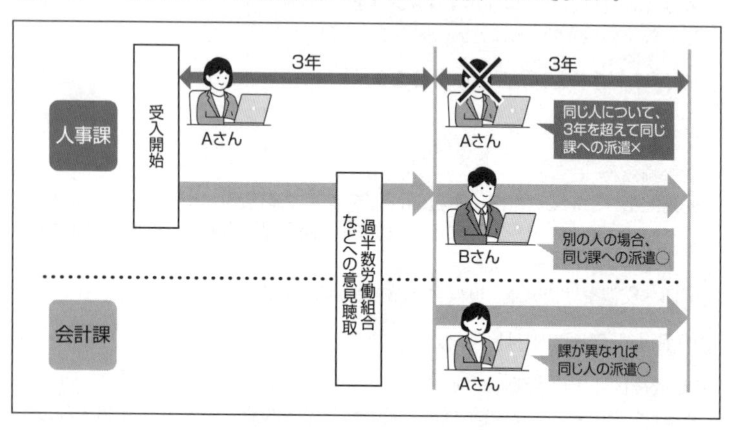

▶期間制限の対象外となる派遣労働者と派遣業務

- 無期雇用派遣労働者
- 60歳以上の者
- 有期プロジェクトの業務
- 日数限定業務（派遣先の通常の労働者の月の所定労働日数の半数以下、かつ10日以下の業務）
- 産前産後休業、育児休業・介護休業などを取得する労働者の業務

▶クーリング期間

派遣先は、派遣可能期間を超えて派遣労働者を受け入れることはできません。ただし、派遣終了から次の派遣開始まで、3カ月を超える期間（クーリング期間）をあけた場合は、事業所単位・個人単位ともに期間制限の通算期間がリセットされます。

●出典・参考「派遣先の皆さまへ　派遣社員を受け入れるときの主なポイント」（厚生労働省）
URL https://www.mhlw.go.jp/content/000852557.pdf

●派遣労働者の同一労働同一賃金(令和2年4月1日施行)

派遣労働者の待遇差改善のため、派遣会社には下記の派遣先均等・均衡方式、または労使協定方式のいずれかの待遇決定方式を確保することが義務付けられています。

▶派遣先均等・均衡方式

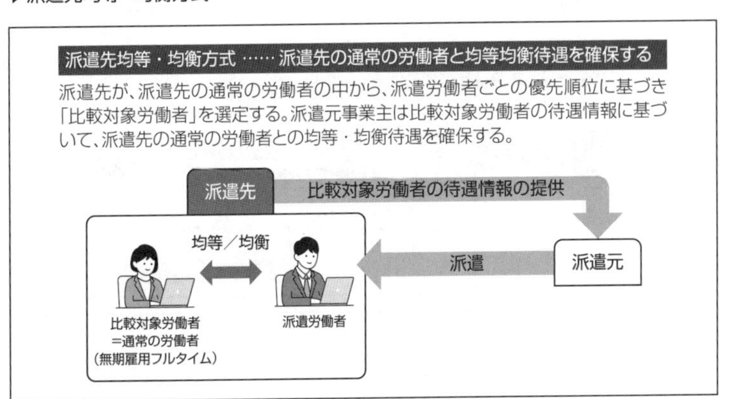

(1)均等待遇・均衡待遇

均等待遇	①職務内容(注2)、 ②職務内容・配置の変更範囲(注3)が同じ場合には差別的取扱いを禁止
均衡待遇	①職務内容(注2)、②職務内容・配置の変更範囲(注3)、 ③その他の事情の相違を考慮して不合理な待遇差を禁止

(注2)職務内容とは、「業務の内容」+「責任の程度」のことをいいます。
(注3)職務内容・配置の変更範囲とは、「人材活用の仕組みや運用など」のことをいいます。

(2)比較対象労働者を選定する優先順位

①「職務の内容」と「職務の内容および配置の変更の範囲」が同じ通常の労働者
②「職務の内容」が同じ通常の労働者
③「業務の内容」または「責任の程度」が同じ通常の労働者
④「業務の内容および配置の変更の範囲」が同じ通常の労働者
⑤①～④に相当するパート・有期雇用労働者(パートタイム・有期雇用労働法等に基づき、派遣先の通常の労働者との間で均衡待遇が確保されていることが必要)
⑥派遣労働者と同一の職務の内容で業務に従事させるために新たに通常の労働者を雇い入れたと仮定した場合における当該通常の労働者

※派遣先が実施する業務の遂行に必要な能力を付与するための教育訓練や派遣先の食堂・休憩室・更衣室は、派遣先の通常の労働者との均等・均衡を確保する必要があります。

▶労使協定方式

(1)労使協定に定める事項

①労使協定の対象となる派遣労働者の範囲

②賃金決定方法(同種の業務に従事する一般労働者の平均的な賃金の額と同等以上、職務の内容等が向上した場合に賃金が改善)

③職務の内容などを公正に評価して賃金を決定すること

④賃金以外の待遇決定方法(派遣元の通常の労働者(派遣労働者を除く)との間で不合理な相違がない)

⑤段階的・体系的な教育訓練を実施すること

⑥有効期間　など

※協定を書面で締結していない場合、協定に必要な事項が定められていない場合、協定で定めた事項を遵守していない場合、過半数代表者が適切に選出されていない場合には、労使協定方式は適用されず、派遣先均等・均衡方式が適用されます。

(2)過半数代表者の選出

過半数代表者は、次の①と②のいずれにも該当する者(①に該当する者がいないときは②に該当する者)となります。

⑦労働基準法第41条第2号に規定する管理監督者でないこと

⑧労使協定を締結する者を選出することを明らかにして実施される投票、挙手等の民主的な方法による手続により選出された者であって、派遣元事業主の意向に基づき選出されたものでないこと

●出典・参考「派遣元の皆さまへ　労働者派遣を行う際の主なポイント」(厚生労働省)
URL https://www.mhlw.go.jp/content/000852558.pdf

●労働契約申込みみなし制度（平成27年10月1日施行）

派遣先が下記の違法派遣を受け入れた場合、その時点で、派遣先から派遣労働者に対して、その派遣労働者の派遣元における労働条件と同一の労働条件を内容とする労働契約が申し込まれたものとみなされます。派遣労働者が承諾した時点で労働契約が成立します（派遣先が違法派遣に該当することを知らず、かつ、知らなかったことに過失がなかったときを除く）。

▶対象となる違法派遣

①労働者派遣を禁止業務に従事させた場合
②無許可の事業主から労働者派遣を受け入れた場合
③事業所単位または個人単位の期間制限に違反して労働者派遣を受け入れた場合（派遣元事業主は、派遣労働者に対して就業条件などを明示する際に、期間制限違反が労働契約申込みみなし制度の対象となることも明示しなければならない）
④いわゆる偽装請負の場合（偽装請負とは、形式的には請負契約であっても、実態として注文主と労働者の間に指揮命令関係がある場合で、労働者派遣事業に該当するものをいう）

●派遣元が講ずべき主な措置

▶雇用安定措置（平成27年9月1日施行）

派遣元事業主は、派遣労働者が同一の組織単位に継続して1年間以上派遣される見込みがあるなど一定の場合に、派遣終了後の雇用を継続させる措置（雇用安定措置）を講じる義務があります。

①派遣先への直接雇用の依頼
②新たな派遣先の提供（合理的なものに限る）
③派遣元での（派遣労働者以外としての）無期雇用
④その他安定した雇用の継続を図るための措置（雇用を継続したままの教育訓練、紹介予定派遣など）

雇用安定措置の対象者	派遣元事業主の責務の内容
同一の組織単位に継続して3年間派遣される見込みがある方（注4）	①〜④のいずれかの措置を講じる義務（注6）
同一の組織単位に継続して1年以上3年未満派遣される見込みがある方（注4）	①〜④のいずれかの措置を講じる努力義務
（上記以外の方で）派遣元事業主に雇用された期間が通算1年以上の方（注5）	②〜④のいずれかの措置を講じる努力義務

（注4）いずれも、本人が継続して就業することを希望する場合に限られます
（注5）現在、いわゆる「登録状態」にある方も、この対象者の中に含まれます。
（注6）①の措置を講じた結果、派遣先での直接雇用に結びつかなかった場合には、派遣元事業主は、②〜④のいずれかの措置を追加で講じる義務があります。

▶キャリアアップ措置(平成27年9月1日施行)

派遣元事業主は、雇用している派遣労働者のキャリアアップを図るため、下記を実施する義務があります。

- 段階的かつ体系的な教育訓練
- 希望者に対するキャリアコンサルティング

▶均等・均衡な待遇措置(令和2年4月1日施行)

派遣元事業主は、派遣労働者と派遣先に雇用される通常の労働者とを比較して、派遣先均等・均衡方式または労使協定方式の待遇決定方式により、公正な待遇を確保しなければなりません。

▶派遣労働者の待遇に関する説明義務の強化(令和2年4月1日施行)

(1)雇入れ時

派遣元事業主は、派遣労働者を雇い入れようとすときは、あらかじめ当該派遣労働者に対し、文書の交付などにより、下記の明示事項を明示するとともに、説明事項を説明しなければなりません。

- 明示事項
  ①昇給の有無
  ②退職手当の有無
  ③賞与の有無
  ④協定対象派遣労働者であるか否か
  ⑤苦情の処理に関する事項
- 説明事項
  派遣先均等・均衡方式、労使協定方式及び職務の内容などを勘案した賃金の決定に関し講ずることとしている措置の内容

(2)派遣時

派遣元事業主は、派遣労働者の派遣時に、あらかじめ文書の交付などにより、労働条件に関する事項を明示するとともに、不合理な待遇差を解消するために講ずる措置を説明しなければなりません。

(3)派遣労働者から求めがあったときの説明

- 派遣元事業主は、派遣労働者から求めがあったときは、当該派遣労働者と比較対象労働者との間の待遇の相違内容及び理由並びに措置を講ずべきこととされている事項に関する決定をするに当たり、考慮した事項を説明しなければならない。
- 派遣元事業主は、派遣労働者が求めをしたことを理由として、解雇その他不利益な取扱いをしてはならない。

▶雇用安定措置に関する派遣労働者の希望の聴取(令和3年4月1日施行)

これまでも派遣元事業主は、一定の場合、派遣労働者の派遣終了後の雇用安定措置を講じる必要がありましたが、あらかじめ派遣労働者から希望する当該措置の内容を聴取することが義務化されました。また、派遣労働者から聴取した内容について、派遣元管理台帳に記載を行う必要があります。

▶マージン率等のインターネットでの提供(令和3年4月1日施行)

マージン率等(注7)については、原則として、インターネットの利用による情報提供が必要となります。

(注7)事業所ごとの派遣労働者数、派遣先数、マージン率(派遣料金の平均額・派遣労働者の賃金の平均額)、教育訓練、労使協定の締結の有無(労使協定の範囲、有効期間)

※事業所ごとの派遣労働者数、派遣先数、派遣料金の平均額・派遣労働者の賃金の平均額、教育訓練についてはこれまでも情報提供の対象項目でしたが、新たにインターネットによる情報提供が必要となる項目です。

●派遣先が講ずべき主な措置

▶派遣労働者の雇用の努力義務

下記のすべての項目に該当する場合は、その派遣労働者を雇入れるよう努めなければなりません。

- 組織単位ごとの同一業務に1年以上継続して受け入れている場合
- 派遣元事業主からその派遣労働者を直接雇用するよう依頼があった場合
- 派遣終了後に、引き続き同一の業務に従事させるために労働者を雇用する場合

また、特定の要件を満たす派遣労働者に対しては、事業所における募集情報を周知しなければなりません。

派遣労働者の雇用に関する措置は次の通りです。

	対象となる場合	講ずる措置	条文
雇用の努力義務	同一組織単位ごとの同一業務に1年以上受け入れていて、派遣元から直接雇用の依頼があり、引き続き同一業務に従事させるため労働者を雇用する場合	その派遣労働者を雇用するよう努める	労働者派遣法40条の4
	同一組織単位で継続して3年間就業する見込みで、派遣元から直接雇用の依頼があり、その事業所で労働者(正社員、パート、契約社員など)募集する場合	その派遣労働者に募集情報を周知する義務がある	労働者派遣法40条の5第2項
正社員化の推進	同一事業所(組織単位の異動可)で1年以上受け入れていて、その事業所で正社員を募集する場合 ※無期雇用派遣労働者も含む	その派遣労働者に正社員募集の情報を周知する義務がある	労働者派遣法40条の5第1項

▶派遣元への情報提供義務の強化(令和2年4月1日施行)

派遣先事業主は、労働者派遣契約を締結する前に、あらかじめ派遣元に対して比較対象労働者の待遇などに関する情報を提供しなければなりません。情報提供をせず、派遣元との間で労働者派遣契約を締結することはできません。

▶教育訓練の実施・福利厚生施設の利用機会の付与・情報提供(令和2年4月1日施行)

(1)教育訓練

派遣元の求めに応じて、派遣労働者に対しても業務の遂行に必要な能力を付与するための教育訓練を実施するなどの義務があります。

(2)福利厚生施設(派遣先の労働者が利用する福利厚生施設に関する措置)

①食堂、休憩室、更衣室→利用の機会を与える義務がある。

②物品販売所、病院、診療所、浴場、理髪室、保育所、図書館、講堂、娯楽室、運動場、体育館、保養施設などの施設→利用に関する便宜供与を講ずるよう配慮する義務がある。

(3)情報提供

派遣元の求めに応じて、派遣先の労働者に関する情報、派遣労働者の業務遂行状況等の情報を提供するなど、必要な協力をするように配慮する義務があります。

●裁判外紛争解決手続(行政ADR)の規定の整備(令和2年4月1日施行)

派遣労働者と派遣元または派遣先との間で、次の事項に関してトラブルとなった場合には、「都道府県労働局長による助言・指導・勧告」や「紛争調停委員会による調停」を求めることができます。この制度は無料で利用することができ、調停などの内容が公にされないため、プライバシーが保護されます。また、これらを求めたことを理由として、派遣元および派遣先は派遣労働者に対して不利益な取扱いをしてはなりません。

▶派遣元が講ずべき措置

①派遣先の通常の労働者との不合理な待遇差、差別的取扱いの禁止

②労使協定に基づく待遇の決定

③雇入れ時・派遣時の明示・説明

④派遣労働者の求めに応じた説明と説明を求めたことによる不利益取扱いの禁止

▶派遣先が講ずべき措置

①業務の遂行に必要な能力を付与するための教育訓練の実施

②食堂、休憩室、更衣室の利用の機会の付与

●責任者の選任と管理台帳の作成

派遣元事業主は、派遣元責任者を選任し、派遣元管理台帳を作成しなければなりません。派遣先は、受け入れ事業所ごとに、派遣先責任者を選任し、派遣先管理台帳を作成しなければなりません。

	派遣元事業主	派遣先事業主
責任者	派遣元責任者	派遣先責任者(5人以下は選任不要)
管理台帳	派遣元管理台帳	派遣先管理台帳(5人以下は作成不要)
	3年間保存	

●労働基準法等の使用者責任

派遣労働者は、雇用関係にある派遣元の指揮命令下から離れ、派遣先の指揮命令下に入るため、労働基準法等の適用には注意が必要です。

内容	派遣元	派遣先
労働契約、就業規則の適用	○	
労働保険・社会保険の手続	○	
労働時間の管理		○
賃金、割増賃金、休業手当の支払	○	
年次有給休暇の付与	○	
36協定の締結	○	
定期健康診断の実施	○	
X線作業などの特殊検診の実施		○
セクハラ(ハラスメント)の対応	○	○
労災事故の労働者死傷病報告の届出(労働基準監督署)	○	○

SECTION 081
高年齢者の雇用

●高年齢者雇用の拡大

少子高齢化が急速に進行し人口が減少する中で、経済社会の活力を維持し、働く意欲がある誰もが年齢にかかわらずその能力を十分に発揮し、高年齢者が活躍できる環境を整備するために、高年齢者雇用安定法が定められています。

高年齢者雇用安定法では、定年の年齢を60歳未満とすることが禁止されています。

▶65歳までの雇用機会の確保

65歳未満の定年の定めをしている事業主は、高年齢者の65歳までの安定した雇用を確保するため、下記の①～③のいずれかの措置「高年齢者雇用確保措置」を講じなければなりません。

▶70歳までの就業機会の確保

70歳までの就業機会確保を定めた改正法が、令和3年4月に施行されました。これにより事業主は、65歳から70歳までの就業機会を確保するための「高年齢者就業確保措置」として、下記の①～⑤のいずれかの措置を講ずるよう努めなければなりません。

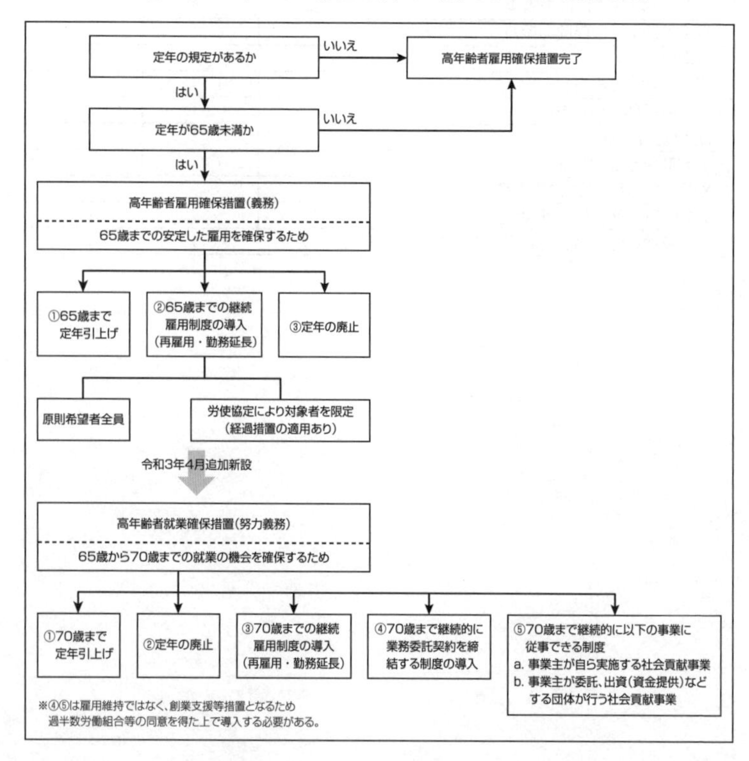

▶高年齢者雇用等推進者の選任

事業主は、高年齢者雇用確保措置等を推進するため、作業施設の改善その他の諸条件の整備を図るための業務を担当する者（高年齢者雇用等推進者）を選任するよう努めなければなりません。

▶高年齢雇用状況等報告書の提出

事業主は、毎年6月1日現在の高年齢者の雇用状況を記入し、7月15日までに管轄のハローワークへ提出しなければなりません（常時雇用する従業員数がおおむね31人以上の事業者が対象）。

●継続雇用制度の種類

継続雇用制度とは、現に雇用している高齢者を、本人の希望により、定年後も引き続き雇用する制度で、次のようなものがあります。

制度	説明
再雇用制度	定年退職した後に、新たに雇用契約を結ぶ制度
勤務延長制度	定年で退職とせず、引き続き雇用する制度

▶経過措置

継続雇用制度を導入する場合は、希望者全員を対象とすることが必要です。ただし、改正法施行時（平成25年3月31日）までに継続雇用制度の対象者を限定する基準を労使協定で設けている場合は、65歳までの雇用確保措置義務について令和7年（2025年）3月31日まで使える（継続雇用の対象から外す）経過措置があります。

年度	平成25〜平成27年	平成28〜平成30年	平成31〜令和3年	令和4〜令和6年	令和7年4月1日〜
基準の有効年齢	61歳以上	62歳以上	63歳以上	64歳以上	基準無効

●無期転換ルールの継続雇用の高齢者に関する特例

有期労働契約が更新されて5年を超えたときは、労働者の申込みにより、期間の定めのない労働契約に転換できる制度を「無期転換ルール」といいます。

この無期転換ルールの適用により、通常は、定年後引き続き雇用される有期雇用労働者についても無期転換申込権が発生しますが、有期雇用特別措置法により

- 適切な雇用管理に関する計画を作成し、都道府県労働局長の認定を受けた事業主の下で、
- 定年に達した後、引き続いて雇用される有期雇用労働者（継続雇用の高齢者）

については、無期転換申込権が発生しないとする特例が設けられています。

特例の適用に当たり、事業主は「第二種計画認定・変更申請書」を添付資料と共に管轄の都道府県労働局の認定申請を行う必要があります。

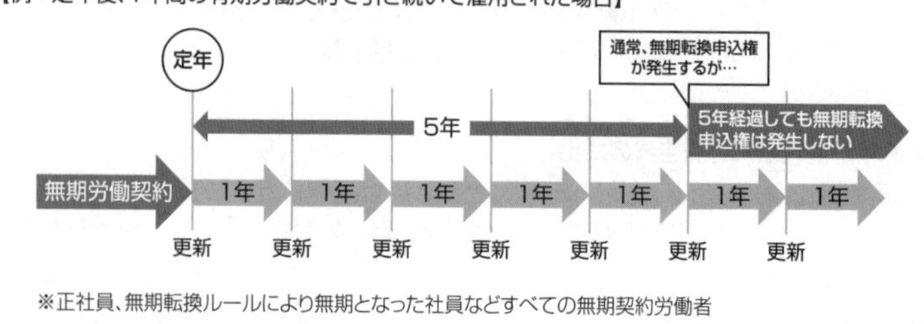

●出典・参考「無期転換ルールの継続雇用の高齢者に関する特例について」（厚生労働省）

URL https://www.mhlw.go.jp/file/06-Seisakujouhou-11200000-Roudoukijunkyoku/0000185322.pdf

▶対象となる労働者

定年後、同一事業主に引き続き雇用される有期雇用労働者が対象となります。

- 高年齢者雇用安定法に規定する特殊関係事業主（いわゆるグループ会社）に定年後引き続いて雇用される場合も対象となる。
- 定年後、グループ会社ではない企業に再就職した場合は特例の対象とならず、通常の無期転換ルールが適用される。

下記の場合は特例の対象外となるため、5年超の無期転換もあり得えます。特例の適用を受けるためには、雇用契約書に「有期雇用特別措置法の特例の適用を受け、無期転換申込権は発生しない」旨を明記しておく必要があります。

- 定年前から有期雇用
- 定年後に入社し、有期雇用
- 他社で定年退職し、有期雇用

●高年齢雇用継続給付

高年齢雇用継続給付とは、60歳から65歳までの雇用継続を援助・促進することを目的とした雇用保険の制度で、「高年齢雇用継続基本給付金」と「高年齢再就職給付金」があります。

具体的には、60歳以上65歳未満の被保険者が、原則として、60歳時点に比べて賃金が75%未満に低下した状態で働いている場合に、事業主を経由して管轄のハローワークへ申請することで、各月に支払われた賃金の最大15%（令和7年4月からは10%に縮小予定）の給付金が支給されます。

<table>
<tr><th></th><th>高年齢雇用継続基本給付金</th><th>高年齢再就職給付金</th></tr>
<tr><td rowspan="2">受給資格</td><td colspan="2">60歳以上65歳未満の雇用保険の被保険者</td></tr>
<tr><td>・引き続き雇用されているまたは1年以内に再雇用された
・基本手当等を受給していない
・雇用保険の被保険者期間が通算して5年以上ある（65歳到達時点で被保険者期間が5年に満たないときは5年を満たした時点）</td><td>・退職して基本手当などを一部受給し、60歳以降で再雇用された
・1年を超えて引き続き雇用されることが見込まれる安定した職業に就いた
・基本手当の支給残日数が100日以上
・再就職手当を受給していない
・退職前の雇用保険の被保険者期間が通算して5年以上</td></tr>
<tr><td>賃金月額</td><td>60歳到達時点の直前の完全賃金月6カ月間に支払われた賃金の総額を180で除して算出された賃金日額の30日分の額
※60歳到達時賃金月額の上限額と下限額
算定した額が上限額の486,300円超える場合には上限額に、下限額の82,380円を下回る場合には下限額となる（上限額・下限額は2023年8月～）</td><td>再就職前に受給していた雇用保険の基本手当の算定の基礎となった賃金日額×30に相当する額</td></tr>
<tr><td>支給要件</td><td colspan="2">以下の要件をすべて満たす月に支給される
①支給対象月の初日から末日まで被保険者であること
②支給対象月中に支払われた賃金が、賃金月額の75%未満に低下していること
③支給対象月の全期間にわたって、育児休業給付、介護休業給付の支給対象ではないこと</td></tr>
<tr><td rowspan="2">支給額</td><td colspan="2">低下率が61%以下：支給対象月に支払われた賃金額×15%
低下率が61%超から75%未満：支給対象月に支払われた賃金額×支給率
（低下率に応じて15%未満）</td></tr>
<tr><td colspan="2">支給対象月に支払われた賃金額と給付金の合計額が支給限度額の370,452円を超えるときは超えた額を減じて支給。最低限度額の2,196円を超えないときは支給されない（支給限度額・最低限度額は2023年8月～）</td></tr>
<tr><td>支給期間</td><td>60歳に到達する日の属する月から65歳に達する日の属する月まで
※60歳到達日：60歳の誕生日の前日</td><td>基本手当の支給残日数が100日以上200日未満の場合は1年間、支給残日数が200日以上の場合は2年間（ただし、65歳に達する日の属する月まで）</td></tr>
</table>

外国人の雇用

外国人を雇入れる際には、在留カードやパスポートなどにより就労が認められているかどうかを確認する必要があります。

●基本用語の説明

用語	説明
パスポート(旅券)	外国で渡航者の国籍・身分を証明するために発行される
ビザ(査証)	外国人に対し、入国・在留が適当だと推薦するもので、日本大使館・領事館より目的別に発給される
在留資格	外国人が日本国内で行うことができる活動や身分を類型化したもので、法務大臣(出入国在留管理庁)により発行される
在留カード	中長期在留者(3カ月超)に対し、上陸許可や在留資格の変更、在留期間の更新などの在留に関する許可に伴い交付される

※ビザ(査証)と在留資格をまとめて、就労ビザや留学ビザと称されることもあります。

●在留管理制度

在留管理制度は、出入国在留管理庁長官が在留資格をもって中長期間在留する外国人を対象として、在留状況を継続的に把握するためのものです。対象者には、氏名などの基本的身分事項や在留資格、在留期間が記載され、顔写真が表示された「在留カード」が交付されます。対象者は、在留カードを常時携帯することが必要です。

在留カードの例(表面)

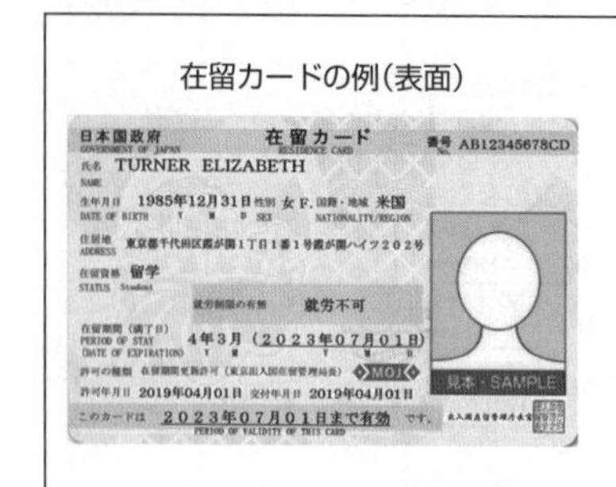

在留カードの例(裏面)

●出典「在留カードとは?」(出入国在留管理庁)

URL https://www.moj.go.jp/isa/applications/procedures/whatzairyu_00001.html

出入国在留管理庁ウェブサイト上で、在留カード等番号が失効していないか確認することができます。

また、在留カードなどの情報が偽造・改ざんされたものでないかどうかを確認することができるアプリも無料配布されています。

●在留カード等番号失効情報照会
URL https://lapse-immi.moj.go.jp/ZEC/appl/e0/ZEC2/pages/FZECST011.aspx

●在留カード等読み取りアプリケーション
URL https://www.moj.go.jp/isa/policies/policies/rcc-support.html

▶外国人住民の住民票

住民基本台帳法により、外国人住民の方も住民票が作成されます。

▶マイナンバーカードの交付

住民票を有する外国人にはマイナンバーが通知され、申請によりマイナンバーカードが交付されます。

●在留資格の種類

▶定められた範囲で就労が認められる在留資格

外交、公用、教授、芸術、宗教、報道、高度専門職、経営・管理、法律・会計業務、医療、研究、教育、技術・人文知識・国際業務、企業内転勤、介護、興行、技能、特定技能、技能実習、特定活動（ワーキングホリデー、EPAに基づく外国人看護士・介護福祉士など）

※特定活動の場合は、パスポートに添付される「指定書」により就労可能かどうかを判断します。

▶就労活動に制限がない在留資格

永住者、日本人の配偶者等、永住者の配偶者等、定住者は、就労活動に制限がありません。

※特別永住者（在日韓国人・在日朝鮮人など）の方は、特別の法的地位が与えられており、日本における活動に制限がありません。

▶原則として就労が認められない在留資格

文化活動、短期滞在、留学、研修、家族滞在は、原則として就労が認められません（ただし、「資格外活動許可」で就労が可能になる場合がある）。

●アルバイトで留学生を雇うとき

在留カードを有していても、在留資格が「留学」の場合は就労が認められません。ただし、留学生が出入国在留管理庁に申請し、「資格外活動許可書」を取得した場合は、下記の就労時間の制限内で、アルバイトなどの「報酬を受ける活動」をすることができます。

なお、留学生が就労時間を超えて働いた場合、留学生と事業主側の双方に罰則が科されます。加えて、アルバイトから外国人留学生を本採用する場合は、在留資格を「留学」から就労可能ものに変更しなければなりません。内定が確定したら、外国人留学生自身が出入国在留管理庁で在留資格の変更手続きを行う必要があります。

通常の就労時間	週28時間以内(風俗営業などを除く)
長期休暇中	1日8時間以内・週40時間以内

●罰則

例として留学生が資格外活動許可を得ず、専らアルバイトを行っていると明らかに認められる場合を下記に挙げます。

対象	罪状	罰則
留学生	資格外活動罪	3年以下の懲役もしくは禁固もしくは300万円以下の罰金、または併科。退去強制事由に該当
事業主	不法就労助長罪	3年以下の懲役もしくは300万円以下の罰金、または併科

なお、雇用時に在留カードの確認を怠ったなどの過失がある場合、罰則を免れないので注意が必要です。

●外国人の労働保険・社会保険と外国人雇用状況届出書

労働保険(労災保険・雇用保険)および社会保険(健康保険・厚生年金保険)は、要件を満たした場合、原則として被保険者となります。

雇用保険の被保険者とならない外国人の雇入れ・離職の場合、「外国人雇用状況届出書」を管轄のハローワークへ提出します(「外交」「公用」の人は除く)。

●技能実習制度と特定技能制度

▶技能実習制度

開発途上国の外国人が日本の企業で実務を通じて技能を習得し、帰国後に自国の経済・技術発展に役立ててもらう国際貢献の制度です。在留期間は通算5年です。技能実習生に実務研修（OJT）を行う場合は、雇用契約の内容に基づき労働保険・社会保険の加入が必要です。労働基準法や最低賃金法などの労働関係諸法令が適用となります。

▶特定技能制度

日本国内で十分に人材確保することが困難な産業分野で、技能と日本語の水準が高い外国人の人材を雇用する制度です。特定技能1号は12分野（農業や介護など）で、在留期間は通算5年です。特定技能2号は11分野（介護分野は対象外）で、在留期間の上限はありません。永住権が申請可能で、家族の帯同も可能です。雇用契約の内容に基づき、労働保険・社会保険の加入が必要です。労働基準法や最低賃金法などの労働関係諸法令が適用となり、報酬は日本人と同等以上の水準を求められます。

●適切な労務管理

事業主は、外国人を雇用する際、「外国人労働者の雇用管理の改善等に関して事業主が適切に対処するための指針（厚生労働省）」に沿って雇用管理などをするよう努める必要があります。主な内容は次の通りです。

- 募集・採用時においては、国籍で差別しない公平な採用選考を行う。
- 労働基準法や健康保険法などの法令は、国籍を問わず外国人にも適用される。また、労働条件面で国籍による差別も禁止。
- 労働条件を書面等で明示する際は、母国語等により外国人が理解できる方法で明示するよう努める。人事管理については、透明性・公平性を確保する。
- 安易な解雇等を行わないようにするほか、やむを得ず解雇等を行う場合には、再就職希望者に対して援助を行うように努める。
- 外国人労働者を常時10人以上雇用するときは、人事課長等を「外国人労働者雇用労務責任者」として選任する。

●「外国人労働者の雇用管理改善等に係る自主点検表（事業主用）」（厚生労働省）
URL https://www.mhlw.go.jp/content/001003486.docx

▶外国人雇用管理アドバイザー

外国人労働者の雇用管理に関する相談について、外国人雇用管理アドバイザーに無料で相談ができます。詳しくは、管轄のハローワークへお問い合わせください。

●年金の脱退一時金

日本国籍を有しない外国人が、国民年金、厚生年金保険(共済組合等を含む)の被保険者(組合員等)資格を喪失して日本を出国した場合、日本に住所を有しなくなった日から2年以内に脱退一時金を請求することができます。支給の要件は、次の通りです。

- 国民年金の第1号被保険者として保険料納付済期間または厚生年金保険(共済組合等を含む)の加入期間が6カ月以上ある
- 日本国籍を有していない
- 日本国内に住所を有していない
- 老齢年金の受給資格期間(厚生年金保険加入期間等を合算して10年)を満たしていない
- 障害基礎年金(障害手当金を含む)などの年金を受ける権利を有したことがない
- 公的年金制度の被保険者資格を喪失した日から2年以上経過していない(資格喪失日に日本国内に住所を有していた場合は、同日後に初めて、日本国内に住所を有しなくなった日から2年以上経過していない)

脱退一時金を請求については、日本に住所を有しなくなった日から2年以内に請求書(「脱退一時金請求書」)に必要書類を添付して、日本年金機構または各共済組合等に郵送します。

なお、脱退一時金を受けると、それ以前のすべての期間が年金加入期間ではなくなってしまいます。日本と社会保障協定を締結している国の年金加入期間がある方は、一定の要件のもと年金加入期間を通算して、日本および協定相手国の年金を受け取ることができる場合があるため、慎重に検討することが必要です。

※社会保障協定については、Sec.116を参照

※脱退一時金の支給額については、下記の日本年金機構のホームページを参照

●「脱退一時金の制度」(日本年金機構)

URL https://www.nenkin.go.jp/service/jukyu/sonota-kyufu/dattai-ichiji/20150406.html

SECTION 083

労働条件の明示

●労働基準法第15条、施行規則第5条

使用者が労働者を採用するときは、労働契約の締結に際し、賃金・労働時間その他の労働条件を書面などで明示しなければなりません。

明示された労働条件が事実と相違している場合には、労働者は即時に労働契約を解除することができます。

●職業安定法第5条の3第3項

求人募集の際に明示した労働条件と異なる条件で労働者を採用するときは、事前に変更内容について明示しなければなりません。

●明示すべき労働条件

▶絶対的明示事項(必ず明示しなければならない事項)

①労働契約の期間に関する事項
②期間の定めのある労働契約を更新する場合の基準に関する事項(有期労働契約の場合)
③就業の場所・従事すべき業務に関する事項
④始業・終業の時刻、所定労働時間を超える労働の有無、休憩時間、休日、休暇、労働者を2組以上に分けて交替に就業させる場合における就業時転換に関する事項
⑤賃金(退職手当・臨時の賃金などを除く)の決定、計算・支払の方法、賃金の締切・支払の時期、昇給に関する事項
⑥退職に関する事項(解雇の事由を含む)

絶対的明示事項の明示方法は書面の交付が義務となっています(労働者が希望した場合、FAXや電子メールなどの送信による明示が可能。ただし、出力することにより書面を作成できるものに限る)。なお、「昇給」については、書面の交付以外に口頭でも可能です。

▶相対的明示事項(定めがあれば明示しなければならない事項)

①退職手当の定めが適用される労働者の範囲、退職手当の決定、計算・支払の方法、支払の時期に関する事項
②臨時に支払われる賃金(退職手当を除く)、賞与など、最低賃金に関する事項
③労働者に負担させるべき食費、作業用品その他に関する事項
④安全・衛生に関する事項
⑤職業訓練に関する事項
⑥災害補償・業務外の傷病扶助に関する事項
⑦表彰・制裁に関する事項
⑧休職に関する事項

相対的明示事項の明示方法は書面の交付以外に、口頭でも可能です。

●労働条件明示における改正のポイント

2024年4月1日から労働条件の明示事項に、次の4点が絶対的明示事項として新たに加されることになりました。今回の改正により追加される内容は次の通りです。

対象	明示のタイミング	新しく追加される明示事項
すべての労働者	労働契約締結時と有期労働契約の更新時	①就業場所・業務の変更の範囲の明示 すべての労働契約の締結と有期労働契約の更新のタイミングごとに、「雇い入れ直後」の就業場所・業務の内容に加え、これらの「変更の範囲」についても明示が必要となる。
有期契約労働者	有期労働契約の締結時と更新時	②更新上限の明示 有期労働契約の締結と契約更新のタイミングごとに、更新上限（有期労働契約の通算契約期間または更新回数の上限）の有無と内容の明示が必要となる。 あわせて、最初の労働契約の締結より後に更新上限を新設・短縮する場合は、その理由を労働者にあらかじめ説明することが必要になる。
	無期転換ルール（注1）に基づく無期転換申込権が発生する契約の更新時	③無期転換申込機会の明示 「無期転換申込権」が発生するタイミングごとに、無期転換を申し込むことができる旨（無期転換申込機会）の明示が必要になる。 ④無期転換後の労働条件の明示 「無期転換申込権」が発生する更新のタイミングごとに、無期転換後の労働条件の明示が必要になる。 あわせて、無期転換後の労働条件を決定するに当たって、就業の実態に応じて、正社員等とのバランスを考慮した事項について、有期契約労働者に説明するよう努めなければならない。

（注1）同一の使用者との間で、有期労働契約が通算5年を超えるときは、労働者の申込みにより、期間の定めのない労働契約（無期労働契約）に転換できる制度

●「2024年4月からの労働条件明示のルール変更」（厚生労働省）
URL https://www.mhlw.go.jp/content/11200000/001156048.pdf

●「労働条件明示のモデル様式（労働条件通知書）令和6年4月1日以降
【一般労働者用（常用・有期雇用型）】」（厚生労働省）
URL https://www.mhlw.go.jp/content/11200000/001161403.pdf

●パートタイム・有期雇用労働者への追加明示事項

パートタイム・有期雇用労働者に対しては、「パートタイム・有期雇用労働法」により、前記の絶対的明示事項および相対的明示事項に加えて、「昇給の有無」「退職手当の有無」「賞与の有無」「相談窓口（相談担当者の氏名、役職、部署等）」を文書の交付などにより明示しなければなりません。

※パートタイム・有期雇用労働法についてはSec.079を参照

SECTION 084
労働契約法（有期雇用）

●労働契約法とは

労働契約法は個別労働紛争を未然に防止し、労働者の保護を図るために、労働契約について基本的なルールを定めた法律です（2008年3月施行）。

2012年に労働契約法が改正され、有期労働契約（パートやアルバイト、契約社員など）の反復更新の下で生じる雇止めに対する不安を解消するため、有期契約に関するルールが整備されています。

●有期労働契約（有期雇用）と無期労働契約とは

有期労働契約（有期雇用）とは期間の定めのある労働契約のことで、無期労働契約とは契約期間の定めのない労働契約のことをいいますす。

また、労働基準法では、有期労働契約の期間について次の通り、限度を設けています。

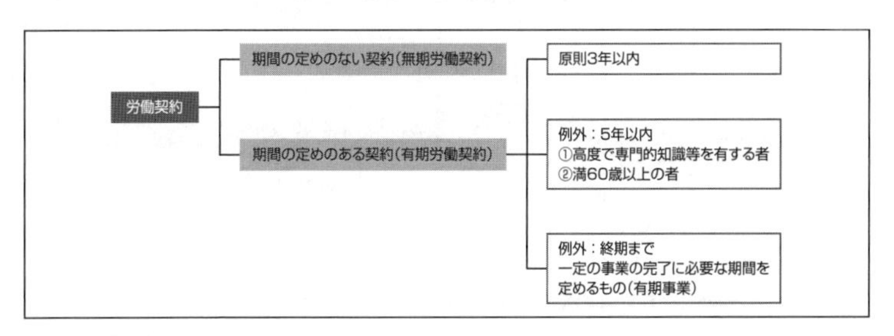

●有期契約からの無期契約への転換

「正社員」としての明確な定義は存在しませんが、いわゆる「正社員」とは、契約期間の定めがなく、勤務地、職務、勤務時間がいずれも限定されていない従業員のことをいいます。

有期労働契約からの転換には、下図のように、①従来の正社員への転換、②多様な正社員（勤務地限定、職務限定、時間限定など）への転換、③従前の労働条件と同一の無期転換社員とする、などが考えられます。

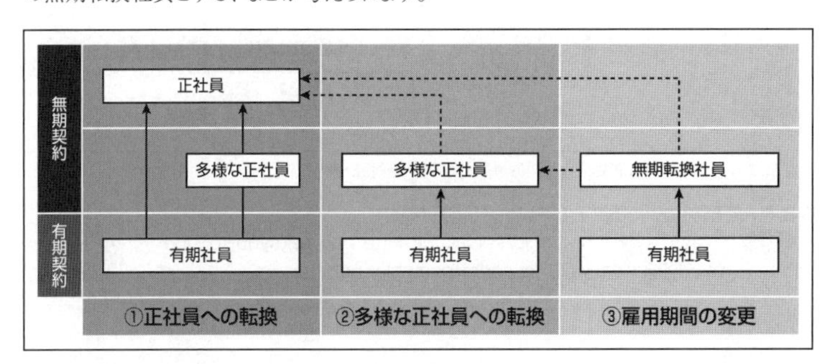

●出典・参考「無期転換ルールハンドブック」（厚生労働省）
URL https://www.mhlw.go.jp/content/11200000/000518484.pdf

●無期労働契約への転換(無期転換ルール)

有期労働契約が5年を超えて更新された場合は、労働者からの申込みにより、期間の定めのない労働契約(無期労働契約)に転換されます。

無期転換の申込みがあった場合、申込時の有期労働契約が終了する日の翌日から無期労働契約になります。

▶無期転換の仕組み

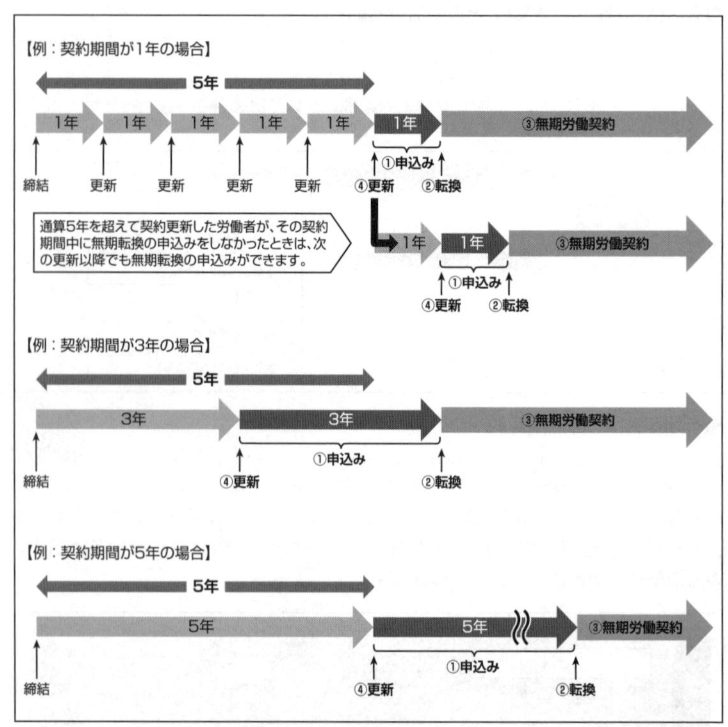

※平成25年4月1日以降に開始する有期労働契約が通算の対象となります。

●出典・参考「労働契約法改正のあらまし」(厚生労働省)

URL https://www.mhlw.go.jp/seisakunitsuite/bunya/koyou_roudou/roudoukijun/keiyaku/kaisei/dl/pamphlet.pdf

▶無期転換ルールの特例

雇用管理に関する計画書を作成し、都道府県労働局長の認定を受けた事業主の下で雇用される有期雇用労働者については、無期転換申込権が発生しないとする特例が設けられています。

特例の対象者	特例の期間
5年を超える一定期間内に完了することが予定されている業務に従事する高度な専門的知識等を有する有期雇用労働者	5年を超える一定期間内に完了することが予定されている業務に従事している期間（上限は10年）
定年（60歳以上）に達した後、引き続いて雇用される有期雇用労働者	定年後引き続き雇用される期間

●通算契約期間の計算について（クーリングとは）

▶カウントの対象となる契約期間が1年以上の場合

(1)契約がない期間(6カ月以上)が間にあるとき

有期労働契約とその次の有期労働契約の間に、契約がない期間が6カ月以上あるときは、その空白期間より前の有期労働契約は通算契約期間に含めません。これを「クーリング」といいます。

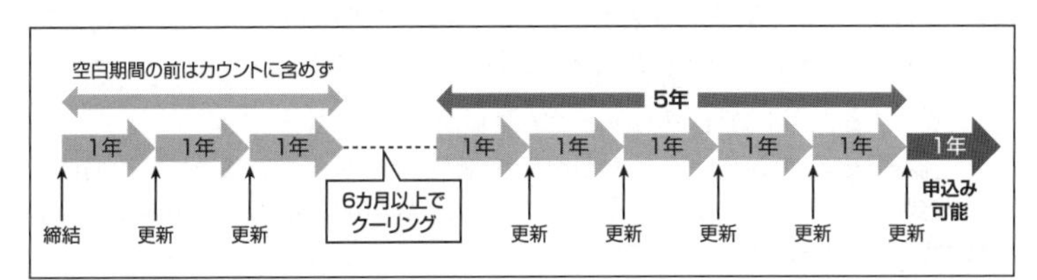

(2)契約がない期間はあるが、6カ月未満のとき

有期労働契約とその次の有期労働契約の間に、契約がない期間があっても、その長さが6カ月未満の場合は、前後の有期労働契約の期間を通算します（クーリングされない）。

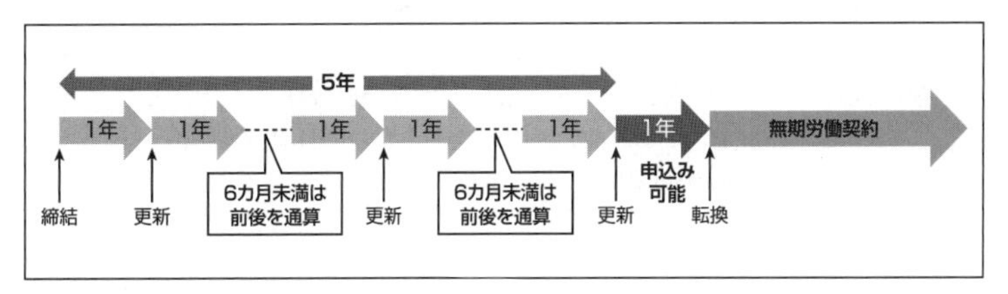

▶カウントの対象となる契約期間が1年未満の場合

「カウントの対象となる有期労働契約の契約期間（2つ以上の有期労働契約があるときは通算した期間）」の区分に応じて、「契約がない期間」がそれぞれ次の表の右側に掲げる期間に該当するときは、契約期間の通算がリセットされます（クーリングされる）。

その次の有期労働契約の契約期間から、通算契約期間のカウントが再度スタートします。

カウントの対象となる有期労働契約の契約期間	契約がない期間
2カ月以下	1カ月以上
2カ月超〜4カ月以下	2カ月以上
4カ月超〜6カ月以下	3カ月以上
6カ月超〜8カ月以下	4カ月以上
8カ月超〜10カ月以下	5カ月以上
10カ月超〜	6カ月以上

▶通算契約期間の計算について（カウント方法）

（1）通算契約期間は、「同一の使用者」ごとに計算する。

有期労働契約の契約期間の途中や契約期間の満了の際に勤務先の事業場（事業所）が変わった場合でも、同じ事業主の事業場（事業所）間の異動であれば、契約期間は通算され、無期転換の申込みができるかどうかが判断されます。

（2）通算契約期間の計算は、労働契約の存続期間で計算する。

育児休業などにより勤務しなかった期間も、労働契約が続いていれば通算契約期間にカウントされます。一方で、有期労働契約の前後に契約のない期間がある場合、その期間は通算契約期間にカウントされません。

（3）通算契約期間の計算は、暦を用いて、年、月、日の単位で行う。

契約期間の初日から起算して、翌月の応当日（月違いの同日）の前日をもって「1カ月」とします。複数の契約期間について1カ月未満の端数がある場合には、その端数どうしを合算した後に、30日をもって1カ月に換算（繰り入れ）します。

（例）前の契約：令和4年4月5日〜同年7月15日　（3カ月+11日間）
　　　次の契約：令和4年8月3日〜同年10月1日　（1カ月+29日間）の場合
　　　（3カ月+11日）+（1カ月+29日）
　　　=4カ月+40日
　　　=5カ月+10日　となる。

●出典・参考「労働契約法改正のあらまし」（厚生労働省）
URL https://www.mhlw.go.jp/seisakunitsuite/bunya/koyou_roudou/roudoukijun/keiyaku/kaisei/dl/pamphlet.pdf

●「雇止め法理」の法定化

「雇止め」とは、使用者が有期労働契約の更新を拒否した場合に、契約期間の満了により雇用が終了することをいいます。労働者保護の観点から、過去の最高裁判例により、一定の場合には雇止めを無効とするルール（雇止め法理）が確立しており、その内容や適用範囲が労働契約法に条文化されています。

①反復更新された有期労働契約で、その雇止めが無期労働契約の解雇と社会通念上同じであると認められるもの
②有期労働契約の契約期間満了時に、労働者がその契約の更新を期待することについて合理的な理由があると認められるもの

上記の①、②のいずれかに該当する場合に、その雇止めが「客観的に合理的な理由を欠き、社会通念上相当であると認められないとき」は雇止めが認められず、従前と同一の労働条件で有期労働契約が更新されます。

●不合理な労働条件の禁止

同一の使用者と労働契約を締結している、有期契約労働者と無期契約労働者の間で、期間の定めがあることを理由とした、不合理な労働条件の相違を禁止しています。対象となる労働条件とは、賃金や労働時間などの労働条件だけでなく、災害補償、服務規律、教育訓練、福利厚生、付随義務など、労働者に対する一切の待遇について適用されます。

SECTION 085

入社時の必要書類と手続

●入社時に提出してもらう主な書類

- 雇用契約書、入社誓約書など(署名、捺印済みのもの)
- 給与所得者の扶養控除等(異動)申告書
- 源泉徴収票　※採用年に前職のある場合
- 年金手帳(基礎年金番号通知書)　※社会保険加入時のみ(2022年4月から年金手帳の交付は廃止されている)
- 健康保険被扶養者(異動)届　※社会保険加入時に該当する家族がいる場合
- 雇用保険被保険者証　※雇用保険加入時のみ(前職で加入していた場合)
- マイナンバー　※扶養家族がいれば家族分も必要
- 給与振込先の届出書
- 健康診断書　※入社後に健康診断を行わない場合、3カ月以内のものを提出
- 身元保証書　※民法改正により、身元保証人の損害限度額の定めが必要
- 退職証明書
- 住民票(記載事項証明書)
- 免許証・資格証明書などの写し
- 在留カード　※外国籍の方のみ
- 通勤経路図
- 緊急連絡先
- 副業・兼業申告書(該当する場合のみ)
- テレワーク申請書(該当する場合のみ)

●入社時の手続

	申請出書	提出期限	提出先
社会保険	健康保険・厚生年金保険被保険者資格取得届	入社日から5日以内	管轄の年金事務所(事務センター)または健康保険組合
	健康保険被扶養者(異動)届 ※扶養家族がいる場合	「健康保険・厚生年金保険被保険者資格取得届」に添えて	
	国民年金第3号被保険者関係届 ※被扶養者の配偶者がいる場合		
雇用保険	雇用保険被保険者資格取得届	入社日の翌月10日まで	管轄のハローワーク
住民税	給与支払報告・特別徴収に係る給与所得者異動届出書 ※中途採用者の住民税の特別徴収を行う場合	入社日の翌月10日まで	住民税を納める市区町村

●試用期間の注意点

試用期間の長さは法律で規定されているわけではありませんが、一般的には3～6カ月以内とすることが多いです。試用期間中であっても労働契約が成立しているため、本採用を見送る場合は解雇手続が必要となります。

試用期間中の従業員を14日以内に解雇する場合、解雇予告や解雇予告手当の支払いは不要ですが、本採用を拒否するには正当な理由がなければなりません。

SECTION 086

雇用保険の資格取得手続

●資格取得手続

従業員が雇用保険の被保険者に該当する場合は、資格取得手続を行います。従業員を採用したときの他に、労働条件の変更などにより被保険者資格の要件を満たした場合にも手続が必要です。手続きに際しては、雇用保険被保険者証（前職で雇用保険に加入していた場合）と、マイナンバーが必要となります。

申請書類	雇用保険被保険者資格取得届
添付書類	原則不要 ※提出期限を過ぎて届出をする場合などは、「労働者名簿」「出勤簿（タイムカード）」「賃金台帳」「雇用契約書（労働条件通知書）」が必要
提出期限	入社日（資格取得日）の翌月10日まで
提出先	管轄のハローワーク
交付／控書類	・雇用保険被保険者資格取得等確認通知書（被保険者通知用）・雇用保険被保険者証　→　従業員へ渡す ・雇用保険被保険者資格取得等確認通知書（事業主通知用）　→　会社で保管する

●複数の事業所に勤務する従業員の場合

従業員が2カ所の事業所に勤務するなど雇用保険が複数の会社に適用される場合は、主たる賃金を受ける会社1社において雇用保険の手続きを行います。

雇用保険の加入要件は1つの事業所で満たす必要があり、いずれの事業所も加入要件を満たさない場合には雇用保険に加入できません。

●雇用保険マルチジョブホルダー制度（2022年1月1日新設）

雇用保険マルチジョブホルダー制度は、複数の事業所で勤務する65歳以上の労働者が、そのうち2つの事業所での勤務を合計して下記の適用対象者の要件を満たす場合に、本人からハローワークに申出を行うことで、申出を行った日から特例的に雇用保険の被保険者（マルチ高年齢被保険者）となることができる制度です。

▶適用対象者の要件

①複数の事業所に雇用される65歳以上の労働者であること

②2つの事業所（1つの事業所における1週間の所定労働時間が5時間以上20時間未満）の労働時間を合計して1週間の所定労働時間が20時間以上あること

③2つの事業所のそれぞれの雇用見込みが31日以上であること

事業主は本人からの依頼に基づき、手続に必要な証明（雇用の事実や所定労働時間など）をすることが求められます。これを受けて、本人が適用を受ける2社の書類を揃えてハローワークに申し出ます。また、マルチジョブホルダーがマルチ高年齢被保険者の資格を取得した日から、事業主には雇用保険料の納付義務が発生します。

SECTION 087 社会保険の資格取得手続

●資格取得手続

従業員が社会保険（健康保険・厚生年金保険）の被保険者に該当する場合は、資格取得手続を行います。従業員を採用したときの他に、労働条件の変更などにより被保険者資格の要件を満たした場合にも手続きが必要です。なお、試用期間中であっても、社会保険の加入要件を満たしている場合は、資格取得手続が必要となります。手続きに際しては、年金手帳（基礎年金番号通知書）またはマイナンバーが必要となります。

申請書類	健康保険・厚生年金保険被保険者資格取得届 ※外国人を採用したときは「厚生年金保険被保険者ローマ字氏名届」の提出が必要
添付書類	なし
提出期限	入社日（資格取得日）から5日以内
提出先	管轄の年金事務所（事務センター）または健康保険組合
交付／控書類	・健康保険証　→　従業員に渡す ※公的年金制度への加入が初めての場合は、基礎年金番号通知書が交付されるので、合わせて従業員へ渡す ・健康保険・厚生年金保険資格取得確認および標準報酬決定通知書 　→　従業員に内容を通知する

▶社会保険料の控除

社会保険料の徴収は、資格を取得した月から、その資格を喪失した月の前月分までとなっています。社会保険料は、原則として前月分の社会保険料を当月分支給の給与から控除します。たとえば、4月に社会保険に加入した場合は、5月に支払う給与から4月分の社会保険料を控除します。

▶介護保険料の控除

40歳以上65歳未満の場合、健康保険に付随して自動的に加入するため特別な手続は不要ですが、介護保険料を徴収する必要があります。被扶養者の分については、個別の負担はありません。

●複数の事業所に勤務する従業員の場合

兼業・副業などにより、同時に2カ所以上の事業所で社会保険の加入要件を満たした場合、いずれか1つの事業所を主たる事業所として選択し、管轄する年金事務所または保険者などを決定する必要があります。具体的には、被保険者本人が「健康保険・厚生年金保険被保険者所属選択・二以上事業所勤務届」を管轄の年金事務所（事務センター）または健康保険組合に提出します。

それぞれの事業所で受ける報酬月額を合算した月額により標準報酬月額が決定されます。この標準報酬月額に厚生年金保険料率、選択した事業所の健康保険料率をかけた保険料額を、それぞれの事業所で受ける標準報酬月額に基づき按分し決定されます。決定した標準報酬月額および保険料額は、選択した事業所の所在地を管轄する事務センターから、それぞれの事業所へ通知されます。

なお、健康保険証は、被保険者本人が選択した事業所を管掌する保険者から発行されます。

SECTION 088
就業規則

●就業規則とは

就業規則とは、労働者の賃金や労働時間などの労働条件に関すること、職場内の規律などについて定めた職場における規則集です。

常時10人以上の労働者を使用する使用者は、所定の記載事項について就業規則を作成し、所轄の労働基準監督署に届け出なければなりません。就業規則の記載事項を変更した場合も同様に届け出る必要があります。

▶「常時10人以上」とは

- 企業単位ではなく、事業場単位(本社・工場・営業所など)で判断します。
- 一時的に10人未満になっても、10人を使用することが常態であることをいいます。
- 常時使用している者であれば、パートタイマーやアルバイトなども含みます。

●就業規則の記載事項

▶絶対的記載事項(必ず記載しなければならない事項)

①始業・終業の時刻、休憩時間、休日、休暇、労働者を2組以上に分けて交替に就業させる場合においては就業時転換に関する事項
②賃金(臨時の賃金などを除く)の決定、計算・支払の方法、賃金の締切り・支払の時期、昇給に関する事項
③退職に関する事項(解雇の事由を含む)

▶相対的記載事項(定めをする場合は記載しなければならない事項)

①退職手当の定めが適用される労働者の範囲、退職手当の決定、計算・支払の方法、支払の時期に関する事項
②臨時の賃金など(退職手当を除く)、最低賃金に関する事項
③労働者に負担をさせる食費、作業用品その他に関する事項
④安全・衛生に関する事項
⑤職業訓練に関する事項
⑥災害補償・業務外の傷病扶助に関する事項
⑦表彰・制裁の種類・程度に関する事項
⑧その他労働者のすべてに適用される定めに関する事項

▶任意的記載事項(使用者が任意に記載できる事項)

①採用の手続きや試用に関する事項
②配置、異動、昇進、休職、解雇など人事に関する事項
③服務規律、守秘義務などに関する事項
④副業や競業の容認・禁止に関する事項
⑤特許の帰属、発明に関する事項　など

●就業規則の作成・変更と届出の流れ

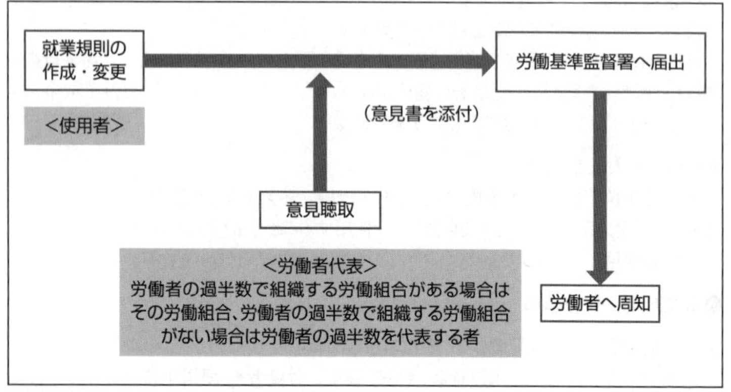

※就業規則を一部のみ変更した場合は、変更した部分について「変更前」と「変更後」がわかる対比表を添付して届け出ます。

※「従業員へ周知」した上で、「届出」でも差し支えありません。

●意見聴取

労働基準監督署へ届け出る前に、あらかじめ労働者に就業規則の内容を知らせ、意見を聴くことが義務ですが、同意や協議することまでを求めているわけではありません。また、同意が得られるまで届出ができないということではありません。ただし、意見聴取をしない場合は、30万円以下の罰金が科されます。

●周知方法

就業規則は、労働基準監督署に届け出ただけでは効力はなく、労働者に周知して初めて有効となります。この周知を怠ると就業規則が無効と判断され、就業規則上の重要な制度が利用できなくなるなどの不利益が生じるおそれがあります。周知方法には次のようなものがあります。

①常時各事業場の見やすい場所に掲示する、または備え付ける。

②書面で労働者に交付する。

③電子的データとして記録し、かつ、各作業場に労働者がその記録の内容を常時確認できるパソコンなどの機器を設置する。

※「周知」は上記の方法に限られるわけではなく、労働者が実質的に知り得る状態であることをいいます。

●パートタイマーなどの就業規則

就業規則には、すべての労働者についての定めをすることが必要となるため、パートタイマーなどのように通常の労働者（正社員など）とは異なった労働条件で働く労働者にも適用される就業規則の作成も必要となります。この場合、通常の労働者に適用される就業規則のほかに、パートタイマー等一部の労働者のみに適用される別個の就業規則（たとえば「パートタイマー就業規則」）など）を作成しても差し支えありません。

●就業規則の本社一括届出

就業規則は、事業場ごとに作成し、届出書と意見書を添付して所轄の労働基準監督署へ届出を行います。ただし、一定の要件を満たせば本社と他の事業場（支社、営業所、店舗など）の就業規則が同じ内容であるときは、本社で一括して届出を行うことができます。

●出典・参考「就業規則」（兵庫労働局）

URL https://jsite.mhlw.go.jp/hyogo-roudoukyoku/hourei_seido_tetsuzuki/roudoukijun_keiyaku/_79883/syugyou_kisoku.html

SECTION 089 賃金

●賃金とは

労働保険における「賃金」とは、賃金、給料、手当、賞与その他名称を問わず、労働の対償として使用者が労働者に支払うすべてのものをいいます。

賃金となるもの	賃金とならないもの
・基本給 ・残業手当 ・賞与 ・通勤手当 ・休業手当 ・労働者が負担すべき社会保険料や所得税などを使用者が負担する場合	・任意的・恩給的なもの（結婚祝金、死亡弔慰金、災害見舞金） ※労働協約・就業規則等で支給要件が明確に定められていて、使用者に支払義務があるものは賃金となる ・福利厚生的なもの（住宅の貸与、生命保険料の補助金） ※住宅の貸与をされない者に対して定額の住宅手当などが支給される場合には、住宅の貸与の利益も賃金とされる。 ・企業設備や業務の一環であるもの（制服、作業用品代、出張旅費） ・解雇予告手当 ・休業補償 ・ストックオプション ・チップ　など

●平均賃金

平均賃金は、解雇予告手当、休業手当、年次有給休暇の賃金、休業補償などの災害補償、減給制裁の限度額などを算定するときの基準となるものです。

計算は、原則として算定事由の発生した日以前の過去3カ月間に労働者に支払った賃金の総額を、その期間の総日数で除して算出します。

なお、平均賃金の基礎から、下記の期間および賃金を除外します。

【平均賃金の計算式】

$$平均賃金額 = \frac{直前3カ月の賃金の総額（総支給額）}{3カ月間の総日数（暦日数）}$$

【最低保証】

賃金が日給、時間給、出来高給の場合は、次の計算式により算出した額を下回ってはならない。

$$平均賃金額 = \frac{直前3カ月の賃金の総額（総支給額）}{3カ月間の実労働日数} \times 60\%$$

▶算定から除外する期間

- 業務上の傷病による休業期間
- 産前産後の休業期間
- 使用者の責めに帰すべき休業期間
- 育児、介護休業期間
- 試用期間

▶算定から除外する賃金

- 臨時に支払われた賃金
- 3カ月を超える期間ごとに支払われる賃金(賞与など)
- 通貨以外のもので支払われる賃金で一定の範囲に属さないもの(法令または労働協約の定めに基づかないで支給される現物給与)

※労働協約のない現物給与は違法です。

●賃金支払の5原則

原則		例外
①通貨払い	賃金は、通貨で支払わなければならない	労働者の同意を得た場合、本人名義の金融機関の口座へ振り込みも可能 ※令和5年4月よりデジタル払い(厚生労働大臣の指定を受けた資金移動業者の口座への資金移動による支払)も認められている
②直接払い	賃金は、直接労働者に支払わなければならない	労働者が病気欠勤中などやむを得ない場合、配偶者や子などに対して支払うことは可能
③全額払い	賃金は、全額を支払わなければならない	所得税の源泉徴収や社会保険料の控除など、法令に定めがある場合や、労使協定がある場合は可能
④毎月1回払い	賃金は、毎月1回以上支払わなければならない	賞与や退職金など、臨時に支払われるものは除く
⑤一定期日払い	賃金は、一定の期日を定めて支払わなければならない	支払日が金融機関の休日にあたるため繰上げて支払う場合や、月給制で「月末払い」、週給制で「毎週土曜日」などは可能

●法定4帳簿の整備

労働基準法では労働者を雇用する事業者に対して、労働者名簿や賃金台帳、出勤簿、年次有給休暇管理簿を法定帳簿として整備し、5年間(当面は3年間)保存することを義務付けています。規則に違反した場合は罰則(30万円以下の罰金)が適用される場合があります(年次有給休暇管理簿を除く)。

	労働者名簿	賃金台帳	出勤簿	年次有給休暇管理簿
記載事項	・氏名 ・生年月日 ・履歴 ・性別 ・住所 ・業務の種類 ・雇入れ年月日 ・退職年月日と理由 ・死亡年月日と原因	・氏名 ・性別 ・賃金計算期間 ・労働日数 ・労働時間数 ・時間外、深夜、休日、労働時間数 ・基本給と手当の額 ・賃金控除額	・氏名 ・出勤日と労働日数 ・出勤日ごとの始業・終業時刻と労働時間 ・休憩時間 ・時間外、深夜、休日労働があった日付・時刻・時間数	・基準日＝付与日 ・日数＝取得日数(繰越日数 ＋ 付与日数 − 取得日数 ＝ 残日数) ・時季＝取得した日付
起算日	退職日	最終記入日	最終出勤日	付与日の1年後

SECTION 090

最低賃金

●最低賃金とは

労働者の賃金の最低限を保障することにより、労働条件の改善を図り、労働者の生活の安定、経済の健全な発展に寄与するなどを目的として、最低賃金法が定められています。使用者は、労働者に対して最低賃金以上の賃金を支払わなければなりません。

最低賃金は、都道府県別の「地域別最低賃金」と、特定の産業別の「特定最低賃金」があり、時間単位で決められています。

●最低賃金の対象とならない賃金

最低賃金の対象となる賃金は、毎月支払われる基本的な賃金に限定されます。実際に支払われる賃金から次の賃金を除外したものが最低賃金の対象となります。

①臨時に支払われる賃金（結婚手当など）
②1カ月を超える期間ごとに支払われる賃金（賞与など）
③時間外労働、休日労働、深夜労働に対して支払われる賃金（割増賃金など）
④精皆勤手当、家族手当、通勤手当

●最低賃金の確認方法

賃金が時間額以外の基準（日額、月額、その他）で定められている場合は、日給、月給などを時間額に換算して比較します。

支給形態	計算式
時間給	時間給 ≧ 最低賃金額
日給	日給 ÷ 1日の所定労働時間 ≧ 最低賃金額
月給	月給 ÷ 月平均所定労働時間 ≧ 最低賃金額

▶月平均所定労働時間数の求め方

月平均所定労働時間数 ＝（年間労働日数 × 1日の所定労働時間数）÷ 12カ月
年間労働日数 ＝ 365日（366日）－ 所定休日

●最低賃金の減額の特例

一般の労働者より著しく労働能力が低いなどの場合に、下記の労働者については、使用者が都道府県労働局長の許可を受けることで、最低賃金の減額が認められています。

①精神または身体の障害により著しく労働能力の低い者
②試用期間中の者
③基礎的な職業訓練（厚生労働省令で定めたもの）を受ける者
④軽易な業務に従事する者
⑤断続的労働に従事する者

●地域別最低賃金の全国一覧

都道府県名	最低賃金時間額(円)		発効年月日
	令和5年度	令和4年度	
北海道	960	920	令和5年10月 1日
青森	898	853	令和5年10月 7日
岩手	893	854	令和5年10月 4日
宮城	923	883	令和5年10月 1日
秋田	897	853	令和5年10月 1日
山形	900	854	令和5年10月14日
福島	900	858	令和5年10月 1日
茨城	953	911	令和5年10月 1日
栃木	954	913	令和5年10月 1日
群馬	935	895	令和5年10月 5日
埼玉	1,028	987	令和5年10月 1日
千葉	1,026	984	令和5年10月 1日
東京	1,113	1,072	令和5年10月 1日
神奈川	1,112	1,071	令和5年10月 1日
新潟	931	890	令和5年10月 1日
富山	948	908	令和5年10月 1日
石川	933	891	令和5年10月 8日
福井	931	888	令和5年10月 1日
山梨	938	898	令和5年10月 1日
長野	948	908	令和5年10月 1日
岐阜	950	910	令和5年10月 1日
静岡	984	944	令和5年10月 1日
愛知	1,027	986	令和5年10月 1日
三重	973	933	令和5年10月 1日
滋賀	967	927	令和5年10月 1日
京都	1,008	968	令和5年10月 6日
大阪	1,064	1,023	令和5年10月 1日
兵庫	1,001	960	令和5年10月 1日
奈良	936	896	令和5年10月 1日
和歌山	929	889	令和5年10月 1日
鳥取	900	854	令和5年10月 5日
島根	904	857	令和5年10月 6日
岡山	932	892	令和5年10月 1日
広島	970	930	令和5年10月 1日
山口	928	888	令和5年10月 1日
徳島	896	855	令和5年10月 1日
香川	918	878	令和5年10月 1日
愛媛	897	853	令和5年10月 6日
高知	897	853	令和5年10月 8日
福岡	941	900	令和5年10月 6日

都道府県名	最低賃金時間額(円)		発効年月日
	令和5年度	令和4年度	
佐賀	900	853	令和5年10月14日
長崎	898	853	令和5年10月13日
熊本	898	853	令和5年10月 8日
大分	899	854	令和5年10月 6日
宮崎	897	853	令和5年10月 6日
鹿児島	897	853	令和5年10月 6日
沖縄	896	853	令和5年10月 8日
平均額	1,004	961	−

最低の額
最高の額

※派遣労働者は派遣先地域の最低賃金を適用します。

SECTION 091

労働時間・休憩・休日

●労働時間

労働時間とは、労働者が使用者の監督・指揮命令下にある時間のことをいいます。労働者が働く時間だけでなく、それに付随する仕事の準備や片付けなどの時間も、労働時間となりえます。また、実際に作業していない待機時間や仮眠時間といった「手待ち時間」も、使用者の監督・指揮命令下にあれば労働時間となります。

▶法定労働時間

	1日	1週
原則	8時間	40時間
特例	8時間	44時間
	商業、映画・演劇業（映画の製作の事業を除く）、保健衛生業、接客娯楽業のうち、常時10人未満の労働者を使用するもの。 ただし、18歳未満については特例を適用することはできない。	

※1日とは、暦日（午前0時から午後12時まで）をいい、継続勤務が午後12時をまたぐ場合は、労働開始時間の属する日の1勤務とします。

※1週とは、就業規則等で定めがない場合は、「日曜日から土曜日まで」の暦日をいいます。

▶所定労働時間

法定労働時間の範囲内で、使用者が就業規則等により定めた労働時間を所定労働時間といいます。

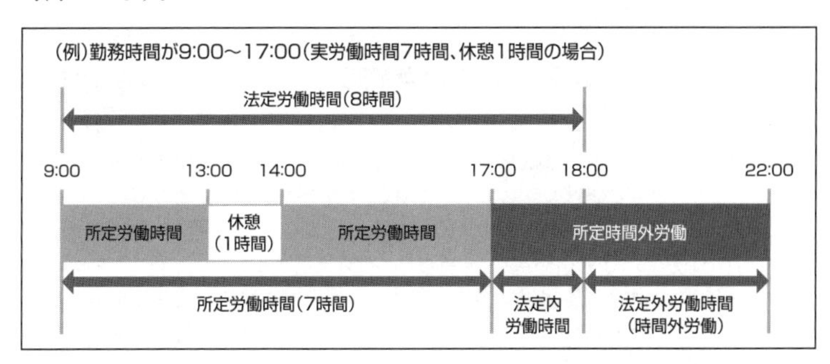

●休憩

休憩時間とは、「単に作業に従事しない手待時間を含まず労働者が権利として労働から離れることを保障されている時間」をいいます。休憩時間に関するルールは次の通りであり、ここでいう労働時間とは休憩時間を除いた実労働時間を指しています。

なお、休憩を分割して与えることは労働基準法では禁止されていません。ただし、分割により休憩時間が短くなりすぎると、心身疲労の回復ができずに自由利用の原則を侵害すると思われるため、労働者へ配慮して設定する必要があります。

原則	例外
①労働時間が6時間を超える場合は少なくとも45分、8時間を超える場合は少なくとも1時間の休憩時間を与えなければならない	運輸交通業または郵便・信書便の事業に従事する労働者のうち一定の者については、休憩時間を与えなくてもよい
②労働時間の途中に与えなければならない	例外なし
③休憩時間は一斉に与えなければならない	運輸交通業、商業、金融・広告業、映画・演劇業、通信業、保健衛生業、接客娯楽業、官公署に従事する労働は、一斉に与えなくてもよい。また、上記以外の業種でも労使協定を締結すれば、一斉に与えなくてもよい(交替で休憩できる)
④休憩時間は自由に利用させなければならない	警察官、消防吏員、児童自立支援施設に勤務する職員で児童と起居をともにする者などについては適用されない

●休日

休日とは、労働契約において、労働者が働く義務のない日をいい、原則として午前0時から午後12時までの1暦日の休業をいいます。

原則	毎週少なくとも1回	必ずしも日曜日や祝日を休日とする必要はない
例外(変形休日制)	4週間を通じ4日以上	就業規則で4週間の起算日を定める必要がある

▶法定休日と所定休日

- 法定休日：法律で定められた休日
- 所定休日：法定休日以外に、使用者が就業規則などで定めた休日(法定外休日)

●振替休日と代休

「振替休日」とは、休日と労働日を事前に入れ替えることで、当初の休日は労働日になり、当初の労働日は休日となります。したがって、休日労働に係る割増賃金の支払いは必要ありません。ただし、休日を翌週に振り替えた結果、1週間の労働時間が40時間を超えた場合、時間外労働に対する割増賃金を支払う必要があります。

一方、「代休」は休日出勤をした従業員に事後、代わりの休日を与えて労働義務を免除することです。代休の場合、すでに休日労働をしているため、休日労働に対する割増賃金の支払いが必要となります。

	振替休日	代休
定義	事前に手続きをして、所定の休日と他の労働日を交換すること	所定の休日に労働させ、事後に代わりの休日を与えること
賃金	休日労働にはならないので通常の賃金の支払いでよい	休日労働になるので割増賃金の支払いが必要
要件	・就業規則等に振替休日の規定を設けること ・事前に振替日を特定すること ・4週4日の休日が確保できる範囲内で振り替えること	特にない。ただし、制度として行う場合は、就業規則へ代休を付与する条件や賃金などについての記載することが望ましい
休日の単位	1日単位での休日と労働日の交換なので、振替の休日も暦日で行う	事後的に付与される休日なので、暦日でなくてもよい(半日など)

▶休日と休暇

- 休日：労働義務がもともと課せられていない日
- 休暇：労働義務のあった日に労働を免除された日で、法定休暇（年次有給休暇、子の看護休暇、介護休暇など）と法定外休暇（慶弔休暇、年末年始休暇など）がある

●副業・兼業時における労働時間の通算

労働者が企業に雇用される形での副業・兼業を行った場合、労働時間を通算することが、労働基準法で定められています。副業・兼業先の労働時間を自社の労働時間と合わせて、自社での労働が、1日8時間または1週40時間を超える労働（法定外労働）に該当する場合には、36協定の締結・届出、時間外労働に対する割増賃金の支払いが必要になります。

SECTION 092 変形労働時間制

●変形労働時間制とは

変形労働時間制とは、仕事の繁閑や特殊性に応じて、変則的に勤務時間の配分などを取り決める制度のことをいいます。季節による繁忙期や閑散期のある業種や、月初や月末など特定週が繁忙になる業種などで採用されます。労働時間を弾力化し、労働時間の効率的配分などを行うことにより、全体として労働時間を短縮することが可能です。

▶労働時間制度の選択方法

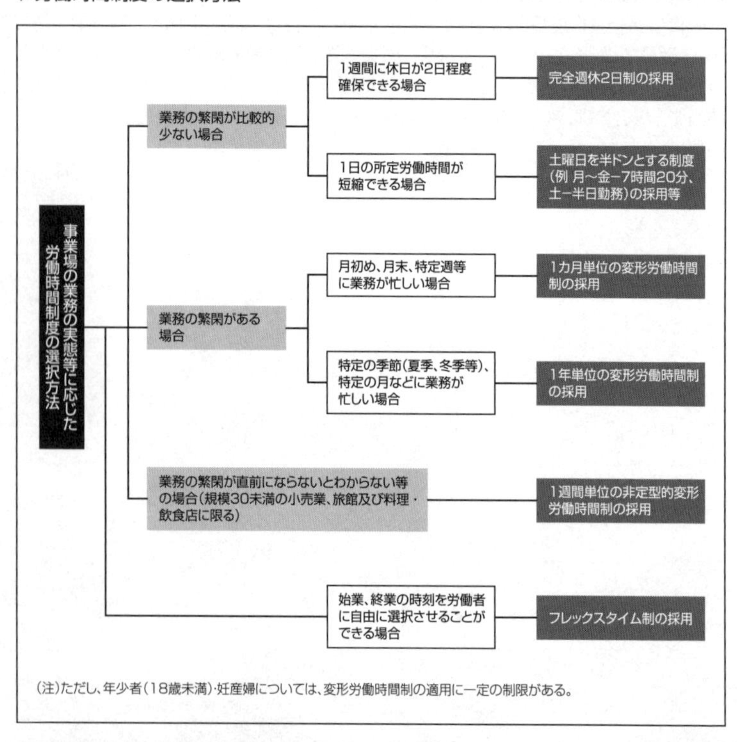

●出典・参考「変形労働時間制」（徳島労働局）

URL https://jsite.mhlw.go.jp/tokushima-roudoukyoku/hourei_seido_tetsuzuki/roudoukijun_keiyaku/hourei_seido/jikan/henkei01.html

●変形労働時間制の種類

制度の種類		1カ月単位の変形労働時間制	1年単位の変形労働時間制	1週間単位の非定型的変形労働時間制	フレックスタイム制
概要		1カ月以内の期間を平均して法定労働時間を超えない範囲で、特定の日・週で法定労働時間を超えて労働させることができる制度	1カ月を超え、1年以内の期間を平均して法定労働時間を超えない範囲で、特定の日・週で法定労働時間を超えて労働させることができる制度	週40時間を超えない範囲で、1日10時間まで労働させることができる制度	3カ月以内の一定期間(清算期間)・総労働時間を定め、1週あたりの法定労働時間を超えない範囲で労働者が各日の始業・終業時刻を自ら決めて労働することができる制度
変形労働時間制についての労使協定の締結		○(注1)	○	○	○
労使協定の労働基準監督署への届出		○(注1)	○	○	△(清算期間が1カ月を超える場合は届出が必要)
特定の事業・規模のみ		—	—	○(労働者数30人未満の小売業、旅館、料理店、飲食店)	—
労働時間・時刻など	休日の付与日数	週1日または4週4日の休日	週1日(注2)	週1日または4週4日の休日	週1日または4週4日の休日
	1日の労働時間の上限	—	10時間	10時間	—
	1週の労働時間の上限	—	52時間(注3)	—	50時間(注4)
	1週平均の労働時間	40時間(注5)(特例44時間)	40時間	40時間	40時間(注5)(特例44時間)
	時間・時刻は会社が指示する	○	○	○	—
	出退勤時刻の個人選択制	—	—	—	○
	あらかじめ就業規則で労働日時を明記	○	○(注6)	—	—
就業規則変更届の提出(10人以上)		○(10人未満の事業場でも準ずる規定が必要)	○	○	○

(注1)労使協定の締結または就業規則などで定めることにより導入が可能。
(注2)対象期間における連続労働日数は6日(特定期間については12日)。
(注3)対象期間が3カ月を超える場合、週48時間を超える週の回数については制限がある。
(注4)清算期間が1カ月を超える場合は、1カ月ごとの区分した各期間を平均して1週間当たり50時間。
(注5)特例措置対象事業場(商業、映画・演劇業[映画の製作の事業を除く]、保健衛生業、接客娯楽業のうち、常時10人未満の労働者を使用するもの)は44時間。
(注6)1カ月以上の期間ごとに区分を設け労働日、労働時間を特定する場合、休日、始・終業時刻に関する考え方、周知方法などの定めを行うこととなる。

SECTION 093

みなし労働時間制

●みなし労働時間制とは

みなし労働時間制とは、労働時間の管理が難しい業務の労働者が、一定時間働いたものとして労働時間を算定することが認められている制度で、「事業場外みなし労働時間制」と「裁量労働制」があります。

事業場外みなし労働時間制は、労働者が「事業場外」で仕事をし、かつ、「労働時間を算定することが難しい」場合に、あらかじめ決められた時間を働いたとみなす制度です。

裁量労働制は、業務上の理由で業務の大部分を労働者の裁量に委ねる必要のある職種において、あらかじめ労使間で定めた時間を労働時間とみなす制度です。適用業務の範囲は厚生労働省が定めた業務に限定されており、「専門業務型」と「企画業務型」があります。

なお、みなし労働時間制であっても、休憩、休日および深夜業の規定は適用されます。

また、法定労働時間を超えるみなし労働時間を設定する場合、通常の労働時間制の場合と同様に36協定の締結および届出と時間外割増賃金の支払いが必要となります。

変形労働時間制が労働時間の弾力化を目的としているのに対して、みなし労働時間制は労働時間算定の合理化を目的としています。

●出典・参考「専門業務型裁量労働制について」(厚生労働省)
URL https://www.mhlw.go.jp/content/001164346.pdf

●出典・参考「企画業務型裁量労働制について」(厚生労働省)
URL https://www.mhlw.go.jp/content/001164442.pdf

●みなし労働時間制の種類

制度の種類	事業場外みなし労働時間制	裁量労働制	
		専門業務型裁量労働制	企画業務型裁量労働制
概要	労働者が、労働時間の全部または一部について事業場外で業務に従事した場合において、労働時間の算定が困難な場合	業務の性質上、業務遂行の手段や時間配分などを大幅に労働者の裁量に委ねる業務として、厚生労働省令で定められた専門的な業務に従事する場合	事業の運営に関する事項についての企画、立案、調査および分析の業務であって、業務の性質上、遂行の手段や時間配分などを大幅に労働者の裁量に委ねる必要がある場合
労働時間の算定方法	①所定労働時間（原則） ②通常必要時間（所定労働時間を超えて労働することが必要な場合に必要とされる時間） ③②の場合で、労使協定を締結したとき（事業場外労働に必要とされる平均時間）	労使協定で定めた時間を労働したものとみなす	労使委員会の決議で定めた時間を労働したものとみなす
手続等	＜事業外みなし労働時間制と認められないケース＞ ①グループで事業場外において勤務しており、その中に労働時間を管理する者がいる場合 ②事業場外において携帯電話や無線機などで随時使用者の指示を受けながら勤務している場合 ③訪問先や帰社時刻などについて具体的な指示を受けて事業場外で勤務している ＜留意事項＞ ・労使協定の締結は義務付けられてはいないが、労使協定があるときは、その協定で定める時間を「当該業務の遂行に通常必要とされる時間」とする（協定したみなし労働時間が1日8時間を超える場合は所轄労働基準監督署へ届出が必要） ・労働時間の一部を事業場内で勤務したときは、その事業場内の労働時間は別途に把握しなければならず、「みなす」ことはできない。したがって、労働時間の一部を事業場内で勤務した日の労働時間は、別途把握した事業場内の勤務時間数とみなし労働時間制により算定される事業場外での勤務時間数の合計時間となる	＜導入の流れ＞ 労使協定において、次の事項を定め、労働基準監督署へ届出が必要 ①対象業務 ②1日の労働時間数（みなし労働時間） ③業務の遂行手段、時間配分などに関し具体的な指示をしないこと ④対象労働者の労働時間の状況に応じた健康・福祉確保措置 ⑤対象労働者からの苦情処理に関する措置 **⑥労働者本人の同意の取得** **⑦不同意者の不利益取扱いの禁止** **⑧同意の撤回の手続** ⑨労使協定の有効期間 ⑩労働時間の状況、健康・福祉確保措置の実施状況、苦情処理措置の実施状況、**同意および同意の撤回の**労働者ごとの記録を協定の有効期間中および有効期間満了後5年（当面は3年間）保存	＜導入の流れ＞ ①労使委員会の設置（労使委員会は使用者と労働者代表で構成） ②労使委員会の決議 ③決議の届出 **※運営規定に下記を定める** **「対象労働者に適用される賃金・評価制度の内容について使用者からの説明内容に関する事項」「制度の趣旨に沿った適正な運用の確保に関する事項」「開催頻度を6カ月以内ごとに1回とすること」** 労使委員会において、次の事項について4/5以上の多数により決議し、所轄労働基準監督署へ届出が必要 ①対象業務 ②対象労働者の範囲 ③1日の労働時間数（みなし労働時間） ④対象労働者の労働時間の状況に応じた健康・福祉確保措置 ⑤対象労働者からの苦情処理に関する措置 ⑥労働者本人の同意の取得 ⑦不同意者の不利益取扱いの禁止 **⑧同意の撤回の手続** **⑨賃金・評価制度を変更する場合、労使委員会に変更内容の説明を行うこと** ⑩労使委員会の決議の有効期間 ⑪労働時間の状況、健康・福祉確保措置の実施状況、苦情処理措置の実施状況、**同意および同意の撤回**の労働者ごとの記録を決議の有効期間中および有効期間満了後5年間（当面は3年間）保存 ※決議の有効期間の始期から起算して**初回は6カ月以内に1回、その後は1年以内ごとに1回、所轄労働基準監督署へ定期報告**を行わなければならない
対象業務	条件に当てはまれば、業種・職種・業務は問わない （例） ・外回りの営業 ・出張 ・テレワーク　など	＜厚生労働省が定めた専門性の高い業務＞ ①新商品、新技術の研究開発または人文、自然科学に関する研究 ②情報処理システムの分析または設計 ③新聞、出版、放送における取材、編集 ④衣服、室内装飾、工業製品、広告などの新たなデザインの考案 ⑤放送番組、映画などのプロデューサーまたはディレクターの業務 ⑥コピーライター ⑦システムコンサルタント ⑧インテリアコーディネーター ⑨ゲーム用ソフトウェアの創作 ⑩証券アナリスト ⑪金融工学などの知識を用いて行う金融商品の開発 ⑫大学における教授、研究 **⑬M&Aアドバイザー** ⑭公認会計士 ⑮弁護士 ⑯建築士（1級、2級建築士、木造建築士） ⑰不動産鑑定士 ⑱弁理士 ⑲税理士 ⑳中小企業診断士	本社・本店などの事業の運営についての企画、立案、調査および分析 （例） ・企業の企画部門で経営環境を調査分析し、経営計画を策定する業務 ・企業の財務部門で財務状況などを調査分析し、財務計画を策定する業務

※太字は、2024年4月1日以降、裁量労働制を適用させるために追加で必要となる項目です。

※裁量労働制を導入・適用するまで（継続導入する事業場では2024年3月末まで）に、所轄労働基準監督署に協定書・決議届の届出を行う必要があります。

SECTION 094

時間外労働・休日労働と36協定

●時間外労働・休日労働

- 時間外労働：1日8時間・1週40時間（特例事業場は44時間）の法定労働時間を超える労働
- 休日労働：1週1日・4週4日の週休制の法定基準を満たせなくなる休日労働

▶時間外労働および休日労働を行うことができる場合

時間外労働および休日労働を行うことができるのは、下記に該当する場合です。

①労使協定（36協定）を締結し、届け出た場合

②災害などによる臨時の必要がある場合

③公務のために臨時の必要がある場合

▶時間外労働が制限されるケース

ケース	説明
妊産婦	妊娠中、産後1年を経過しない女性が請求した場合には、時間外労働および休日労働、深夜労働（午後10時から午前5時）をさせてはならない
年少者	18歳未満の労働者には、原則として、時間外労働および休日労働、深夜労働（午後10時から午前5時）をさせてはならない
危険有害業務に従事する者	法令で定める危険有害業務に従事する者は、1日の時間外労働が2時間を超えてはならない

●36協定（時間外労働・休日労働に関する協定）

法定時間を超える時間外労働や休日労働は原則、禁止されています。労働者に時間外労働や休日労働をさせる場合には、使用者があらかじめ労働組合（労働組合がない場合は労働者の過半数代表者）と書面にて協定を締結し、所轄の労働基準監督署へ届け出をしておかなければなりません。

この協定は、労働基準法第36条に規定されていることから「サブロク協定」と呼ばれており、各事業場単位で締結して届出が必要です。また、その内容を事業場に備え付けるなどして、労働者に周知しなければなりません。

▶36協定の協定事項

①対象期間（1年間に限る）

②1年の起算日（対象期間の初日）

③有効期間

④業務の種類（業務の区分は細分化し、業務の範囲を明確にする）

⑤時間外・休日労働を行わせる必要のある具体的な事由

⑥労働者数（協定締結時の労働者数）

⑦法定労働時間数を超える上限時間数（1日、1カ月、1年）

⑧法定休日労働の日数、その始業・終業時刻

▶36協定の特別条項

36協定においては、通常予見することのできない業務量の大幅な増加などに伴い、臨時的に限度時間を超えて労働させる必要がある場合において、1カ月および1年について労働時間を延長して労働させる時間を定めることができます。

特別条項で定められる「臨時的な特別の事業がある場合」とは、次の場合などが該当します。

- 予算、決算業務
- ボーナス商戦に伴う業務の繁忙
- 納期のひっ迫
- 大規模なクレームへの対応
- 機械のトラブルへの対応

▶36協定により延長できる限度時間

(1) 時間外労働(休日労働は含まず)の上限は、原則として、月45時間・年360時間で、臨時的な特別な事情がなければ超えることはできません。

(2) 臨時的な特別な事情があって労使が合意する場合でも、下記の範囲内とする必要があります。

- 時間外労働…年720時間以内
- 時間外労働+休日労働…月100時間未満、2～6カ月平均80時間以内

(3) 原則である月45時間を超えることができるのは、年6回(6カ月)までです。

(4) 法違反の有無は「所定外労働時間」ではなく、「法定外労働時間」の超過時間で判断されます。

▶36協定が締結されている場合の労働時間の限度

期間	一般の場合	1年単位の変形労働時間制の場合(3カ月を超える場合)
1週間	15時間	14時間
2週間	27時間	25時間
4週間	43時間	40時間
1カ月	45時間	42時間
2カ月	81時間	75時間
3カ月	120時間	110時間
1年	360時間	320時間

▶2〜6カ月平均の算出方法

(例)9月について計算するためには、直前の5カ月(4〜8月)の実績をもとに、2〜6カ月平均を算出する。

	4月	5月	6月	7月	8月	9月
時間外労働	80	60	45	35	35	80
休日労働		20	15	10		
合　計	80.0	80.0	60.0	45.0	35.0	80.0

算定期間	平均値
2カ月平均	⇒ 57.5 … 8〜9月の平均
3カ月平均	⇒ 53.3 … 7〜9月の平均
4カ月平均	⇒ 55.0 … 6〜9月の平均
5カ月平均	⇒ 60.0 … 5〜9月の平均
6カ月平均	⇒ 63.3 … 4〜9月の平均

同様に他の月についても2〜6カ月平均を算出するため、すべての月について、
隣接する2〜6カ月の平均が80時間以内となるよう管理しなければならない。

●出典・参考「時間外労働の上限規制わかりやすい解説」(厚生労働省)

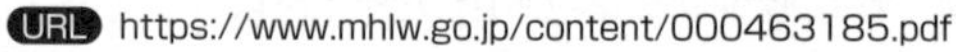
URL https://www.mhlw.go.jp/content/000463185.pdf

●時間外労働の限度時間が猶予・除外となる事業と業務

事業・業務	猶予期間中の取扱い(2024年3月31日まで)	猶予後の取扱い(2024年4月1日以降)
建設事業	上限規制は適用されない	・災害の復旧・復興の事業を除き、上限規制がすべて適用される ・災害の復旧・復興の事業に関しては、時間外労働と休日労働の合計について、「月100時間未満」「2〜6カ月平均80時間以内」とする規制は適用されない
自動車運転の業務	上限規制は適用されない	・特別条項付き36協定を締結する場合の年間の時間外労働の上限が年960時間となる ・時間外労働と休日労働の合計について、「月100時間未満」「2〜6カ月平均80時間以内」とする規制は適用されない ・時間外労働が月45時間を超えることができるのは年6カ月までとする規制は適用されない
医師	上限規制は適用されない	具体的な上限時間は今後、省令で定めることとされている
鹿児島県および沖縄県における砂糖製造業	時間外労働と休日労働の合計について、「月100時間未満」「2〜6カ月平均80時間以内」とする規制は適用されない	上限規制がすべて適用される

新技術･新商品などの研究開発業務については、上限規制の適用が除外されています。

なお、今回の法改正によって労働安全衛生法が改正され、新技術・新商品などの研究開発業務については、1週間当たり40時間を超えて労働した時間が月100時間を超えた労働者に対しては、医師の面接指導が罰則付きで義務付けられました。

事業者は、面接指導を行った医師の意見を勘案し、必要があるときには就業場所の変更や職務内容の変更、有給休暇の付与などの措置を講じなければなりません。

●出典・参考「時間外労働の上限規制わかりやすい解説」(厚生労働省)
URL https://www.mhlw.go.jp/content/000463185.pdf

▶36協定届の記載例(限度時間を超えない場合)

限度時間を超えない場合の36協定届の記載例については下記を参照してください。

URL https://jsite.mhlw.go.jp/tokyo-roudoukyoku/content/contents/000833429.pdf

▶36協定の記載例(特別条項を設ける場合)

特別条項を設ける場合の36協定届の記載例については下記を参照してください。

URL https://jsite.mhlw.go.jp/tokyo-roudoukyoku/content/contents/000833434.pdf

SECTION 095

労使協定

●労使協定とは

労使協定とは、「労働者の過半数で組織する労働組合がある場合にはその労働組合、ない場合には労働者の過半数を代表する者と使用者との間で締結される書面による協定」のことです。

労使協定は、「事業場」を単位に締結し、さらに届出義務のある労使協定は、その「事業場」を管轄する労働基準監督署へ届け出なければなりません。したがって、支店や営業所などが複数存在している場合は、個々に締結と届出が必要です。

●労働者の過半数を代表する者とは

労働者の過半数を代表する者とは、その事業場の労働者全員の意思に基づき選出された代表をいい、次のいずれにも該当しなければなりません。

①監督または管理の地位にある者でないこと

②労使協定の締結等を行う者を選出することを明らかにして実施される投票・挙手などの方法により選出された者であって、使用者の意向に基づき選出されたものでないこと

なお、正社員のみではなく、パートタイマーやアルバイト、嘱託社員、休職者など全労働者が対象です(派遣社員は対象外)。また、管理監督者は「労働者の過半数を代表する者」には選出できませんが、全労働者の中に含まれるので注意が必要です。

●選出方法

①投票により、過半数の労働者の支持を得た者を選出する

②挙手により、過半数の労働者の支持を得た者を選出する

③候補者を決めておいて投票、挙手、回覧によって信任を求め、過半数の支持を得た者を選出する

なお、過半数代表者になろうとしたこと、過半数代表者であること、過半数代表者として正当な行為をしたことを理由として、労働条件について不利益に取り扱ってはなりません。

●免罰的効力と罰則

使用者と労働者の合意の元に労使協定を締結することで、本来は、労働基準法上で禁止されている事項を例外的に免れさせる(免罰的効力)ことができます。労使協定の中には、締結しただけで免罰的効力が生じるものと、締結後に労働基準監督署へ届け出をしないと免罰的効力が生じないものがあります。

なお、労使協定は労働者への強制力はないため、使用者が労働者に協定の内容を守らせるためには、就業規則等でも規定し、周知する必要があります。

使用者が、届出義務のある労使協定等の届出を怠った場合は30万円以下の罰金が科される場合があります。また、36協定については効力発効日前の前日までに届出を行わなければならず、届出を怠ったまま労働者に時間外労働・休日労働をさせた場合には6カ月以下の懲役または30万円以下の罰金が科されます。

●主な労使協定等

労使協定等の種類	条文	届出義務
貯蓄金管理に関する協定	労基法第18条2項	○
賃金控除に関する協定	労基法第24条1項ただし書き	―
1カ月単位の変形労働時間制に関する協定	労基法第32条の2第1項	○(注1)
フレックスタイム制に関する協定	労基法第32条の3	△(注2)
1年単位の変形労働時間制に関する協定	労基法第32条の4第1項、第2項	○
1週間単位の非定型的変形労働時間制に関する協定	労基法第32条の5第1項	○
一斉休憩の適用除外に関する協定	労基法第34条2項ただし書き	―
時間外労働・休日労働に関する協定(36協定)	労基法第36条1項、3項、4項、5項、6項	○
月60時間を超える時間外労働の代替休暇に関する協定	労基法第37条3項	―
事業場外みなし労働時間制に関する協定	労基法第38条の2第2項	△(注3)
専門業務型裁量労働制に関する協定	労基法第38条の3第1項	○
時間単位の年次有給休暇に関する協定	労基法第39条4項	―
年次有給休暇の計画付与に関する協定	労基法第39条6項	―
年次有給休暇の賃金支払いに関する協定	労基法第39条9項	―
企画業務型裁量労働制に関する決議届	労基法第38条の4第2項	○
高度プロフェッショナル制度に関する決議書	労基法第41条の2第1項	○

(注1)就業規則に定めた場合は届出不要
(注2)清算期間が1カ月を超える場合には届出が必要
(注3)みなし労働時間が法定労働時間(8時間)を超える場合は届出が必要

●「主要様式ダウンロードコーナー」(厚生労働省)
URL https://www.mhlw.go.jp/stf/seisakunitsuite/bunya/koyou_roudou/roudoukijun/roudoukijunkankei.html

SECTION 096

割増賃金

●割増賃金の計算

時間外労働、休日労働、深夜労働（午後10時から午前5時）をさせた場合は、通常の労働時間または労働日の賃金に一定の割増率を乗じた額以上の割増賃金を上乗せして支払わなければなりません。割増賃金の計算式は下記の通りです。

▶計算式

割増賃金額 = 通常の労働時間または労働日の賃金（1時間当たりの額）× 割増率 × 割増賃金に係る労働時間数

▶割増賃金の算出から除外する手当

①家族手当
②通勤手当
③別居手当（単身赴任などで自宅以外に居住する場合）
④子女教育手当（子どもの教育援助）
⑤住宅手当
⑥臨時に支払われる賃金
⑦1カ月を超える期間ごとに支払われる賃金（賞与など）

上記の手当の名称であっても、実態として従業員に一律同額で支給されている場合は賃金に含めます。

年俸制で毎月支払部分と賞与部分を合計して、あらかじめ年俸額が確定している場合の賞与部分は賃金に含めます。

▶通常の労働時間または労働日の賃金（1時間あたりの額）の算出方法

形式	算出方法
時間給	・時給＝その金額
日給	・日給 ÷1日の所定労働時間数 ・1日の所定労働時間が異なる場合は、1週間の平均で除した額
週給	・週給 ÷ 週の所定労働時間数 ・週の所定労働時間が異なる場合は、4週の平均で除した額
月給	・月給 ÷ 月の所定労働時間数 ・月の所定労働時間が異なる場合は、1年間の平均で除した額（月平均所定労働時間数(注1)）
出来高払	・賃金総額 ÷ 総労働時間数 ・1カ月分の出来高払の金額を1カ月の総労働時間数（残業時間などを含む）で除した額

（注1）月平均所定労働時間数の求め方

月平均所定労働時間数 =（年間労働日数 × 1日の所定労働時間数）÷ 12カ月

年間労働日数 = 365日（366日）− 所定休日

▶割増賃金の割増率

時間外労働	法定労働時間を超えて労働した場合	月60時間以内の場合	2割5分以上
		月60時間を超えた場合	超えた時間について5割以上
休日労働	法定休日(1週1日または4週4日)に労働した場合		3割5分以上
深夜労働	深夜(午後10時から午前5時)に労働した場合		2割5分以上
時間外労働 +深夜労働	時間外労働が月60時間以内の場合		5割以上(2割5分+2割5分)
	時間外労働が月60時間を超えた場合		超えた時間について 7割5分以上(2割5分+5割)
休日労働 +深夜労働	休日労働が深夜に及んだ場合		6割以上(3割5分+2割5分)

※「休日労働+時間外労働」という考え方はありません(休日には法定労働時間が設定されていないため)。
※2023年4月1日から、中小企業の月60時間を超える法定時間外労働の割増賃金率が5割(50%)に引き上げられています(大企業は2010年4月から適用)。

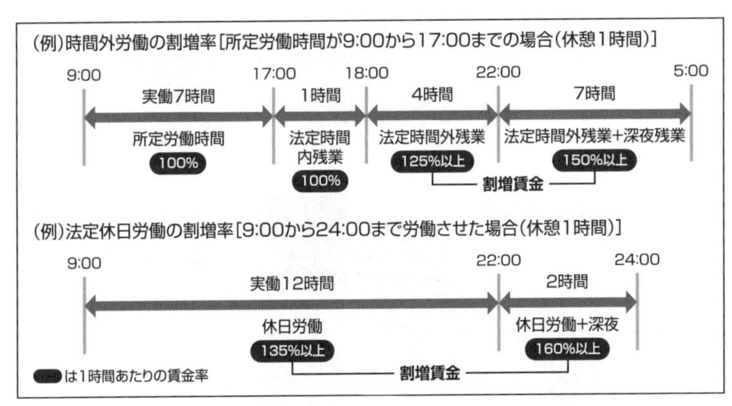

●出典・参考「働き方のルール～労働基準法のあらまし～」(東京労働局)
URL https://jsite.mhlw.go.jp/tokyo-roudoukyoku/content/contents/001765375.pdf

●法定外休日の割増率

「法定外休日」とは、労使間の取り決めなどによって定めた法定休日以外の休日のことをいい、「所定休日」と呼ぶこともあります。たとえば、週休2日制の会社で、土曜日を法定外休日、日曜日を法定休日と就業規則に定めている場合、土曜日(法定外休日)の割増賃金は、時間外労働としての25%以上の割増率で足ります。しかし、日曜日(法定休日)に労働させた場合は35%以上の割増率となるため、取扱いには注意が必要です。

なお、1カ月60時間の法定時間外労働の算定には、法定休日に行った労働は含まれませんが、それ以外の休日に行った法定時間外労働は含まれます。労働条件を明示する観点や割増賃金の計算を簡便にする観点から、法定休日とそれ以外の休日を就業規則などで明確に分けておくことが望ましいでしょう。

●代替休暇

代替休暇とは、1カ月60時間を超える法定時間外労働を行った労働者の健康を確保するため、引き上げ分の割増賃金の代わりに有給の休暇(代替休暇)を付与することができる制度のことです。

法定時間外労働を超える労働に対しては、25%以上の割増率で計算した割増賃金を支払わなければならず、法定労働時間が1カ月60時間を超えるとさらに割増率が50%以上に引き上がることになります。労使協定を結び代替休暇制度を導入することで、引き上がる分の割増賃金の代わりに労働者に代替休暇を付与することができます。

代替休暇制度の導入にあたっては、過半数労働組合(ない場合は過半数代表者)との間で労使協定を結ぶことが必要です。この労使協定は事業場において代替休暇の制度を設けることを可能にするものであり、個々の労働者が実際に代替休暇を取得するか否かは、労働者の意思により決定されます。

なお、労働者が代替休暇を取得した場合は、50%以上の割増率で計算した割増賃金の支払は必要なくなりますが、通常の25%以上の率で計算した割増賃金の支払は必要となります。

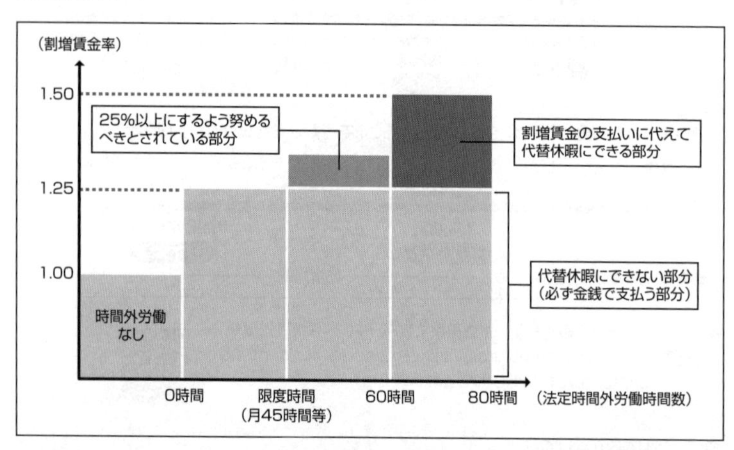

●出典・参考「月60時間を超える法定時間外労働について」(厚生労働省)
URL https://www.mhlw.go.jp/new-info/kobetu/roudou/gyousei/kantoku/dl/091214-1_03.pdf

●管理監督者

労働基準法では、管理監督者には労働時間、休憩、休日に関する規定が適用されないため、時間外労働・休日労働に対する割増賃金を支払う必要はないと定められています。しかし、部長、課長、店長などの肩書が付いていても、それだけでは管理監督者とはいえません。管理監督者に該当するか否かは、役職名だけではなく、職務内容、責任と権限、勤務態様、待遇を踏まえて実態により判断されます。本来の管理監督者の範囲にあたらなければ、時間外労働や休日労働の割増賃金を支払う必要があります。

なお、管理監督者であっても、深夜労働（午後10時から午前5時）については割増賃金を支払わなければなりません。

▶管理監督者の判断基準

（1）経営者と一体的な立場で仕事をしている

経営者から管理監督、指揮命令にかかる一定の権限を委ねられている必要があります。多くの事案について上司の決済を仰ぐ必要があったり、上司の命令を部下に伝達するに過ぎないような場合は管理監督者には含まれません。

（2）出社・退社や勤務時間について厳格な制限を受けていない

管理監督者は、時を選ばず経営上の判断や対応が要請され、労務管理においても一般労働者と異なる立場に立つ必要があります。勤務時間に制限がない以上、出退勤時間も自らの裁量に任されており、遅刻や早退で給料や賞与を減らされるような場合は管理監督者とはいえません。

（3）その地位に相応しい待遇がなされている

管理監督者は、その職務の重要性から、地位、給料その他の待遇において一般労働者と比較して相応の待遇がなされていることが必要です。

SECTION 097 固定残業制

●固定残業制とは

固定残業制とは、あらかじめ一定の時間外労働や深夜労働などの残業を想定し、その労働に対する割増賃金を、毎月固定の額で支払う制度をいいます。

厚生労働省によると、固定残業代は、「一定時間分の時間外労働、休日労働および深夜労働に対して定額で支払われる割増賃金」とされており、「定額残業代」「みなし残業代」とも呼ばれます。

●固定残業制が認められる条件

(1) 就業規則および雇用契約書（労働条件通知書）で下記の項目の記載があり、明確になっていること

- 固定残業の種類（時間外労働、休日労働、深夜労働）
- 固定残業代の金額（計算方法）
- 固定残業の労働時間数
- 固定残業時間を超えた残業の取扱い（超過部分の残業代を支払う旨の規定）

(2) 給与明細で固定残業代と他の賃金が区別して記載されていること

(3) 固定残業代に不足があれば支払っていること

●固定残業代の設定例

固定残業代は、必ずしも割増賃金の算定方法に従う必要はありませんが、労働基準法第37条などに定められた方法により算定された額を下回らないように留意しながら設定します。

※割増賃金の計算方法についてはSec.096を参照

固定残業代 = 基本給 ÷ 月平均所定労働時間数 × 割増率 × 残業時間

【計算例】基本給（原則、基本手当を除く）：200,000円
月平均所定労働時間数：160時間
固定残業時間（時間外労働の場合）：40時間

200,000円 ÷ 160時間 × 1.25 × 40時間 = 62,500円

※月平均所定労働時間数の求め方
月平均所定労働時間数 =（年間労働日数 × 1日の所定労働時間数）÷ 12カ月
年間労働日数 = 365日（366日）− 所定休日

●固定残業制を採用している場合の記載例

固定残業制を採用する場合は、募集要項や求人票などに、次の①～③の内容をすべて明示することが必要です。

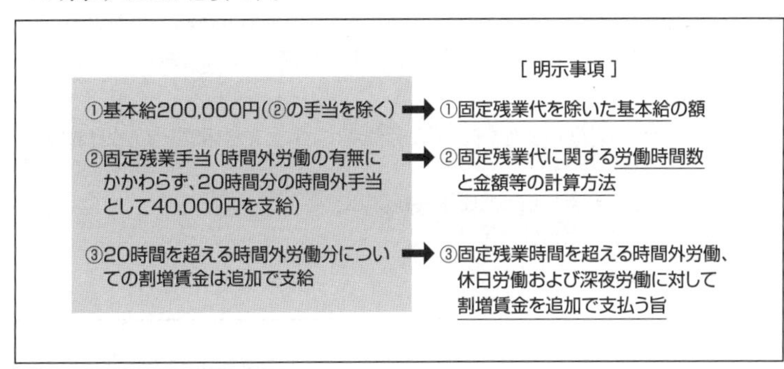

●固定残業制を導入する際の注意点

(1) 実際の残業時間が固定残業代よりも少ない場合でも、固定残業代を減額することはできません。

(2) 固定残業代（および基本給）が最低賃金を下回らないようにします。

(3) 固定残業時間が45時間を超えないように設定します。

36協定における1カ月の残業時間の上限は45時間となっており、それを上回る残業をさせるための特別条項の適用は、臨時的な事情がある場合に限られています。固定残業代の残業時間の上限は明確に定められてはいませんが、あまりにも長時間に設定した場合は無効とされる場合があるため、45時間を超える設定をすることは避けるべきです。

(4) 労働条件の不利益変更に注意します。

基本給の減額や一度定めた固定残業代を廃止する場合は労働条件の不利益変更となりえるため、労働者と使用者が協議し、合意のうえで労働条件の変更が必要です。

(5) 固定残業代は割増賃金の算定から除外されます。

固定残業代は、割増賃金の算定から控除されます。ただし、固定残業代が条件を満たさない場合には控除されません。

(6) 固定残業制は裁判において否認されるケースもあるため、適正に導入して運用するためには専門的な知識が必要となります。労使間のトラブルを回避するためにも、固定残業制を導入する際には専門家のアドバイスを受けながら慎重に進めることが望ましいでしょう。

SECTION 098

年次有給休暇（年休）

●年次有給休暇とは

年次有給休暇とは、一定の条件を満たした場合に働かなくても賃金が支払われる休暇のことです。労働者の権利として労働基準法第39条で「使用者は、雇入れの日から起算して6カ月間継続勤務し、全労働日の8割以上出勤した労働者に対して、継続し、または分割した10労働日の年次有給休暇を与えなければならない」と規定されています。

●付与要件

使用者は、次の①、②の要件を満たした労働者に、年次有給休暇を与えなければなりません。

①雇入れの日から起算して6カ月間継続勤務したこと

②全労働日の8割以上出勤したこと

▶出勤率の算定方法

$$出勤率 = \frac{出勤日}{全労働日} = \frac{出勤日数}{総暦日数 - 所定休日数}$$

(1) 出勤したものとみなされる日

- 業務上災害により休業した期間
- 育児休業期間、介護休業期間
- 産前産後の休業期間
- 年次有給休暇を取得した日
- 使用者から正当な理由なく就労を拒まれた日

(2) 全労働日に含まれない日

- 就業規則その他によって定められた所定休日
- 休日労働をした日
- 使用者側に起因する経営、管理上の障害による休業日
- 正当な争議行為によって労務の提供がまったくなされなかった日
- 天災事変などの不可抗力による休業日
- 公民権の行使、公の職務執行による休業日
- 割増賃金に係る代替休暇を取得して、終日出勤しなかった日

なお、出勤日とは、労働義務のある日のうち、欠勤していない日のことなので、遅刻や早退は出勤日として扱われます。

●付与日数

年次有給休暇の要件を満たした場合に付与される日数については、継続勤務の年数に応じて下表の通りとなります。

▶原則的な付与日数

継続勤務年数	0.5年	1.5年	2.5年	3.5年	4.5年	5.5年	6.5年以上
付与日数	10日	11日	12日	14日	16日	18日	20日

パートタイマーなどの短時間労働者についても、要件を満たした場合には年次有給休暇を付与しなければなりません。1週間の所定労働時間が4日以下(または年間の所定労働日数が216日以下)で、かつ週の所定労働時間数が30時間未満の者は、その所定労働日数に応じて年休を付与します(比例付与)。

なお、年の途中で労働日数の契約が変わっても、付与日時点の所定労働日数で計算します。

▶パートタイマーなどの短時間労働者に対する付与日数

	週所定労働日数	1年間の所定労働日数(注1)	継続勤務年数						
			0.5年	1.5年	2.5年	3.5年	4.5年	5.5年	6.5年以上
付与日数	4日	169日～216日	7日	8日	9日	10日	12日	13日	15日
	3日	121日～168日	5日	6日	6日	8日	9日	10日	11日
	2日	73日～120日	3日	4日	4日	5日	6日	6日	7日
	1日	48日～ 72日	1日	2日	2日	2日	3日	3日	3日

(注)週以外の期間によって労働日数が定められている場合

●時季指定権(労働者)と時季変更権(使用者)

年次有給休暇は、原則として労働者が希望する日を指定して取得することができます(時季指定権)。ただし、指定された時季に年休を与えることが事業の正常な運営を妨げる場合には、使用者は他の時季に変更して与えることができます(時季変更権)。「事業の正常な運営を妨げる場合」とは、年度末の業務繁忙期などに多数の労働者が休暇を希望したため、全員に休暇を付与しがたい場合などが考えられますが、個別、具体的、客観的に判断する必要があります。

●計画的付与

年次有給休暇の計画的付与とは、労使協定により事前に計画した日を年休とすることができる制度です。ただし、最低5日は労働者が自由に使えるようにしなければならず、計画的付与の対象にできるのは5日を超える部分(繰越し分を含む)に限ります。

付与には、①事業場全体の休業による一斉付与、②部署や班ごとの交替制付与、③年休計画表による個人別付与、の方法があり、たとえば、年末年始や夏休みなど事業所全体で年休を使い、大型連休にすることも可能です。

●使用者による時季指定(付与義務)

働き方改革の一環で、基準日に年次有給休暇が10日以上付与される労働者には、基準日から1年以内に、5日の年休を時季を指定して取らせることが使用者に義務付けられています。

- 年の途中で5日取得した労働者については別途5日を指定する必要はない。この5日に半日年休は含まれるが、時間単位の年休は含まれない。
- 前倒しして付与している場合は、付与日から1年以内に5日の年休を取得させる必要がある。
- パートタイマーなどの短時間労働者で今年度の基準日に付与される年休の日数が10日未満の場合は、仮に前年度繰り越し分の年休を合算して10日以上になってとしても対象労働者には含まれない。
- 年休の時季を指定する場合には、労働者の意見を聴き、できるかぎり希望に沿った時季に取得させるよう努めなければならない。

●半日単位の年休

年次有給休暇の付与は1日単位(午前0時から午後12時)で取得することが原則とされています。半日単位の年休については労働基準法に規定されていないため、半日単位の年休の付与を認めるか否かは使用者に決定権があります。したがって、労働者が半日単位で請求しても、これに応じる法的義務はありませんが、請求に応じて半日単位で与えることができます。半日単位の年休制度を採用する場合は、就業規則に定めておく必要があります。

●時間単位の年休

労使協定を締結すれば、年5日を限度に時間単位の年次有給休暇を取得することができます。年度内に取得できなかった時間数は次年度に繰り越されますが、次年度の時間単位の日数は前年度からの繰越分も含めた5日以内の範囲内となります。

なお、半日単位の年休は、時間単位の年休とは別の制度なので、時間単位の年休制度の限度日数5日を超えて、半日単位の年休を付与することは差し支えありません。

●年次有給休暇中の賃金

年次有給休暇中の賃金は、下記の3つのいずれかの方法で支払うのかを就業規則等で定めておかなければなりません。

①平均賃金

②所定労働時間労働した場合に支払われる通常の賃金

③健康保険法で定められた標準報酬月額の30分の1に相当する額(労使協定が必要・届出は不要)

●不利益取扱いの禁止

使用者は、年次有給休暇を取得した労働者に対して、賃金の減額や精皆勤手当および賞与の額の算定などに際して、年次有給休暇を取得した日を欠勤として取り扱うなどの不利益な取扱いはしないようにしなければなりません。

●年休の一斉付与

年次有給休暇は、労働基準法上、入社日から6カ月後の付与が原則ですが、従業員1人ずつ付与日が違ってくると管理するのが大変です。その煩雑さを避けるために、従業員全員の付与日を同じにしている会社も多いです。

その際に注意することは、労働基準法を下回らないということです。4月1日に入社した人も、5月1日に入社した人も10月1日に10日付与するのは問題ありませんが、3月1日に入社した人に10月1日まで年休を与えないのは法律違反となります。勤続年数と付与日をしっかり考慮した上で、一斉管理が必要です。

●その他の留意点

- 年次有給休暇は、付与日から2年間有効です。
- パートから正社員になるなど、就労形態が変わっても継続勤務していれば勤続年数は通算します。
- 常夜勤勤務者（日をまたぐ勤務者）や3交替勤務者の年次有給休暇は日をまたいでも1日として取り扱っても構いませんが、そうでなければ暦日単位で2日として取り扱わなければなりません。
- 使用者は、労働者ごとに年次有給休暇管理簿を作成し、3年間保存しなければなりません。この管理簿には、付与した時季、日数および基準日を記載します。

SECTION 099
産前産後の就業と休業

●妊産婦の就業制限

使用者は、妊産婦(妊娠中および産後1年を経過しない女性)を、妊娠、出産、哺育などに有害な業務に就かせてはなりません。これは、管理監督者にも適用されます。

また、妊産婦から請求があった場合には、下記の就業をさせてはなりません。

①変形労働時間制を採用している場合においては、1週または1日の法定労働時間を超える労働(フレックスタイム制を除く)

②時間外・休日労働(非常災害時も含む)

③深夜業

※管理監督者・高度プロフェッショナル制度対象者は①および②は制限されませんが、③深夜業はさせてはなりません。

●産前産後休業

産前休業	出産当日を含め6週間(42日)(多胎妊娠の場合は14週間／98日)以内に出産予定の女性から休業の請求があった場合、就業させてはならない
産後休業	原則として、産後8週間(56日)を経過しない女性を就業させてはならない。ただし、産後6週間を経過した本人からの請求があり、医師が支障がないと認めた業務に就業させることは差し支えない

※出産とは、妊娠4カ月(85日)以上の分娩をいい、早産、流産、死産、人工妊娠中絶も含まれます。

※管理監督者も就業させてはなりません。

※妊娠中の女性が請求した場合においては、他の軽易な業務に転換させなければなりません。ただし、新たに軽易な業務を創設して与える義務はありません。

●育児時間

1歳未満に満たない子を育てる女性は、法定の休憩時間の他に1日2回各々少なくとも30分、育児時間を請求することができます。使用者は、育児時間中にその女性を使用してはなりません(1日の労働時間が4時間以内の場合は、1日1回の付与で足りる)。

●出産育児一時金

概要	健康保険の被保険者または被扶養者が出産したときは、出産育児一時金(被扶養者の出産の場合は家族出産育児一時金)が支給される
支給要件	・妊娠4カ月(85日)以上の出産(早産、流産、死産、人工妊娠中絶も含む)であること。 ※被保険者の資格を喪失した日の前日まで引き続き1年以上被保険者で、かつ、資格喪失日後6カ月以内に出産した場合も支給対象となる
支給額	・一児につき50万円(双子の場合は100万円)。 ・産科医療補償制度に未加入の医療機関などにおいて出産した場合または22週未満で出産した場合は48.8万円。

▶出産一時金の直接支払制度と受取代理制度

直接支払制度と受取代理制度は、医療機関などが被保険者に代わり、保険者（健康保険組合など）から出産育児一金を受け取る制度です。どちらを利用しても、被保険者は多額の出産費用を窓口で負担する必要がなくなります。

(1)直接支払制度

直接支払制度とは、医療機関などが被保険者に代わって出産育児一時金の請求と受け取りを行う制度です。被保険者が医療機関などと代理契約の合意文書を交わすだけで利用できるため、被保険者の手続きの負担を軽減できます。

(2)受取代理制度

受取代理制度は、被保険者が保険者（健康保険組合など）に事前に申請を行い、小規模の医療機関などに出産育児一時金の受け取りを委任する制度です。受取代理制度を利用できる医療機関などは、厚生労働省へ届出をしていることが必要となるため、あらかじめ医療機関などへ確認しておくとよいでしょう。

※直接支払制度や受取代理制度を希望しない場合や海外で出産する場合は、一旦、出産費用の全額を支払い、出産後に保険者（健康保険組合など）に申請することになります。

●出産手当金

概要	健康保険の被保険者が出産したときは、休業期間の所得保障として出産日（出産日が出産予定後のときは、出産の予定日）以前42日（多胎妊娠の場合は98日）から出産日後56日までの間で、実際に休業した日数に応じて出産手当金が支給される
支給要件	・妊娠4カ月（85日）以上の出産（早産、死産、流産、人工妊娠中絶も含む）であること ・出産のために休業し、賃金の支払がないこと
支給額	1日当たりの金額 「支給開始日以前の12カ月間の各標準報酬月額を平均した額」÷30日×2/3 ※賃金の支払いがあった場合、その額が出産手当金の日額より少額であれば差額が支給される

※出産予定日より早く出産した場合、出産手当金は出産予定日までの期間に対して支給されます（出産日は「出産日以前」の期間に含まれる）。ただし、出産日前42日でも会社を休んでいない場合などは支給対象とはなりません。一方、出産予定日より遅く出産した場合、 遅れた分だけ出産日以前の期間が長くなり、その日数分も出産手当金が支給されます（出産日後の支給日数からは差し引かれない）。

育児休業関連の制度

●育児休業制度等の概要

出産・育児による労働者の離職を防ぎ、希望に応じて男女ともに仕事と育児を両立できるようにするため、育児・介護休業法に基づき下記の制度が設けられています。

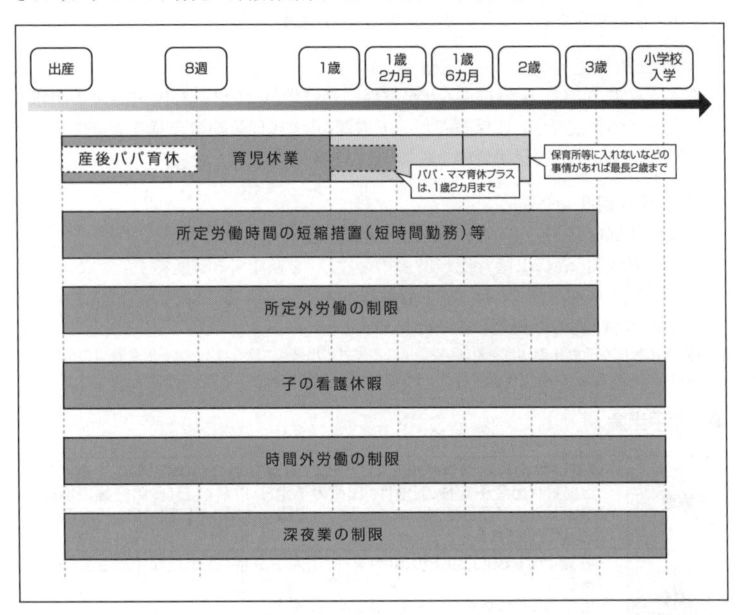

●出典・参考「育児・介護休業のあらまし」(厚生労働省)

URL https://www.mhlw.go.jp/content/11909000/000355354.pdf

●育児休業

内容	労働者が原則として、1歳に満たない子を養育するための休業
対象労働者	・原則、すべての労働者(日々雇用を除く) ・有期雇用労働者は、申出時点において、子が1歳6カ月(2歳までの休業の場合は2歳)を経過する日までに労働契約期間が満了し、更新されないことが明らかでない者 ・下記の労働者は労使協定により除外できる ・雇用期間が1年未満の労働者、・週の所定労働日数が2日以下の労働者 ・1年(1歳以降の休業の場合は6カ月)以内に雇用関係が終了する労働者
対象となる子	・法律上の親子関係がある子(実子、養子) ・特別養子縁組の看護期間中の子 ・養子縁組里親に委託されてる子 ・当該労働者を養子縁組里親として委託することが適当と認められるにもかかわらず、実親などが反対したことにより、当該労働者を養育里親として委託された子を養育する場合
回数	・子1人につき、原則2回(分割して取得可) ・配偶者の死亡など、特別な事情がある場合は再度取得可能
期間	・原則、子が1歳に達するまでの連続した期間 ・配偶者が育児休業をしているなどの場合は、子が1歳2カ月に達するまで出産日、産後休業期間、育児休業期間、産後パパ育休期間を合計して1年間以内の休業が可能 ・次のいずれにも該当する場合((2)の③に該当する場合は(2)のみ)は、1歳6カ月まで延長可 (1)子が1歳に達する日において(パパ・ママ育休プラスで1歳を超えて育児休業をしている場合にはその休業終了予定日)いずれかの親が育児休業中であること (2)次のいずれかの事情があること ①保育所等への入所を希望しているが、入所できない場合 ②子の養育を行っている配偶者(もう一人の親)であって、1歳以降子を養育する予定であった者が死亡、負傷、疾病などにより養育することが困難になった場合 ③新たな産前・産後休業、産後パパ育休、育児休業または介護休業の開始により育児休業が終了した場合で当該休業に係る子または家族が死亡した場合など (3)1歳6カ月までの育児休業を取得したことがないこと ※同様の条件で1歳6カ月から2歳までの延長可

●出生時育児休業（産後パパ育休）

内容	・産後休業をしていない労働者が、原則として出生後8週間以内の子を養育するための休業 ※出産した女性の場合、産後8週間は産後休業期間となるため、本制度は主に男性が対象となるが、養子を養育しているなどの場合は女性であっても対象となる
対象労働者	・産後休業をしていない労働者（日々雇用を除く） ・有期雇用労働者は、申出時点において、子の出生日または出産予定日のいずれか遅い方から起算して8週間を経過する日の翌日から6カ月を経過する日までに労働契約期間が満了し、更新されないことが明らかでない者 ・下記の労働者は労使協定により除外できる ①雇用期間が1年未満の労働者 ②8週間以内に雇用関係が終了する労働者 ③週の所定労働日数が2日以下の労働者
回数	子1人につき、2回（2回に分割する場合はまとめて申出）
期間	原則として子の出生後8週間以内の期間内で通算4週間（28日）まで
休業中の就業	労使協定を締結している場合に限り、労働者が合意した範囲で休業中に就業することが可能

▶出生時育児休業（産後パパ育休）の創設・育児休業制度の改正（令和4年10月1日施行）

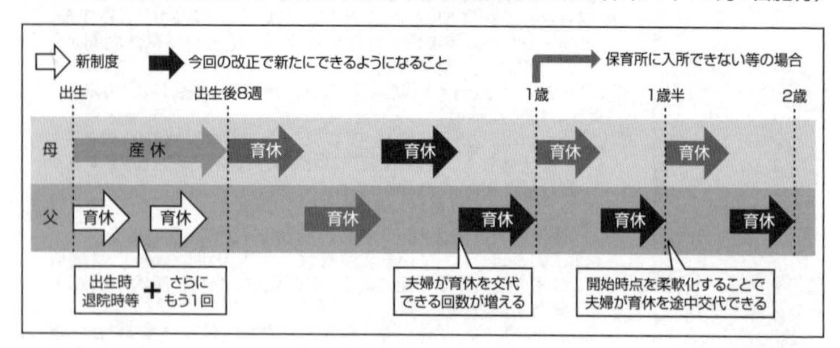

●出典・参考「改正育児・介護休業法　対応はお済ですか?」（厚生労働省）
URL https://www.mhlw.go.jp/content/11900000/000869228.pdf

●パパ・ママ育休プラス

内容	両親がともに育児休業をする場合に、下記の要件を満たした場合には、育児休業の対象となる年齢が、1歳2カ月まで延長される制度
取得要件	①配偶者が、子が1歳に達するまでに育児休業を取得していること ②本人の育児休業開始予定日が、子の1歳の誕生日以前であること ③本人の育児休業開始予定日は、配偶者がしている育児休業の初日以降であること ※1人当たりの育児取得可能最大日数（産後休業含め1年）は変わらない。

●その他の制度など

制度	内容
所定労働時間の短縮措置(短時間勤務)など	・事業主は、3歳に満たない子を養育する労働者(日々雇用・1日の所定労働時間が6時間以下の者を除く)で育児休業をしていない者について、1日の所定労働時間を原則として6時間とする措置を講じなければならない ・下記の労働者は労使協定により除外できる ①雇用期間が1年未満の労働者 ②週の所定労働日数が2日以下の労働者 ③業務の性質などに照らして、所定労働時間の短縮措置を講ずることが困難と認められる業務に従事する労働者(代替措置が必要)
所定外労働の制限	・事業主は、3歳に満たない子を養育する労働者(日々雇用を除く)が請求した場合、事業の正常な運営を妨げる場合を除き、所定労働時間を超えて労働させてはならない ・以下の労働者は労使協定により除外できる ①雇用期間が1年未満の労働者 ②週の所定労働日数が2日以下の労働者
子の看護休暇	・小学校就学前までの子を養育する労働者(日々雇用を除く)は、年5日(子が2人以上の場合は10日)まで、病気やけがをした子の看護などのために休暇を取得することができる ・時間単位での取得も可能 ・下記の労働者は労使協定で除外できる ①雇用期間6カ月未満の労働者 ②週の所定労働日数が週2日以下の労働者
時間外労働の制限	・事業主は、小学校就学前までの子を養育する労働者(日々雇用を除く)が請求した場合、1カ月24時間、1年150時間を超える時間外労働をさせてはならない ・ただし、下記の労働者は対象とならない ①雇用期間が1年未満の労働者 ②週の所定労働日数が2日以下の労働者
深夜業の制限	・事業主は、小学校就学前までの子を養育する労働者(日々雇用を除く)が請求した場合、午後10時から午前5時までの間、労働させてはならない。事業の正常な運営を妨げる場合は、事業主は請求を拒むことができる ・ただし、下記の労働者は対象とならない ①雇用期間が1年未満の労働者 ②16歳以上の保育ができる同居の家族がいる場合など ③週の所定労働日数が2日以下の労働者 ④所定労働時間の全部が深夜にある労働者
不利益取扱いの禁止	育児休業等の制度の申出や取得を理由とした解雇その他、不利益な取扱いは禁止されている
ハラスメントの防止措置	事業主は、上司・同僚からの育児休業等を理由とする嫌がらせなどを防止する措置を講じることが義務付けられている

●育児休業給付金

雇用保険の被保険者が、1歳（パパ・ママ育休プラス制度を利用する場合は1歳2カ月。保育所に入所できないなどの場合には1歳6カ月または2歳）に満たない子を養育するための育児休業を取得し、一定の要件を満たすと育児休業給付金の支給を受けることができます。原則として、被保険者が事業主を経由して管轄のハローワークで支給申請等の手続を行います。

▶受給資格

①1歳未満の子を養育するために育児休業を取得した被保険者であること。

②育児休業を開始した日の前2年間に、賃金支払基礎日数が11日以上ある（ない場合は就業している時間数が80時間以上の）完全月が12カ月以上あること。この要件を満たさない場合、産前休業開始日等を起算点として、その日の前2年間に賃金支払基礎日数（就労日数）が11日以上ある完全月が12カ月以上あること。

③期間雇用者の場合は上記に加え、休業開始時において、子が1歳6カ月までの間（保育所に入所できないなどの理由で育児休業を取得する場合には2歳までの間）に、その労働契約の期間（労働契約が更新される場合は更新後のもの）が満了することが明らかでないこと。

※原則2回の育児休業までは育児休業給付金の支給対象となります。

▶支給要件

下記の要件をすべて満たしている場合に支給対象（支給対象期間）となります。

①育児休業開日から起算して1カ月ごとに区切った各期間（支給単位期間）の、初日から末日まで継続して被保険者資格を有していること。

②支給単位期間に、就業していると認められる日数が10日以下であること。10日を超える場合は、就業していると認められる時間が80時間以下であること。

③支給単位期間に支給された賃金額が休業開始前の賃金月額の80％未満であること。

※「休業開始時賃金月額」については、原則、育児休業開始前6カ月間の賃金を180で除した額が「賃金日額」となり、支給日数を30日とした場合の「休業開始時賃金日額×支給日数」が賃金月額となります。

▶支給額

支給額 ＝ 休業開始時賃金日額 × 支給日数 × 67％（50％）

※支給対象期間ごとの支給日数は原則30日。休業終了日が含まれる支給単位期間は休業終了日までの日数。

※出生児育児休業給付金が支給された日数は、育児休業給付金の支給率67％の上限日数である180日に通算され、181日目以降は50％となります。

※育時休業期間中の就労に対して事業主から賃金が支払われた場合は賃金額に応じて支給額が調整されます。

・賃金+支給額が休業前賃金の80％以上 → 休業前賃金の80％−賃金の額

・賃金が休業前賃金の80％以上の場合 → 支給されない

●出典・参考「育児休業給付について」（厚生労働省）

URL https://www.mhlw.go.jp/content/11600000/001127571.pdf

●パパ・ママ育休プラスの育児休業給付金

両親ともに育児休業を取得する場合、一定の要件を満たせば、子が1歳2カ月に達する日の前日までの間に最大1年まで育児休業給付金が支給されます。

なお、保育所などに入所できないなどの理由により、子が2歳に達するまで育児休業をする場合には、一定の要件を満たすと、最長で子が2歳に達する日の前日までの期間が育児休業給付金の支給対象となります。

▶支給要件

①育児休業開始日が、当該子の1歳に達する日の翌日以前であること

②育児休業開始日が、配偶者が取得している育児休業期間の初日以後であること

③配偶者が当該子の1歳に達する日以前に育児休業を取得していること

※母親は、出生日(産前休業の末日)と産後休業と育児休業期間を合わせて1年間です。父親の場合は、配偶者の出産予定日または出産日のいずれか早い日より育児休業の取得が可能ですが、育児休業給付金を受給できる期間は1年間となります。

●出生時育児休業給付金

雇用保険の被保険者が、出生時育児休業(産後パパ育休)を取得し、一定の要件を満たすと出生時育児休業給付金の支給を受けることができます。原則として、被保険者が事業主を経由して管轄のハローワークで支給申請などの手続を行います。

▶受給資格

①子の出生日から起算して8週間を経過する日の翌日までの期間内に、4週間(28日)以内の期間を定めて、当該子を養育するための出生時育児休業(産後パパ育休)を取得した被保険者であること。

②出生時育児休業を開始した日の前2年間に、賃金支払基礎日数が11日以上ある(ない場合は就業している時間数が80時間以上の)完全月が12カ月以上あること。

③期間雇用者の場合は上記に加え、休業開始時において、子の出生日(出産予定日前に子が出生した場合は出産予定日)から起算して8週間を経過する日の翌日から6カ月を経過する日までに、その労働契約の期間(労働契約が更新される場合は更新後のもの)が満了することが明らかでないこと。

※出生時育児休業は同一の子について2回まで分割して取得できます(出生時育児休業給付金の支給対象となります)。

▶支給要件

次の要件をすべて満たしている場合に支給されます。

①出生時育児休業期間の初日から末日まで継続して被保険者資格を有していること。

②出生時育児休業期間の就業日数が、10日以下であること。10日を超える場合は就業している時間数が80時間以下であること。

※休業期間が28日より短い場合は、その日数に比例して短くなる。

③出生時育児休業中の就労に対して事業主から支払われた賃金が、「休業開始時賃金日額×休業期間の日数」の80%未満であること。

※「休業開始時賃金日額」については、原則、育児休業開始前6カ月間の賃金を180で除した「賃金日額」となります。

▶支給額

支給額 = 休業開始時賃金日額 × 休業期間の日数(28日が上限) × 67% (50%)

※出生児育児休業給付金が支給された日数は、育児休業給付金の支給率67%の上限日数である180日に通算され、181日目以降は50%となります。

※出生時育休期間中の就労に対して事業主から賃金が支払われた場合は、賃金額に応じて支給額が調整されます。

・賃金+支給額が休業前賃金の80%以上 → 休業前賃金の80%−賃金の額

・賃金が休業前賃金の80%以上の場合 → 支給されない

●産前産後休業・育児休業等期間中の社会保険料の免除

事業主が、管轄の年金事務所(事務センター)または健康保険組合に申出をすることにより、産前産後休業・育児休業などをしている間の社会保険料が、被保険者本人負担分および事業主負担分ともに免除される制度が設けられています。

なお、社会保険料の免除を受けても、健康保険の給付は通常通り受けられます。また、免除された期間分も将来の年金額に反映されます。

▶産前産後休業中の社会保険料の免除

免除期間は、産前産後休業を開始した日の属する月から、その産前産後休業が終了する日の翌日が属する月の前月までの期間です。「産前産後休業取得者申出書」の提出が必要となります。

▶育児休業等期間中の社会保険料の免除

免除期間は、育児休業などを開始した日の属する月から、その育児休業などが終了する日の翌日が属する月の前月までの期間です(ただし、子が3歳に達するまで)。「育児休業等取得者申出書」の提出が必要です。

※令和4年10月以降は上記に加えて、育児休業等開始が含まれる月に14日以上、育児休業などを取得した場合にも免除となります。

※賞与にかかる保険料についても免除されます。ただし、令和4年10月以降は、当該賞与月の末日を含んだ連続した1カ月を超える育児休業などを取得した場合に限り免除となります。

●養育期間の従前標準報酬月額のみなし措置

子どもが3歳に達するまでの養育期間中に標準報酬月額が低下した場合、養育期間中の報酬の低下が将来の年金額に影響しないように、その子どもを養育する前の標準報酬月額に基づく年金額を受け取ることができる仕組みです。

被保険者が事業主を経由して「厚生年金保険 養育期間標準報酬月額特例申出書」を管轄の年金事務所(事務センター)に提出します。

●産前産後休業終了時改定・育児休業等終了時改定

産前産後休業または育児休業などを終了した後、育児などを理由に報酬が低下した場合、被保険者が実際に受け取る報酬の額と標準報酬月額がかけ離れた額になることがあります。

変動後の報酬に対応した標準報酬月額とするため、産前産後休業または育児休業などを終了したときに被保険者が事業主を経由して保険者に申出をした場合は、標準報酬月額の改定をすることができます。

この届出は、「健康保険・厚生年金保険産前産後終了時報酬月額変更届」または「健康保険・厚生年金保険育児休業等終了時報酬月額変更届」を管轄の年金事務所(事務センター)または健康保険組合に提出します。

	産前産後休業終了時改定	育児休業終了時改定	通常の随時改定
対象者	産前産後休業終了日に当該産前産後休業に係る子を養育している被保険者 ※産休終了日の翌日に育休等を開始している被保険者は対象外	満3歳未満の子を養育するための育児休業等終了日に3歳未満の子を養育している被保険者 ※育児休業終了日の翌日に産前産後休業を開始している被保険者は対象外	対象者については Sec.075を参照
算定の基礎となる期間	産前産後休業終了日の翌日が属する月以後の3カ月間	育児休業終了日の翌日が属する月以後の3カ月間	固定的賃金に変動があった月以後の3カ月間
支払基礎日数	支払基礎日数が17日(特定適用事業所に勤務する短時間労働者は11日)以上の月が少なくとも1カ月以上		支払基礎日数が17日(特定適用事業所に勤務する短時間労働者は11日)未満の月があるときは改定しない
改定に必要な等級差	1等級以上		2等級以上
改定月	産前産後休業終了日の翌日が属する月から起算して4カ月目	育児休業終了日の翌日が属する月から起算して4カ月目	固定的賃金に変動を生じた月から起算して4カ月目
申出の要否	被保険者からの申出に基づき改定が行われる		被保険者からの申出の有無によらず、要件に該当した場合は改定が行われる

SECTION 101

育児休業を取得しやすい環境の整備

●育児休業を取得しやすい環境整備など

育児休業制度を設け、労働者が子育てと仕事を両立できるよう支援することで、雇用の継続や再就職を促し、ワークライフバランスの実現を図ることができます。

改正育児・介護休業法（2022年4月施行）により、男女ともに仕事と育児などを両立しやすい環境を作るために、次の2点を行うことが事業主に義務づけられています。

(1) 育児休業を取得しやすい雇用環境の整備

育児休業と出生時育児休業（産後パパ育休）の申出が円滑に行われるようにするため、事業主は下記のいずれかの措置を講じなければなりません（複数が望ましい）。

①育児休業・出生時育児休業（産後パパ育休）に関する研修の実施

②育児休業・出生時育児休業（産後パパ育休）に関する相談体制の整備（相談窓口設置）

③自社の労働者の育児休業・出生時育児休業（産後パパ育休）取得事例の収集・提供

④自社の労働者へ育児休業・出生時育児休業（産後パパ育休）制度と育児休業取得促進に関する方針の周知

※出生時育児休業（産後パパ育休）は、令和4年10月1日から対象。

(2) 個別の周知・意向確認

本人または配偶者の妊娠・出産などの申出をした労働者に対して、事業主は育児休業制度などに関する下記の事項の周知と休業取得の意向確認の措置を、個別に行わなければなりません。

周知事項	次の①～④すべての事項を周知する必要がある。 ①育児休業・出生時育児休業（産後パパ育休）に関する制度（制度の内容など） ②育児休業・出生時育児休業（産後パパ育休）の申出先（例：人事部など） ③育児休業給付に関すること（例：制度の内容など） ④労働者が育児休業・出生時育児休業（産後パパ育休）期間に負担すべき社会保険料の取扱い
意向確認方法	①面談（オンライン可）　②書面交付　③FAX　④電子メールなどのいずれか （③、④は労働者が希望した場合に限る）

※出生時育児休業（産後パパ育休）は、令和4年10月1日から対象。

●出典・参考「改正育児・介護休業法対応はお済ですか？」（厚生労働省）

URL https://www.mhlw.go.jp/content/11900000/000869228.pdf

●出典・参考「育児・介護休業法の改正について」（厚生労働省）

URL https://www.mhlw.go.jp/content/11900000/000851662.pdf

個別周知・意向確認、雇用環境整備の様式例は下記URLを参照してください。

●「育児・介護休業等に関する規則の規定例」（厚生労働省）
URL https://www.mhlw.go.jp/stf/seisakunitsuite/bunya/000103533.html

●くるみん認定

次世代育成支援対策推進法に基づき、労働者が101人以上の企業は、一般事業主行動計画（労働者の仕事と子育ての両立を図るための計画）の策定・届出、外部への公表、労働者への周知を行うことが義務とされています（100人以下の企業は努力義務）。

適切な行動計画を策定・実施し、その目標を達成するなど一定の要件を満たした企業は「子育てサポート企業」として厚生労働大臣の認定（くるみん認定）を受け、認定マーク（愛称：くるみん）を使用することができます。認定には、「トライくるみん」「くるみん」「プラチナくるみん」の3段階があります。認定を受けた企業は、それぞれのマークを商品、広告、求人広告などに付け、子育てサポート企業であることをPRすることができます。

また、くるみん認定を受けている企業は、公共調達で加点評価が得られたり、「くるみん助成金」を申請することができるなどのメリットもあります。

▶主な認定基準

トライくるみん	くるみん	プラチナくるみん
・女性の育児休業等取得率　75%以上 ・労働時間数　・フルタイム労働者の月平均時間外・休日労働　45時間未満 ・全労働者の月平均時間外労働　60時間未満		
・男性の育児休業等取得率 育児休業　7%以上 または 育児休業および育児目的休暇 15%以上	・男性の育児休業等取得率 育児休業　10%以上 または 育児休業および育児目的休暇 20%以上 ・男女の育児休業等取得率を厚生労働省のウェブサイト「両立支援のひろば」で公表すること	・男性の育児休業等取得率 育児休業　30%以上 または 育児休業および育児目的休暇 50%以上 ・女性の継続就業率 出産した女性労働者のうち、子の1歳時点在職者割合 90%以上 または 出産した女性労働者および出産予定だったが退職した女性労働者のうち、子の1歳時点在職者割合　70%以上 ・認定後、男女の育児休業等取得率など「次世代育成支援対策の実施状況」を毎年公表すること

▶くるみんプラス認定

くるみんプラス認定とは、不妊治療と仕事を両立しやすい職場環境整備に取り組む企業に与えられる認定で、2022年4月に創設されました。この制度は、従来のくるみん認定を受けた企業がさらに一定の基準を満たした場合に、プラス認定（トライくるみんプラス、くるみんプラス、プラチナくるみんプラス）を受けることができます。基準には不妊治療のための休暇制度や柔軟な勤務体系の導入などがあります。

●出典・参考「くるみん認定、プラチナくるみん認定の認定基準等が改正」（厚生労働省）
URL https://www.mhlw.go.jp/content/11900000/jisedai.pdf

SECTION 102

介護休業関連の制度

●介護休業制度等の概要

家族の介護を抱えている労働者の離職を防ぎ、希望に応じて男女ともに仕事と介護を両立できるようにするため、育児・介護休業法に基づき、次の制度が設けられています。

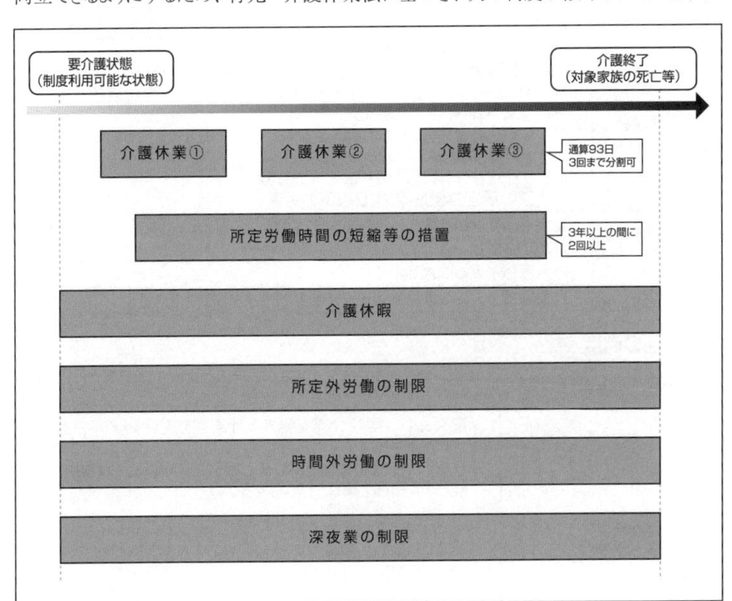

●出典・参考「育児・介護休業のあらまし」(厚生労働省)

URL https://www.mhlw.go.jp/content/11909000/000355354.pdf

●介護休業

内容	労働者が要介護状態(負傷、疾病または身体上もしくは精神上の障害により、2週間以上の期間にわたり常時介護を必要とする状態)にある対象家族を介護するための休業
対象労働者	・原則、すべての労働者(日々雇用を除く) ・有期雇用労働者は、申出時点において、介護休業取得予定日から起算して93日経過する日から6カ月を経過する日までに労働契約期間が満了し、更新されないことが明らかでない者 ・以下の労働者は労使協定で除外できる ①雇用期間が1年未満の労働者 ②93日以内に雇用関係が終了する労働者 ③週の所定労働日数が2日以下の労働者
対象家族	配偶者(事実婚を含む)、父母、子、配偶者の父母、祖父母、兄弟姉妹および孫
回数	対象家族1人につき3回
期間	対象家族1人につき通算93日まで

●その他の制度

制度	内容
所定労働時間短縮等の措置	・事業主は、常時介護を要する対象家族を介護する労働者(日々雇用を除く)について、対象家族1人につき次のいずれかを、利用開始から3年以上の間で2回以上の利用を可能とする措置を講じなければならない ①短時間勤務制度 ②フレックスタイム制度 ③時差出勤の制度 ④介護費用の助成制度 ・下記の労働者は労使協定により除外できる ①雇用期間が1年未満の労働者 ②週の所定労働日数が2日以下の労働者
介護休暇	・要介護状態にある対象家族の介護その他の世話を行う労働者(日々雇用を除く)は、年5日(対象家族が2人以上の場合は10日)まで、介護その他の世話を行うために休暇を取得することができる ・以下の労働者は労使協定で除外できる ①雇用期間6カ月未満の労働者 ②週の所定労働日数が2日以下の労働者
所定外労働の制限	・事業主は、要介護状態にある対象家族を介護する労働者(日々雇用を除く)が請求した場合、事業の正常な運営を妨げる場合を除き、所定労働時間を超えて労働させてはならない ・以下の労働者は労使協定により除外できる ①雇用期間が1年未満の労働者 ②週の所定労働日数が2日以下の労働者

制度	内容
時間外労働の制限	・事業主は、要介護状態にある対象家族を介護する労働者(日々雇用を除く)が請求した場合、1カ月24時間、1年150時間を超える時間外労働をさせてはならない ・ただし、下記の労働者は対象とならない ①雇用期間が1年未満の労働者 ②週の所定労働日数が2日以下の労働者
深夜業の制限	・事業主は、要介護状態にある対象家族を介護する労働者(日々雇用を除く)が申し出た場合、事業の正常な運営を妨げる場合を除き、午後10時から午前5時までの間、労働させてはならない ・ただし、下記の労働者は対象とならない ①雇用期間が1年未満の労働者 ②16歳以上の介護ができる同居の家族がいる場合など ③週の所定労働日数が2日以下の労働者 ④所定労働時間の全部が深夜にある労働者
不利益取扱いの禁止	介護休業等の制度の申出や取得を理由とした解雇その他、不利益な取扱いは禁止されている
ハラスメントの防止措置	事業主は、上司・同僚からの介護休業などを理由とする嫌がらせなどを防止する措置を講じることをが義務付けられている

●介護休業給付金

雇用保険の被保険者が、要介護状態にある家族を介護するための休業を取得して、介護休業期間中の賃金が休業開始時の賃金と比べて80%未満に低下したなど、一定の要件を満たした場合に、原則として、被保険者が事業主を経由して管轄のハローワークで支給申請などの手続を行います。

▶受給資格

①家族を介護するために介護休業を取得した被保険者であること。

②介護休業を開始した日の前2年間に、賃金支払基礎日数が11日以上(完全月が通算して12カ月以上(原則、介護休業を開始した日の前2年間に、賃金支払基礎日数が11日以上必要。12カ月ない場合は、完全月で賃金支払の基礎となった時間数が80時間以上の月を1カ月として取り扱う))あること。

③期間雇用者の場合は上記に加え、休業開始時において、同一事業主のもとで介護休業開始予定日から起算して93日を経過する日から6カ月を経過する日までに、その労働契約(労働契約が更新される場合は更新後のもの)が満了することが明らかでないこと。

▶支給要件

下記の要件をすべて満たしている場合に支給対象（支給対象期間）となります。

①介護休業開始日から起算して1カ月ごとに区切った各期間（支給単位期間）の、初日から末日まで継続して被保険者資格を有していること。

②支給単位期間に、就業していると認められる日数が10日以下であること。

③支給単位期間に支給された賃金額が、休業開始時の賃金月額の80%未満であること。

▶支給額

支給額 = 休業開始時賃金日額 × 支給日数 × 67%

※「休業開始賃金日額」は、休業開始前6ヶ月間の賃金を180で除した額となります。

※休業期間中に事業主から賃金が支払われた場合は、賃金額に応じて支給額が調整されます。

・賃金+支給額が休業前賃金の80%以上→休業前賃金の80%−賃金の額

・賃金が休業前賃金の80%以上の場合→支給されない

●出典・参考「介護休業給付について」（厚生労働省）

URL https://www.mhlw.go.jp/content/11600000/001127570.pdf

SECTION 103

労災保険給付

●労災保険の主な給付

給付されるとき	給付の種類	保険給付の内容	特別支給金の内容	保険給付の申請期限（時効）
傷病のため治療を受けるとき	療養（補償）等給付	療養費の全額を支給	―	療養の費用を支出した日ごとに請求権が発生し、その翌日から2年
療養のため休業するとき	休業（補償）等給付	休業4日目から休業1日につき休業給付基礎日額の60%	（休業特別支給金）休業4日目から、休業1日につき給付基礎日額の20%相当額	賃金を受けない日ごとに請求権が発生し、その翌日から2年
	傷病（補償）等年金	療養開始後1年6カ月を経過しても治らず傷病等級に該当する場合、年金給付基礎日額の313日分（1級）～245日分（3級）	（傷病特別支給金）114万円（1級）から100万円（3級）までの一時金 （傷病特別年金）算定基礎日額の313日分（1級）～245日分（3級）の年金	監督署長の権限により移行されるため請求時効はない
障害が残ったとき	障害（補償）等給付	年金：給付基礎日額の313日分（1級）～131日分（7級）の年金	（障害特別支給金）342万円（1級）から159万円（7級）までの一時金 （障害特別年金）算定基礎日額の313日分（1級）～131日分（7級）の年金	傷病が治癒した日の翌日から5年
		一時金：給付基礎日額の503日分（8級）～56日分（14級）の一時金	（障害特別支給金）65万円（8級）から8万円（14級）までの一時金 （障害特別一時金）算定基礎日額の503日分（8級）～56日分（14級）の年金	

給付されるとき	給付の種類	保険給付の内容		特別支給金の内容	保険給付の申請期限（時効）
労働者が死亡したとき	遺族（補償）等給付	年金	遺族数に応じて、給付基礎日額の245日分～153日分	（遺族特別支給金）一律300万円 （遺族特別年金）遺族の数等に応じ、算定基礎日額の245日分～153日分の年金	労働者が亡くなった日の翌日から5年
		一時金	①遺族（補償）等年金受給資格者がいないとき、給付基礎日額1000日分の一時金 ②遺族（補償）等年金を受けている人が失権し、かつ、他に遺族（補償）等年金受給資格者がいない場合は、給付基礎日額1000日分の一時金から、すでに支給した年金の合計額を差し引いた額	（遺族特別支給金）一律300万円 ①の場合のみ （遺族特別一時金）算定基礎日額の1000日分の一時金 ②の場合は、すでに支給した特別年金の合計額を差し引いた額	労働者が亡くなった日の翌日から5年
	葬祭料等（葬祭給付）	315,000円＋給付基礎日額の30日分（最低保証額は給付基礎日額の60日分）		－	労働者が亡くなった日の翌日から2年
介護を受けているとき	介護（補償）等給付	障害（補償）等年金または傷病（補償）等年金受給者（1級または2級）が介護を受けている場合、介護の費用を支給（1日当たりの上限は、常時介護177,950円、随時介護88,980円）		－	介護を受けた月の翌月の1日から2年
直近の定期健診などで一定項目に異常があるとき	二次健康診断等給付	脳血管および心臓の状態を把握するための二次健康診断および特定保健指導の給付		－	一次健康診断の結果を知ることができる日から2年

※傷病特別支給金を受給していた者が、障害特別支給金を受給するに至った場合には、すでに受給した傷病特別支給金の額を超えるときに限り、その超える額に相当する額が障害特別支給金として支給されます。

●出典・参考「労災保険給付の概要」（厚生労働省）
URL https://www.mhlw.go.jp/content/11200000/001241566.pdf

SECTION 104
雇用保険給付

●雇用保険の主な給付

給付の種類		給付されるとき	給付の内容	申請期限
求職者給付	基本手当	労働者が失業したとき	離職日以前2年間に被保険者期間が通算12カ月(解雇・倒産等は6カ月)以上ある場合に受給資格者となり、直近6カ月の平均賃金日額の45~80%(以下「基本手当日額」という)を離職時の年齢や離職理由などに応じて90~360日分を支給	離職の日の翌日から1年間(延長あり)
	技能習得手当	基本手当を受給している人が公共職業訓練等を受けたとき	受講手当→日額500円(40日を限度) 通所手当(交通費)→月額42,500円を上限	基本手当の受給中(最長2年間)/失業認定日に申請
	寄宿手当	公共職業訓練などを受けるために寄宿するとき	寄宿手当→月額10,700円(生計を維持されている同居の親族と別居する場合)	
	傷病手当	病気やケガのために働くことができなくなったとき	求職の申込後、15日以上引き続いて職業に就けない場合に、基本手当日額に相当する額を所定給付日数の範囲内で支給	病気やケガが治った後の最初の失業認定日までに申請
	高年齢求職者給付金	65歳以上の高年齢被保険者が失業したとき	離職日以前1年間に被保険者期間が通算6カ月以上ある場合に、基本手当日額を一時金として支給 被保険者であった期間が1年未満→30日分 被保険者であった期間が1年以上→50日分	離職日の翌日から1年間(延長なし)
就職促進給付	再就職手当	失業した人が、早期に再就職したとき(常用雇用)	安定した職業(1年を超えて雇用が確実または事業開始)に就いたなどの場合で、 ・支給残日数が所定給付日数の2/3以上ある→基本手当日額×支給残日数×70% ・支給残日数が所定給付日数の1/3以上2/3未満→基本手当日額×支給残日数×60%	就職日の翌日から1カ月以内
	就職促進定着手当	再就職手当を受けた人が、離職前の賃金より低い賃金で6カ月以上雇用されたとき	基本手当の支給残日数の40%(再就職手当の給付率が70%の場合は30%)を上限として、低下した賃金(差額)の6カ月分を支給	就職日から6カ月目に当たる日の翌日から2カ月以内
	就業手当	失業した人が、早期に再就職したとき(常用雇用以外)	再就職手当の支給対象とならない職業(短時間のアルバイトなど)に就いた場合で、支払残日数が所定給付日数の1/3以上かつ45日以上ある→基本手当日額×就業日×30%	失業認定日に申請(4週に1度)
	常用就職支度手当	失業した人が、再就職したとき(就職困難者など)	常用就職が困難な人がハローワークなどの紹介により安定した職業(1年以上の雇用が確実)に就いた場合で、支給残日数が所定給付日数の1/3未満→基本手当日額×90日×40%(支払残日数が90日未満の場合は、支給残日数もしくは45日のいずれか多い日数×40%)	就職日の翌日から1カ月以内

給付の種類		給付されるとき	給付の内容	申請期限
教育訓練給付	一般教育訓練給付金・特定一般教育訓練給付金	厚生労働大臣指定の一般教育訓練を受講するとき	一般被保険者又は高年齢被保険者で、支給要件期間が3年(初回は1年)以上あり、教育訓練を終了して証明をされた場合に支給 一般→受講費用×20%(上限10万円) 特定一般→受講費用×40%(上限20万円) ※支給額が4,000円を超えないときは支給されない	職業訓練終了日の翌日から1カ月以内
	専門実践教育訓練給付金	厚生労働大臣指定の専門実践教育訓練を受講するとき	一般被保険者又は高年齢被保険者で、支給要件期間が3年(初回は2年)以上あり、教育訓練を終了して証明をされた場合に支給 原則→受講費用×50%(1年40万円/上限120万円) 資格取得+雇用→受講費用×70%(1年56万円/上限168万円) ※支給額が4,000円を超えないときは支給されない	支給単位期間(6カ月)の末日から1カ月以内 (追加給付) 雇用された日の翌日から1カ月以内
	教育訓練支援給付金	45歳未満の離職者が専門実践教育訓練を受講するとき	令和7年3月31日以前に初めて専門実践教育訓練を開始(開始日に45歳未満)し、訓練期間中のうち 失業している日について支給 →基本手当日額相当額×80%×失業認定を受けた日数	支給単位期間(2カ月)ごとの失業認定日に申請
雇用継続給付	高年齢雇用継続基本給付金	60歳以降に賃金が低下した状態で働き続けるとき	被保険者であった期間が5年以上ある60歳以上65歳未満の人が、60歳以後も継続して雇用され、支給対象月の賃金が60歳時点と比べて75%未満に低下した場合に、65歳に達する日の属する月まで支給 →支給対象月の賃金×給付率(最大15%)	初回の支給対象月の初日から4カ月以内
	高年齢再就職給付金		被保険者であった期間が5年以上、かつ、基本手当を受給した後、所定給付日数を100日以上残して 60歳以降に再就職し、賃金が75%未満に低下した場合に支給(ただし、65歳に達する日の属する月まで) →支給対象月の賃金×給付率(最大15%) 支給残日数が100日以上200日未満の場合は1年間、200日以上の場合は2年間	初回の支給対象月の初日から4カ月以内
	介護休業給付金	家族を介護するために介護休業を取得したとき	介護休業(対象家族1人につき、93日を3回まで分割取得可能)を取得し、一定の要件を満たしている場合に支給 →休業開始時賃金日額×支給日数×67% ・賃金+支給額が休業前賃金の80%以上 →休業前賃金の80%−賃金の額 ・賃金が休業前賃金の80%以上 →支給されない	休業終了日の翌日から2カ月を経過する日の属する月の末日

給付の種類		給付されるとき	給付の内容	申請期限
育児休業給付	育児休業給付金	1歳未満の子(最長2歳)を養育するために育児休業を取得したとき	育児休業(子1人につき、2回まで分割取得可能)を取得し、一定の要件を満たしている場合に支給 →休業開始時賃金日額×支給日数×67%(休業日数通算が180日到達後は50%) ・賃金+支給額が休業前賃金の80%以上 →休業前賃金の80%−賃金の額 ・賃金が休業前賃金の80%以上 →支給されない	初回の支給単位期間の初日から4カ月を経過する日の属する月の末日
	出生時育児休業給付金	出生後8週間以内の子を養育するために出生時育児休業(産後パパ育休)を取得したとき	出生時育児休業(子1人につき、28日を2回まで分割取得可能)を取得し、一定の要件を満たしている場合に支給 休業開始時賃金日額×支給日数×67%(休業日数通算が180日到達後は50%) ・賃金+支給額が休業前賃金の80%以上 →休業前賃金の80%−賃金の額 ・賃金が休業前賃金の80%以上 →支給されない	出生日(出産予定日前に出生した場合は出産予定日)から8週間を経過する日の翌日から2カ月を経過する日の属する月の末日

●出典・参考「失業等給付について」(厚生労働省)

URL https://www.mhlw.go.jp/content/11600000/001127572.pdf

SECTION 105

健康保険給付

●健康保険の主な給付

	給付の種類	給付されるとき	給付の内容	申請期限(時効)
病気・ケガ	療養の給付	本人(家族)が病気やケガをしたとき	医療機関で受診の際の自己負担割合は以下の通り ・義務教育就学前　2割負担 ・義務教育就学〜70歳未満　3割負担 ・70歳以上75歳未満(後期高齢者医療の対象者を除く)　2割負担(現役並み所得者　3割負担)	―
	療養費	本人(家族)が医療費を立替払いしたとき	海外の病院などで診療を受けた場合や治療用装具を装着し一時的に全額立替払いしたときなどに、療養の給付の自己負担割合(上記と同じ)の額を控除した額を支給	療養に要した費用を支払った日の翌日から2年
	移送費	本人(家族)が医療機関に移送されたとき	医療機関までの経済的な経路・方法により移送されたときの費用により算定した額を支給	移送に要した費用を支払った日の翌日から2年
	傷病手当金	本人が病気やケガで会社を休んだとき	3日間連続した休業の後、4日目以降の休業に対して1日につき標準報酬日額の3分の2相当額を1年6カ月を限度に支給	労務不能であった日ごとにその翌日から2年
	高額療養費	本人(家族)の自己負担額が高額になったとき	同一月に支払った自己負担額が一定の額(年齢、所得に応じて異なる)を超えたときに支給 70歳未満は事前に申請することで窓口負担が自己負担限度までとなる「限度額適用認定証」が交付される 70歳以上75歳未満は高齢受給者証を提示することで窓口負担が自己負担限度額までとなる	診療日の翌月の1日から2年(自己負担分を診療月の翌月以降に支払ったときは支払った日の翌日から2年)
	高額介護合算療養費	同一世帯内の医療保険と介護保険の自己負担額が高額になったとき	1年間(8月1日〜翌年7月31日)の医療保険と介護保険の自己負担の合算が一定の額(加入している医療保険制度、年齢、所得に応じて異なる)を超えたときに支給	基準日(毎年7月31日)の翌日から2年
出産	出産育児一時金	本人(家族)が出産したとき	妊娠85日以後の出産に対し、1児につき50万円を支給(産科医療補償制度に加入していない病院などでの出産は48.8万円)	出産日の翌日から2年
	出産手当金	本人が出産のために会社を休んだとき	出産予定日の42日前(多胎妊娠の場合98日。出産予定日が遅れた期間も支給)産後56日まで、休業1日につき標準報酬日額の3分の2相当額を支給	出産のために労務に就かなかった日ごとにその翌日から2年
死亡	埋葬料(埋葬費)	本人(家族)が死亡したとき	家族が埋葬を行った場合は5万円を支給 家族以外が埋葬を行った場合は5万円を限度に埋葬費を支給	死亡した日の翌日から2年(埋葬費は埋葬を行った日の翌日から2年)

SECTION 106
健康管理

事業者は、労働者に対し、労働安全衛生法などで定められた健康診断の実施が義務付けられています。

●主な一般健康診断

健康診断の種類	対象者	実施時期
雇入時健康診断	常時使用する労働者	雇入れ時
定期健康診断	常時使用する労働者（次項の特定業務従事者を除く）	1年以内ごとに1回
特定業務従事者の健康診断	深夜業等の一定の業務に常時従事する労働者	左記業務への配置替えの際、6カ月以内ごとに1回
海外派遣労働者の健康診断	海外に6カ月以上派遣する労働者	海外に6カ月以上派遣のとき、帰国後国内業務に就かせるとき
給食従業員の検便	食堂などにおける給食業務に従事する労働者	雇入れ時、配置替え時

▶パートタイム労働者等の短時間労働者の健康診断

下記の①、②の要件を満たす場合は定期健康診断の対象となります。

また、①の要件を満たし、1週間の所定労働時間が通常の労働者（正社員）の1／2以上である場合も対象者とすることが望ましいです。

①1年以上雇用される見込みがある者または1年以上雇用されている者

②1週間の所定労働時間が同種の業務に従事する通常の労働者（正社員）の3／4以上の者

▶派遣労働者の健康診断

派遣労働者の一般健康診断は派遣元が実施し、有害業務にかかる特殊健康診断は派遣先が実施します。

●定期健康診断の項目

①既往症・業務歴の調査（喫煙歴・服薬歴の聴取）

②自覚症状及び他覚症状の有無の検査

③身長・体重・腹囲・視力および聴覚の検査

④腹部X線検査および喀痰検査

⑤血圧の測定

⑥貧血検査

⑦肝機能検査

⑧血中脂質検査

⑨血糖検査

⑩尿検査

⑪心電図検査

雇入れる者が3カ月以内に医師による健康診断を受けており、その旨を書面で提出した場合には、その者が受診した項目についての健康診断は省略することができます。

●一般健康診断（定期健康診断）の実施と事後措置の流れ

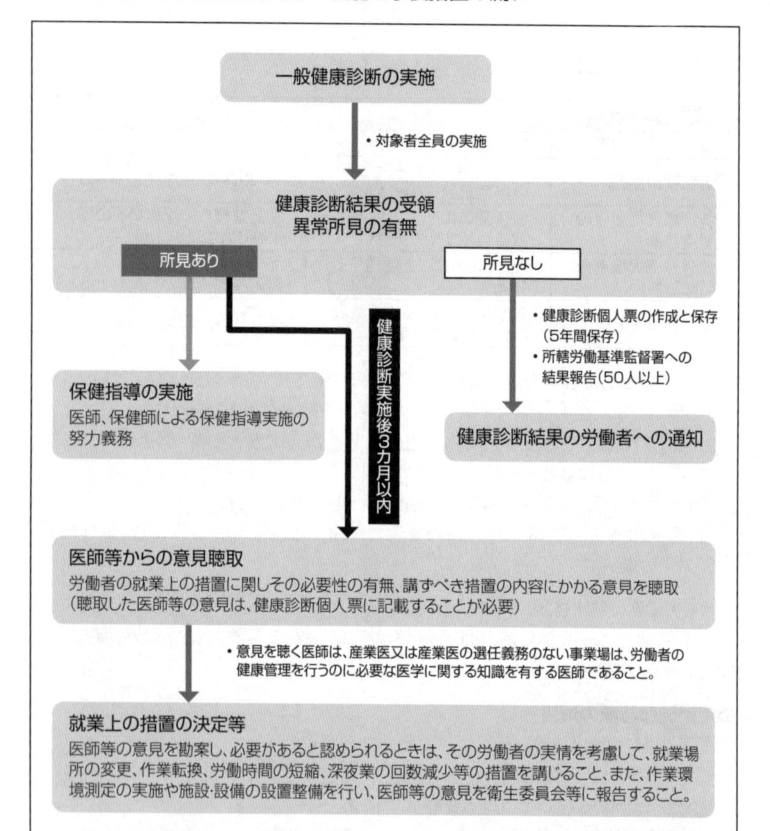

●出典・参考「健康診断の実施」（福岡労働局）

URL https://jsite.mhlw.go.jp/fukuoka-roudoukyoku/library/fukuoka-roudoukyoku/44pamphlet/kantoku/tebiki26_10.pdf

●健康診断の費用負担など

(1)労働安全衛生法に基づき実施される健康診断の費用

労働安全衛生法の義務に基づいて実施させる健康診断の費用については、事業主の負担となります。ただし、労働者自らが選択した医師などによる健康診断は必ずしも事業主が負担する必要はありません。

(2)一般健康診断の受診時の賃金支払

受診時間には賃金支払義務はありませんが、支払うことが望ましいとされています。

(3)特殊健康診断の受診時の賃金支払など

特殊健康診断(一定の有害業務に従事する者に実施)の受診時間には賃金支払義務があり、時間外の場合は割増賃金を支払う必要があります。

※(2)(3)については、労働者が自ら選択した医師などによる健康診断の受診時間に賃金を支払う必要はありません。

●長時間労働者に対する医師の面接指導制度

脳・心臓疾患の発症を防止するために医師による面接指導が義務付けられています(50人未満の事業場は地域産業保健センターを活用)。

対象事業場	全事業場(平成20年4月以降50人未満の事業場にも適用)
実施義務	1カ月当たりの時間外および休日労働時間が「80時間を超え、かつ疲労の蓄積が認められる者」から申し出がある場合

●ストレスチェック制度

対象事業場	常時50人以上の労働者を使用する事業場(労働者50人未満の事業場は当分の間は努力義務)
対象者	常時使用する労働者(労働者にストレスチェックを受ける義務はない)
頻度・内容	1年以内ごとに1回、「心理的な負担の程度を把握するための検査」を実施
結果の通知	検査結果は、検査を行った医師などから直接本人に通知。本人の同意なく事業者に結果を提供することは禁止
面接指導	労働者から申し出があった場合、医師による面接指導を実施。申し出を理由とする事業者による不利益取り扱いは禁止
事後措置	事業者は面接指導の結果を記録し、5年間保存。面接指導の結果に基づき、医師の意見を聴き、就業上の必要措置を講じる
報告義務	50人以上の労働者を使用する事業者は、検査・面接指導の実施状況を労働基準監督署へ報告する

安全衛生管理体制

●安全衛生管理体制とは

事業者は労働災害の防止のための危害防止基準の確立、責任体制の明確化および自主的活動を講じることで、職場における労働者の安全と健康を確保し、快適な職場環境を形成しなければなりません。そのための安全衛生管理体制を整えることが、労働安全衛生法により事業者に義務付けられています。

また、安全衛生管理体制を整えていない事業者に対しては是正勧告が行われ、悪質な場合は50万円以下の罰金が科されます。

●安全衛生に関する担当者

総括安全衛生管理者	安全管理者、衛生管理者、救護技術管理者の指揮および一定事項の統括管理をする
安全管理者	危険時の応急・防止措置や設備・器具点検など、安全に関する技術的事項を管理する
衛生管理者	健康障害の防止など、衛生に関する技術的事項を管理する
安全衛生推進者	安全衛生に関する業務を担当する
衛生推進者	衛生に関する業務を担当する
産業医	専門的な立場から労働者の健康管理などを行い、指導や助言を行う

●安全衛生委員会・衛生委員会

一定の規模に該当する事業場では、労働者の危険や健康障害を防止する対策などについて調査・審議し、事業者に対して意見を述べるために、安全委員会、衛生委員会(または両委員会を統合した安全衛生委員会)を設置し、毎月1回以上会議を開催することが義務付けられています。

	業種	常時使用する労働者数	安全委員会	衛生委員会
1	林業、鉱業、建設業、製造業の一部(木材・木製品製造業、化学工業、鉄鋼業、金属製品製造業、輸送用機械器具製造業)、運送業の一部(道路貨物運送業、港湾運送業)、自動車整備業、機械修理業、清掃業	50人以上	必要	必要
2	製造業(1以外)、運送業(1以外)、電気業、ガス業、熱供給業、水道業、通信業、各種商品卸売業、家具・建具・じゅう器等卸売業、各種商品小売業、家具・建具・じゅう器等小売業、燃料小売業、旅館業、ゴルフ場業	100人以上	必要	必要
		50人以上100人未満	義務なし	必要
3	1と2以外の業種	50人以上	義務なし	必要

●出典・参考「安全委員会、衛生委員会について教えてください。」(厚生労働省)

URL https://www.mhlw.go.jp/stf/seisakunitsuite/bunya/koyou_roudou/roudoukijun/faq/1.html

●業種別安全衛生管理組織

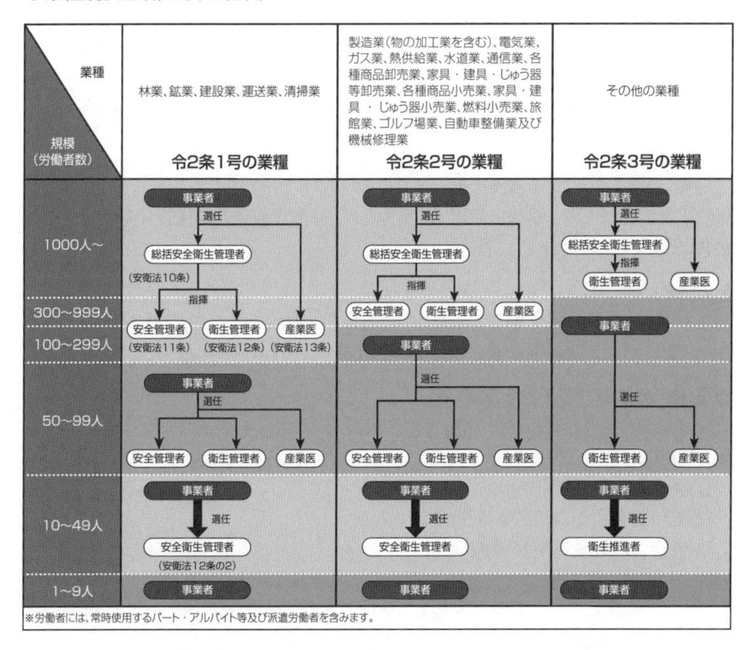

●出典・参考「中小規模事業場の安全衛生管理の進め方」(東京労働局)

URL https://jsite.mhlw.go.jp/tokyo-roudoukyoku/content/contents/000706796.pdf

SECTION 108

ハラスメント

●職場におけるさまざまなハラスメントについて

職場におけるさまざまなハラスメントは、労働者個人の尊厳や人格を不当に傷つける社会的に許されない行為であり、労働者が能力を十分に発揮することの妨げにもなります。また、企業などにとっても職場秩序の乱れや業務への支障につながり、最終的には社会的評価に悪影響を及ぼしうる問題であるため、総合的な対策を講じることが重要です。

▶職場とは

労働者が就業している場所の他、取引先の事務所や接待を含む打ち合わせをするための飲食店、出張先、業務で使用する車中など、労働者が業務を遂行する場所すべてが含まれます。

▶労働者とは

正社員、パートタイム労働者、契約社員など雇用形態にかかわらず、すべての労働者をいいます。また、派遣労働者についても該当します。

●職場におけるパワーハラスメント

職場において行われるパワーハラスメントとは、下記の3つの要素すべてを満たす行為をいいます。

①優越的な関係を背景とした言動
②業務上必要かつ相当な範囲を超えたもの
③労働者の就業環境が害されるもの

なお、客観的にみて、業務上必要かつ相当な範囲で行われる適正な業務指示や指導は該当しません。

●職場におけるパワーハラスメントの6類型

類型	具体的な行為	例
①身体的な攻撃	暴行・障害	・物を投げつけられ、身体に当たった ・蹴られたり、殴られたりした ・いきなり胸ぐらをつかまれて、説教された
②精神的な攻撃	脅迫・名誉棄損・侮辱・ひどい暴言	・同僚の前で上司から無能扱いする言葉を受けた ・皆の前で、ささいなミスを大きな声で叱責された ・必要以上に長時間にわたり、繰り返し執拗に叱られた
③人間関係からの切り離し	隔離・仲間外し・無視	・理由もなく他の社員との接触や協力依頼を禁じられた ・先輩や上司に挨拶しても無視され、挨拶してくれない ・根拠のない悪い噂を流され、会話してくれない
④過大な要求	業務上明らかに不要なことや遂行不可能なことの強制・仕事の妨害	・終業間際なのに、過大な仕事を毎回押しつけられる ・1人ではできない量の仕事を押しつけられる ・達成不可能な営業ノルマを常に与えられる
⑤過少な要求	業務上の合理性なく、能力や経験とかけ離れた程度の低い仕事を命じたり、仕事を与えないこと	・営業職なのに、倉庫の掃除を必要以上に強要される ・事務職で採用されたのに、仕事は草むしりだけ ・他の部署に異動させられ、仕事を何も与えられない
⑥個の侵害	私的なことに過度に立ち入ること	・個人所有のスマホを勝手にのぞかれる ・不在時に、机の中を勝手に物色される ・休みの理由を根掘り葉掘りしつこく聞かれる

●職場におけるセクシャルハラスメント

職場において行われるクシャルハラスメントとは、労働者の意に反する性的な言動に対する対応で、労働条件について不利益を受けたり、性的な言動により就業環境が害されることです。

種類	内容	例
対価型セクハラ	労働者の意に反する性的な言動に対して拒否や抗議をしたことで、解雇や降格、減給、配置転換などの不利益を受けること	・出張中の車内で、上司が女性の部下の腰や胸にさわったが、抵抗されたため、その部下に不利益な配置転換をした。 ・事務所内で、社長が日頃から社員の性的な話題を公然と発言していたが、抗議されたため、その社員を解雇した。
環境型セクハラ	労働者の意に反する性的な言動で職場の環境が不快となり、見過ごせないほどの支障が生じること	・事務所内で上司が頻繁に肩や腰などを触るので、また触れられるかもしれないという懸念から仕事が手に付かず、就業意欲が低下している。 ・同僚が取引先で私的な交友関係の性的な情報を意図的かつ継続的に流したため、そのことが苦痛に感じられて仕事が手につかない。

●職場における妊娠・出産・育児休業等に関するハラスメント

職場において行われる上司・同僚からの言動により、妊娠・出産した女性労働者や育児・介護休業などを申請・取得した男女労働者などの就業環境が害されることです。

なお、業務分担や安全配慮などの観点から、客観的にみて、業務上の必要性に基づく言動によるものは該当しません。

●事業主が雇用管理上講ずべき措置

職場におけるハラスメントを防止するために、事業主が雇用管理上講ずべき措置として、主に次の措置が厚生労働大臣の指針により定められています。

なお、派遣労働者に対しては、派遣元のみならず、派遣先事業主も措置を講じなければなりません。

①事業主の方針の明確化およびその周知・啓発
②相談(苦情を含む)に応じ、適切に対応するために必要な体制の整備
③職場におけるハラスメントへの事後の迅速かつ適切な対応
④併せて講ずべき措置(プライバシー保護、不利益取扱いの禁止など)

詳細については、下記を参照してください。

●「職場におけるパワーハラスメント対策が事業主の義務になりました!」(厚生労働省)
URL https://www.mhlw.go.jp/content/11900000/000611025.pdf

SECTION 109

キャリアコンサルティング

●キャリアコンサルティングとは

キャリアコンサルティングとは、従業員の職業の選択、職業生活設計または職業能力の開発および向上に関する相談に応じ、助言および指導を行うことをいいます。

人生100年時代を迎え職業人生の長期化や働き方の多様化、雇用慣行の変化などに加え、雇用の不透明さが増す中で、これまで以上に働く者自らが職業生活設計を行うなど、主体的なキャリア形成への意識に高まりが見られます。キャリア形成支援の重要性や社会からの期待が一層高まる中で、キャリアコンサルティングは、キャリア形成に関する労働市場のインフラとしての役割も担っています。

キャリアコンサルタントとは、企業やハローワーク、教育機関など幅広い分野でキャリアコンサルティングを行う専門家です。

●キャリアコンサルティングの効果・意義

キャリアコンサルティングを活用することで、従業員との信頼関係を構築して従業員が抱える課題を把握できるようになり、従業員の自発的な職業能力開発の取組みを促すことができるようになります。

直接的な効果	人事施策との相乗効果	広範な経営施策との相乗効果
・上司と部下のコミュニケーションの促進 ・従業員の意識や職場の課題把握	・従業員の定着促進 ・従業員の職業能力の向上	・業績の向上 ・生産性の向上

▶キャリアコンサルティングに関する調査・報告

キャリアの専門家に相談経験のある人は、下図のように職業生活全般において満足感がアップしています。

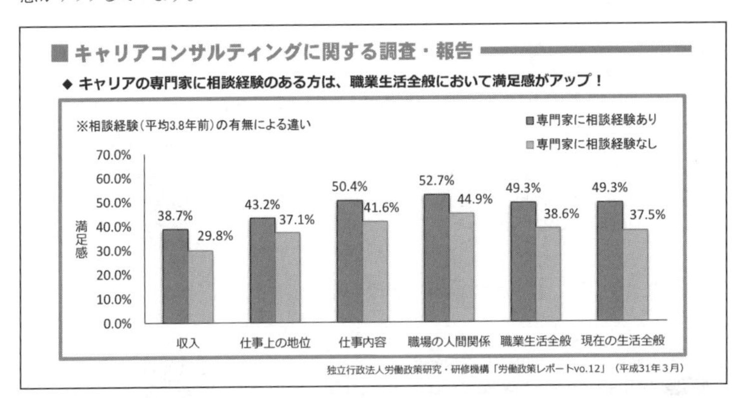

●出典・参考「企業関係者へのキャリコン普及リーフレット」（厚生労働省）

URL https://www.mhlw.go.jp/content/11800000/000522295.pdf

第1章 第2章 第3章 第4章 キャリアコンサルティング

●キャリアコンサルティングの流れ（厚生労働省）

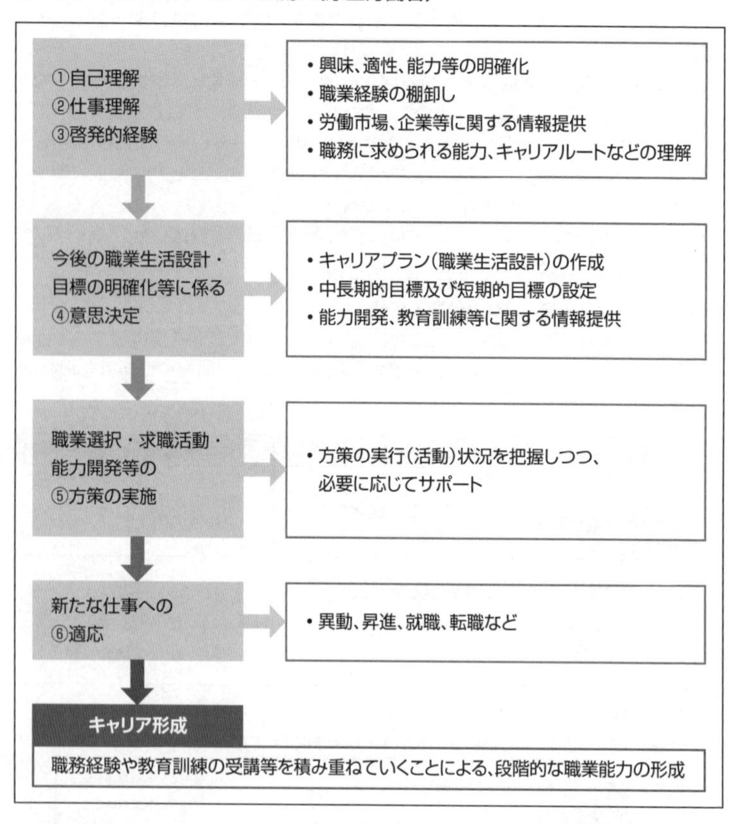

●出典・参考「キャリアコンサルティングの流れ」（厚生労働省）
URL https://www.mhlw.go.jp/stf/seisakunitsuite/bunya/0000198322.html

事業主向けの「人材開発支援策（キャリア形成、教育訓練給付など）」についての情報は下記を参照してください。

●『「人材開発支援策」のご案内』（厚生労働省）
URL https://www.mhlw.go.jp/content/001084235.pdf

SECTION 110

退職時の必要書類と手続

●退職時に提出・回収するもの

- 退職届
- 健康保険被保険者証（本人および扶養家族分）
- 身分証明書（社章・社員証など）
- 名刺（本人および取引先分）
- 制服・作業服
- 事務用品・備品
- 業務書類・資料・データ
- カギ類・セキュリティカードなど
- 通勤定期券

●退職時に渡すもの

- 雇用保険被保険者証　※会社で預かっている場合
- 雇用保険被保険者資格喪失確認通知書
- 雇用保険被保険者離職票
- 健康保険・厚生年金保険被保険者資格喪失証明書
- 年金手帳（基礎年金番号通知書）　※会社で預かっている場合
- 給与所得の源泉徴収票
- 退職所得の源泉徴収票　※退職金を支給する場合
- 退職証明書　※本人から請求があった場合

●その他の確認事項

- 未清算の貸付金・仮払金・社内預金などについて
- 退職後の連絡先や住所について
- 退職後、一定期間保管すべき書類について

●退職時の手続

	申請書類	提出期限	提出先
社会保険	健康保険・厚生年金保険被保険者資格喪失届	退職日の翌日から5日以内	管轄の年金事務所（事務センター）または健康保険組合
	健康保険被保険者証 ※本人と扶養家族分	「健康保険・厚生年金保険被保険者資格喪失届」とともに	
	健康保険被保険者証回収不能届 ※紛失等で回収できなかった場合		
雇用保険	雇用保険被保険者資格喪失届	退職日の翌日から10日以内	管轄のハローワーク
	雇用保険被保険者離職証明書 ※離職票が必要な場合		
住民税	給与支払報告・特別徴収に係る給与所得者異動届出書 ※特別徴収を行っている場合	退職日の翌月10日まで	住民税を納める市区町村

SECTION 111 雇用保険の資格喪失手続

●資格喪失手続

従業員が退職した場合は、雇用保険の資格喪失手続を行います。契約内容の変更などにより被保険者資格の要件を満たさなくなった場合にも同様に手続きが必要です。

離職票が必要な場合と不要な場合で手続きが異なるため注意が必要です。

▶離職票が必要な場合

「雇用保険被保険者資格喪失届」に「雇用保険被保険者離職証明書」を添えてハローワークに提出します。雇用保険被保険者離職証明書は、3枚綴りの複写式の用紙で、1枚目は事業主控、2枚目がハローワーク提出用、3枚目が退職者に渡す「離職票-2」となっており、3枚ともハローワークに提出します。

(1)退職者が離職票の交付を希望する場合

退職者から離職票の交付の希望があった場合は、在職期間の長短や失業給付の受給資格の有無にかかわらず、離職証明書を提出しなければなりません。

(2)退職時の年齢が59歳以上の従業員の場合

60歳以上64歳までの労働者が「高年齢雇用継続給付」を申請する場合、「雇用保険被保険者六十歳到達時賃金証明書(賃金証明書)や「離職票−2」などの書類を提出することになります。したがって、従業員が退職時に59歳以上の場合には、本人の希望にかかわらず離職証明書を提出しなければなりません。

申請書類	・雇用保険被保険者資格喪失届 ・雇用保険被保険者離職証明書
添付書類	・離職日以前の賃金支払状況を確認する資料 「労働者名簿」「出勤簿(タイムカード)」「賃金台帳」など ・離職理由の確認する資料 「退職届」「解雇予告通知書」「就業規則」「労働契約書」など、退職理由により必要書類が異なる
提出期限	退職などの翌日(資格喪失日)から10日以内
提出先	管轄のハローワーク
交付/控書類	・「雇用保険被保険者離職票−1資格喪失確認通知書(被保険者通知用)」「雇用保険被保険者離職票−2」(3枚目)→　従業員へ渡す ・「雇用保険被保険者資格喪失確認通知書(事業主通知用)」「雇用保険被保険者離職証明書(事業主控)」(1枚目)→　会社で保管する

※退職者は、失業給付を受ける手続きに必要な「離職票−1」と「離職票−2」を本人の住所地のハローワークに提出するので、交付後速やかに郵送します。

▶離職票が不要な場合

(1) 退職者が離職票の交付を希望しない場合

退職者が離職票の交付を希望しない場合は、「雇用保険被保険者資格喪失届」だけを提出します。ただし、後日に本人から交付の請求があった場合は、速やかに「雇用保険被保険者離職証明書」を提出しなければなりません。

(2) 従業員が死亡した場合

「雇用保険被保険者離職証明書」の提出は必要ありませんが、「雇用保険被保険者資格喪失届」の提出は必要となります。

申請書類	雇用保険被保険者資格喪失届
添付書類	なし
提出期限	退職などの翌日(資格喪失日)から10日以内
提出先	管轄のハローワーク
交付物・控書類	・雇用保険被保険者資格喪失確認通知書(被保険者通知用) → 従業員へ渡す ・雇用保険被保険者資格喪失確認通知書(事業主通知用) → 会社で保管する

●資格喪失原因・離職理由の記入時の注意点

資格喪失届の資格喪失原因や離職証明書の離職理由の記入に際しては、退職者の失業給付の額や期間などに影響が出るだけでなく、会社が申請する助成金の受給要件にも影響するため、慎重な対応が必要となります。

SECTION 112

社会保険の資格喪失手続

●資格喪失手続

従業員が退職や死亡、または契約変更等により社会保険（健康保険·厚生年金保険）の被保険者の要件を満たさなくなった場合は、資格喪失手続を行います。

申請書類	健康保険・厚生年金保険被保険者資格喪失届
添付書類	健康保険証（本人と扶養家族分） ※70歳以上の場合は健康保険高齢受給者証（交付されている場合は、健康保険特定疾病療養受給者証、健康保険限度額適用・標準負担額減額認定証） ※紛失などの場合は「健康保険被保険者証回収不能届」
提出期限	資格喪失日から5日以内
提出先	管轄の年金事務所（事務センター）または健康保険組合
交付／控書類	健康保険・厚生年金資格喪失等確認通知書 → 会社で保管する

●資格喪失日

喪失の原因	資格喪失日
退職などによる資格喪失	退職日の翌日、転勤の当日、雇用契約変更の当日
死亡したとき	死亡日の翌日
70歳になったとき （厚生年金保険の資格喪失）	70歳の誕生日の前日
75歳になったとき （健康保険の資格喪失）	75歳の誕生日当日

●退職時の社会保険料の控除

社会保険料の控除は、資格を取得した月から資格を喪失した月の前月までとなっています。退職日が月の途中である場合、退職日と資格喪失日が同じ月内となります。その場合、退職日の前月までの社会保険料を控除することになります。一方、月末日に退職する場合は、資格喪失日が翌月の1日となります。そのため、退職月の給与から前月分とその月分の社会保険料を合わせて控除することになるため注意が必要です。

たとえば、3月20日に退職した場合、資格喪失日は3月21日となり、保険料の控除は2月分までとなります。一方、3月31日に退職した場合は資格喪失日が4月1日となり、2月分と3月分の保険料を控除する必要があります。

●退職後の医療保険

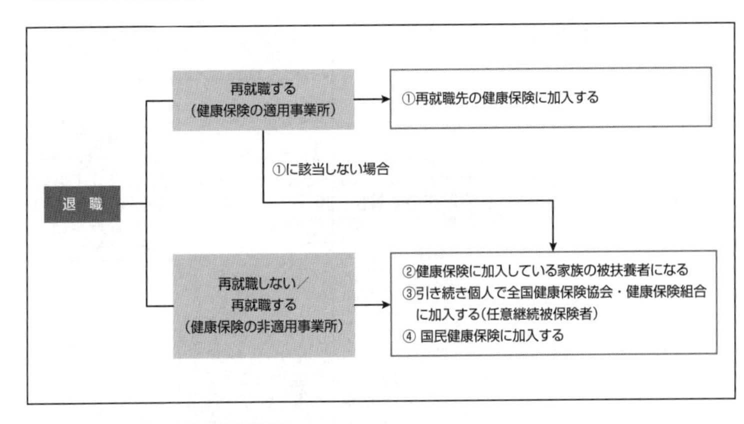

▶健康保険の任意継続被保険者

一定の要件を満たしていれば、退職後も本人の希望により、それまで加入していた健康保険に引き続き個人で加入することができます（任意継続被保険者）。

任意継続被保険者となるには、資格喪失日の前日まで継続して2カ月以上被保険者期間があることが必要となり、資格喪失日から20日以内に、全国健康保険協会（協会けんぽ）または健康保険組合に本人が申請すれば、最大で2年間加入することができます（令和4年1月より2年の間に本人が希望すれば脱退することが可能となりました）。

●年齢別の社会保険料の控除

<table>
<tr><th>年齢</th><th>健康保険</th><th>厚生年金保険</th><th>介護保険</th><th>雇用保険</th></tr>
<tr><td>40歳未満</td><td rowspan="2">○</td><td rowspan="2">○</td><td>×</td><td>○</td></tr>
<tr><td>40歳以上
60歳未満</td><td rowspan="2">第2号被保険者となり、保険料は加入している健康保険（または国民健康保険）と一緒に納付する。</td><td></td></tr>
<tr><td>60歳以上
65歳未満</td><td colspan="2">60歳以上の人が退職し、1日も空くことなく同じ事業所に再雇用された場合、同日付で資格喪失と資格取得の手続きを行うことができる（同日得喪）</td><td>「高年齢雇用継続給付」の手続きをするには、「六十歳到達時等賃金証明書」の登録申請が必要となる。</td></tr>
<tr><td>65歳以上
70歳未満</td><td></td><td>60歳未満の被扶養配偶者（国民年金第3号被保険者）は、国民年金第1号被保険者となるため、居住地の市区町村で変更手続が必要。</td><td rowspan="3">×
第1号被保険者となり、保険料は年金から天引きされる。年金が月額15,000円の場合は、市区町村へ直接納付する。</td><td rowspan="3"></td></tr>
<tr><td>70歳以上
75歳未満</td><td>高齢受給者証が交付され、自己負担は2割（現役並所得者は3割）となる。</td><td rowspan="2">70歳到達日（誕生日の前日の標準報酬月額相当額が従前額と異なる場合は「70歳到達届」、新規雇用の場合は「70歳以上被用者該当届」を提出する。
※年金受給期間を満たしていない場合は、満たすまで任意加入できる（高齢任意加入）</td></tr>
<tr><td>75歳以上</td><td>後期高齢者医療制度への加入が自動的に行われるが「健康保険被保険者資格喪失届」の提出が必要。

自己負担は1割（一定所得者は2割、現役並所得者は3割）となる。

被扶養者（親など）が75歳になった場合は、被扶養者異動届を提出する。</td></tr>
</table>

□ 保険料天引要：○　　■ 保険料天引不要：×

SECTION 113 解雇・雇止め・退職

●労働契約終了の種類

退職	任意退職(自己都合退職)		労働者からの申出による労働契約の終了
	自然退職	定年退職	一定の年齢に達したときに労働契約が終了
		労働契約期間の満了	有期労働契約期間が満了したとき
		休業期間の満了	私傷病による休職制度で、休職期間が満了して復職できないとき
		死亡退職	死亡したことにより自動的に労働契約が終了
解雇	普通解雇		労働契約を継続することが困難な事情による解雇
	整理解雇		経営悪化による人員整理のための解雇(以下の4点を満たすことが必要) ①経営上の必要性があること ②解雇を回避するために最大限の努力を行ったこと ③対象となる人選の基準、運用が合理的に行われていること ④労使間で十分に協議を行ったこと
	懲戒解雇		企業秩序に違反した労働者へ制裁として行う解雇

●解雇の効力

解雇とは、使用者による労働契約の解約(使用者の一方的な意思で労働者との労働契約を終了)することです。労働者の地位を保護するため、労働契約法では使用者による解雇は次のように定められています。

▶期間の定めのない労働契約の場合

客観的に合理的な理由を欠き、社会通念上相当と認められない解雇は、権利を濫用したものとして、無効となります(労働契約法第16条)。

▶有期労働契約(期間の定めのある労働契約)の場合

やむを得ない事由がある場合でなければ、契約期間が満了するまでの間に解雇することはできません(労働契約法第17条第1項)。

●解雇の制限

労働者を解雇するには、就業規則と労働契約書(労働条件通知書)に、解雇事由をあらかじめ明示する必要があり、その根拠事由に基づいて行う必要があります。一定の場合には、法律で解雇が制限されています。主な例として次のようなものがあります。

①業務上の傷病による休業期間およびその後30日間の解雇
②産前産後の休業期間およびその後30日間の解雇
③女性(男性)であること、女性の婚姻・妊娠・出産・産前産後休暇などを理由とする解雇
④育児・介護休業の申出をしたこと、育児・介護休業を取得したことを理由とする解雇
⑤国籍・信条・社会的身分を理由とする解雇
⑥労働基準監督署に申告したことを理由とする解雇
⑦労働組合の組合員であることなどを理由とする解雇

⑧通常の労働者と同視すべきパートタイム労働者について、パートタイム労働者であることを理由とする解雇

⑨公益通報したことを理由とする解雇

※①、②については、下記の場合は解雇が可能となります。なお、解雇制限期間中は、解雇はできませんが解雇予告はできます。

・打切補償を支払った場合
・天災事変その他やむを得ない事由のために事業の継続が不可能となった場合(所轄労働基準監督署長の認定が必要)

※期間契約で働いている労働者の契約期間が満了した場合は、労災による休業中であったとしても、その日をもって退職となります。これは解雇にはあたらず、労働契約の期間満了による自然退職となります。

●解雇の手続

労働者を解雇しようとする際には、原則として解雇予告が必要です。

▶解雇予告が必要な場合

- 少なくとも30日以上前に解雇を予告しなければならない。
- 予告をしないで解雇する場合は、平均賃金の30日分以上を支払わなければならない。

※解雇予告日は予告日数に参入されません。

▶解雇予告が必要でない場合

- 解雇が「労働者の責めに帰すべき事由」に基づく場合
- 天災事変その他やむを得ない事由のために事業の継続が不可能となった場合。

※いずれも所轄労働基準監督署長の認定が必要です。

※「労働者の責めに帰すべき事由」の例

・事業場内における盗聴、横領、傷害などの刑法犯に該当する行為があった場合
・賭博や職場の風紀、規律を乱すような行為により、他の労働者に悪影響を及ぼす場合

●解雇予告の適用除外

解雇予告の除外対象者	解雇予告が必要となる場合
試用期間中の者	14日を超えて引き続き使用されることになった場合
契約期間が2カ月以内の者	所定の契約期間を超えて引き続き使用されることになった場合
4カ月以内の季節労働者	所定の契約期間を超えて引き続き使用されることになった場合
日雇労働者	1カ月を超えて引き続き使用されることになった場合

●有期労働契約の締結、更新および雇止めに関連する規定

▶法令(労働基準法第15条、労働基準法施行規則第5条)

有期労働契約の締結時には、契約期間とともに「期間の定めがある労働契約を更新する場合の基準」も書面を交付して明示しなければなりません。明示する具体的な例は下記の通りです。

項目	具体的な明示の例
更新の有無	「自動的に更新する」「更新する場合があり得る」「契約の更新はしない」など
判断の基準	「契約期間満了時の業務量により判断する」「労働者の勤務成績、態度により判断する」「労働者の業務を遂行する能力により判断する」「会社の経営状況により判断する」「従事している業務の進捗状況により判断する」など

▶法令(有期労働契約の締結、更新及び雇止めに関する基準)

使用者は、雇止めや有期労働契約の更新を行うに当たって、下記の措置を講じなければなりません。罰則はありませんが、労働基準監督署において遵守のための指導が行われます。

①有期労働契約が3回以上更新されているか、1年を超えて継続勤務している有期契約労働者との有期労働契約を更新しない場合は、少なくとも契約の満了する日の30日前までに予告をしなければならない。

②雇止めの予告後に、労働者が雇止めの理由について証明書を請求したときは、遅滞なく証明書を交付しなければならない。

③有期労働契約が1回以上更新され、かつ、1年を超えて継続勤務している有期契約労働者との有期労働契約を更新しようとする場合には、契約の実態および労働者の希望に応じて、契約期間をできる限り長くするよう努めなければならない。

※「雇止め法理」の法定化についてはSec.084を参照

●退職証明書

労働者から請求があった場合には、解雇の理由などについて証明書を交付する必要があります。なお、証明書には労働者の請求しない事項については記入してはなりません。

	解雇理由証明書	退職証明書
交付する時期	在職中(解雇予告から退職日までの間)	退職後
証明する事項	解雇の理由	①使用期間 ②業務の種類 ③その事業における地位 ④賃金 ⑤退職の事由(解雇の場合は解雇理由)

●懲戒解雇と退職金

懲戒解雇をした際に、退職金を減額または支給しないことができるか否かは個別に判断する必要があります。少なくとも就業規則などに「懲戒解雇の場合には退職金を減額し、または支給しない」といった規定があらかじめ設けられていることが必要です。

SECTION 114 老齢年金

●老齢年金とは

老齢年金は、公的年金制度の加入者であった人へ老後の保障として給付されます。原則として65歳になったときに支給が始まり、生涯にわたって受け取ることができます。

老齢年金を受け取るためには、保険料納付期間(厚生年金保険や共済組合などの加入期間を含む)と保険料免除期間などを合算した資格期間が、10年以上必要となります。加入していた年金制度により、国民年金の「老齢基礎年金」と厚生年金保険の「老齢厚生年金」が支給されます。

※平成29年7月以前に受給開始年齢を迎える人は、原則25年以上の資格期間が必要となります(特例あり)。

▶老齢年金の年金額

20歳から60歳になるまでの40年間の保険料をすべて納めると、満額の老齢基礎年金を受け取ることができます。令和6年度は、年額816,000円(月額68,000円)です。

老齢厚生年金の年金額は、厚生年金保険に加入していたときの報酬額や、加入期間などに応じて計算されます。

▶繰上げ受給・繰下げ受給

老齢基礎年金・老齢厚生年金には、60歳から65歳までの間に受給開始時期を繰り上げて減額された年金を受け取り始める「繰上げ受給」や、66歳から75歳までの間に受給開始時期を繰り下げて増額された年金を受け取り始める「繰下げ受給」の制度があります。

(1)繰上げ受給

- 60歳から65歳になるまでの間に請求することができる。
- 繰上げ受給の請求をした時点(月単位)に応じて、本来の受給開始日までの月数ごとに0.4%年金額が減額され(たとえば、60歳時点では24%減額される)、その減額率は生涯変わらない。
- 減額された年金は、繰上げ請求した月の翌月分から受け取ることができる。

(2)繰下げ受給

- 66歳から75歳(昭和27年4月1日生まれの人は70歳)になるまでの間に請求することができる。
- 繰下げ受給の請求をした時点(月単位)に応じて、受給権発生年月日から繰下げした月数ごとに0.7%年金額が増額され(たとえば、70歳時点では42%、75歳時点では84%増額される)、その増額率は生涯変わらない。
- 増額された年金は、繰下げ請求した月の翌月分から受け取ることができる。

●特別支給の老齢厚生年金

特別支給の老齢厚生年金とは、昭和60年の法律改正によって厚生年金保険の受給開始年齢が60歳から65歳に引き上げられた際に、受給開始年齢を段階的にスムーズに引き上げるために設けられた制度です。特別支給の老齢厚生年金は、生年月日などに応じて、報酬比例部分が65歳になるまで受給できます。また、長期加入者・障害の状態にある人などは、定額部分も受給できます。

特別支給の老齢厚生年金を受け取るためには、下記の要件を満たしている必要があります。

- 男性の場合、昭和36年4月1日以前に生まれたこと。
- 女性の場合、昭和41年4月1日以前に生まれたこと。
- 老齢基礎年金の受給資格期間(10年)があること。
- 厚生年金保険などに1年以上加入していたこと。
- 生年月日に応じた受給開始年齢に達していること。

※共済組合等に加入したことにより、共済組合等から支給される老齢厚生年金の受給開始年齢は男性と同じになります。

▶老齢年金の支給開始年齢

生年月日	60歳	61歳	62歳	63歳	64歳	65歳
男:昭和16年4月1日以前生まれ	報酬比例部分					老齢厚生年金
女:昭和21年4月1日以前生まれ	定額部分					老齢基礎年金
男:昭和16年4月2日～18年4月1日生	報酬比例部分					老齢厚生年金
女:昭和21年4月2日～23年4月1日生		定額部分				老齢基礎年金
男:昭和18年4月2日～20年4月1日生	報酬比例部分					老齢厚生年金
女:昭和23年4月2日～25年4月1日生			定額部分			老齢基礎年金
男:昭和20年4月2日～21年4月1日生	報酬比例部分					老齢厚生年金
女:昭和25年4月2日～27年4月1日生				定額部分		老齢基礎年金
男:昭和22年4月2日～24年4月1日生	報酬比例部分					老齢厚生年金
女:昭和27年4月2日～29年4月1日生					定額部分	老齢基礎年金
男:昭和24年4月2日～28年4月1日生	報酬比例部分					老齢厚生年金
女:昭和29年4月2日～33年4月1日生						老齢基礎年金
男:昭和28年4月2日～30年4月1日生		報酬比例部分				老齢厚生年金
女:昭和33年4月2日～35年4月1日生						老齢基礎年金
男:昭和30年4月2日～32年4月1日生			報酬比例部分			老齢厚生年金
女:昭和35年4月2日～37年4月1日生						老齢基礎年金
男:昭和32年4月2日～34年4月1日生				報酬比例部分		老齢厚生年金
女:昭和37年4月2日～39年4月1日生						老齢基礎年金
男:昭和34年4月2日～36年4月1日生					報酬比例部分	老齢厚生年金
女:昭和39年4月2日～41年4月1日生						老齢基礎年金
男:昭和36年4月2日以降生まれ						老齢厚生年金
女:昭和41年4月2日以降生まれ						老齢基礎年金

●在職老齢年金

在職老齢年金とは、在職中(60歳以上)に厚生年金保険に加入しながら老齢厚生年金(特別支給の老齢厚生年金を含む)を受け取っている場合に、年金額の一部または全部が支給停止される制度です。

●失業給付(基本手当)と年金の調整

65歳になるまでの老齢厚生年金(特別支給の老齢厚生年金を含む)や退職共済年金は、ハローワークで求職の申込みをしたときは、実際に雇用保険の失業給付を受けたかどうかには関係なく、一定のあいだ加給年金額も含めて年金の全額が支給停止されます。

年金が支給停止される期間(調整対象期間)は、求職の申込みをした月の翌月から失業給付の受給期間が経過した月または所定給付日数を受け終わった月までとなります。

ただし、調整対象期間中に失業給付を受けなかった月分の年金の支払いや、失業給付の受給期間が経過したときの年金の支払開始は、約3カ月後となります。

●高年齢雇用継続給付と年金の調整

雇用保険の高年齢雇用継続給付とは、雇用保険の被保険者期間が5年以上ある60歳以上65歳未満の雇用保険の被保険者に対して、賃金額が60歳到達時の75%未満となった人を対象に、最高で賃金額の15%に相当する額が支払われる制度です。

年金を受けながら厚生年金保険に加入している人が高年齢雇用継続給付を受けるときは、在職による年金の支給停止だけでなく、さらに年金の一部が停止されます。年金の支給停止額(月額)は、最高で標準報酬月額の6%に相当する額となります。

※高年齢雇用継続給付についてはSec.081を参照

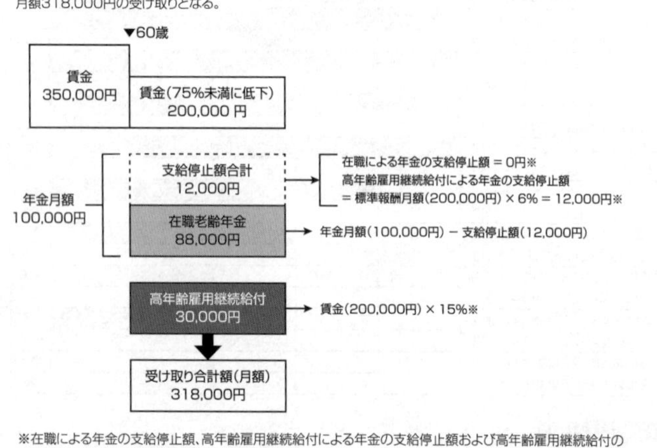

●出典・参考「失業給付・高年齢雇用継続給付の手続きをされた方へ」(日本年金機構)

URL https://www.nenkin.go.jp/service/pamphlet/kyufu.files/LK38.pdf

●年金受給手続の流れ

老齢基礎年金・老齢厚生年金を受け取るための請求手続きは次の通りです。

老齢年金の受給権が発生する年の誕生月の約3カ月前に、
日本年金機構または共済組合等から「年金請求書」が自宅に届く。

「年金請求書」に必要事項を記入し、受給開始年齢の誕生日の前日以降に
年金事務所や市(区)役所または町村役場に提出する。

「年金証書」「年金決定通知書」「年金を受給される皆様へ(パンフレット)」が
日本年金機構から自宅に届く。

年金証書が届いてから約1～2カ月後に、年金の受け取りが始まる。

●出典・参考「老齢年金ガイド」(日本年金機構)
URL https://www.nenkin.go.jp/service/pamphlet/kyufu.files/LK03.pdf

●ねんきん定期便

「ねんきん定期便」は、国民年金および厚生年金保険の加入者(被保険者)へ毎年、誕生月に送付される、年金記録について記載されたハガキもしくは封書のことです。加入者に保険料納付の実績や将来の年金給付に関する情報を定期的に通知し、年金制度への理解や信頼を高めることを目的としています。

年金の詳細については、日本年金機構のホームページを参照してください。

●日本年金機構
URL https://www.nenkin.go.jp/

在職老齢年金

●在職老齢年金とは

特別支給の老齢年金や、老齢基礎年金・老齢厚生年金は、給与収入がある場合でも受け取ることができます。60歳以降に老齢厚生年金を受け取りなが働く場合や、厚生年金保険の加入事業所で70歳以降も働く場合は、給与収入によっては特別支給の老齢厚生年金または老齢厚生年金の一部または全部が支給停止となります。この制度を「在職老齢年金」といいます。

●在職老齢年金の計算方法

支給停止額は、毎月の年金額「基本月額」と報酬「総報酬月額相当額」に応じて変動します。

基本月額 = 老齢厚生年金(年額) ÷ 12　※加給年金は除く

総報酬月額相当額 = 賃金(標準報酬月額) + (直近1年間の賞与の合計) ÷ 12

▶支給停止額の計算

支給停止額 = (基本月額+総報酬月額相当額 − 50万円) × 1/2

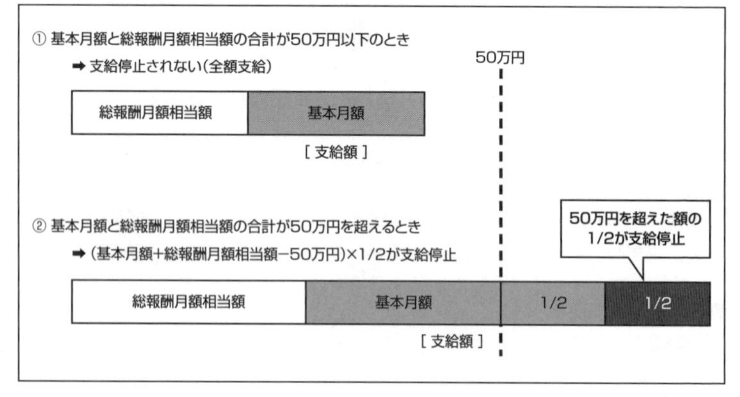

▶支給停止調整額

以前は、60歳以上65歳未満と65歳以上とで在職老齢年金の支給停止調整額(年金支給が停止される基準額)が異なっていましたが、2022年4月の年金制度改正により、60歳以上65歳未満も65歳以上と同じ基準となりました。

令和6年度の支給停止調整額は50万円(令和5年度は48万円)となっており、基本月額と総報酬月額相当額の合計が50万円以下であれば、年金の支給停止はなく全額支給されます。50万円を超えたときは、超えた額の半分が支給停止となります。

▶支給停止期間および支給停止額の変更時期

基本月額と総報酬月額相当額の合計額が50万円を超えている期間が支給停止となります。支給停止額は、総報酬月額相当額が変わった月または退職日等の翌月(注1)に変更されます。

(注1)退職して1カ月以内に再就職し、厚生年金保険に加入した場合を除きます。

SECTION 116 社会保障協定

●社会保障協定の目的

海外在留邦人等が日本と外国の年金制度等に加入し、保険料を二重に負担することを防ぎ、また、両国での年金制度の加入期間を通算することを目的として、外国との間で社会保障協定の締結を進めています。

●加入する社会保障制度

日本から協定を結んでいる国で働く場合に加入する社会保障制度は、就労状況や派遣期間により、原則として下記のようになります。

就労状況・派遣期間		加入する社会保障制度
日本の事業主による派遣	5年以内と見込まれる一時派遣	日本の社会保障制度
	上記派遣者の派遣期間が、予見できない事情により5年を超える場合	原則、協定相手国の社会保障制度 両国の合意が得られた場合には、日本の社会保障制度
	5年を超えると見込まれる派遣期間	協定相手国の社会保障制度
協定相手国での現地採用		協定相手国の社会保障制度

●出典・参考「日本から協定を結んでいる国で働く場合の加入すべき制度」（日本年金機構）

URL https://www.nenkin.go.jp/service/shaho-kyotei/shikumi/nijukanyuboshi/fromjapan01.html

●各国との社会保障協定発効状況と対象となる社会保障制度

2024年4月1日にイタリアとの間で社会保障協定が発効しました。これにより、日本は23ヵ国との間で協定が発効することになります。

なお、英国、韓国、中国およびイタリアとの協定については、「保険料の二重負担防止」のみとなります。

相手国	協定発効年月	年金加入期間の通算	二重加入防止の対象となる社会保障制度(注1)	
			日本	相手国
ドイツ	2000年2月	○	公的年金制度	公的年金制度
英国	2001年2月	－	公的年金制度	公的年金制度
韓国	2005年4月	－	公的年金制度	公的年金制度
アメリカ	2005年10月	○	公的年金制度 公的医療保険制度	公的年金制度（社会保障制度） 公的医療保険制度（メディケア）
ベルギー	2007年1月	○	公的年金制度 公的医療保険制度	公的年金制度 公的医療保険制度 公的労災保険制度 公的雇用保険制度
フランス	2007年6月	○	公的年金制度 公的医療保険制度	公的年金制度 公的医療保険制度 公的労災保険制度
カナダ	2008年3月	○	公的年金制度	公的年金制度 （ケベック州年金制度を除く）
オーストラリア	2009年1月	○	公的年金制度	退職年金保障制度

相手国	協定発効年月	年金加入期間の通算	二重加入防止の対象となる社会保障制度(注1)	
			日本	相手国
オランダ	2009年3月	○	公的年金制度 公的医療保険制度	公的年金制度 公的医療保険制度 公的雇用保険制度
チェコ	2009年6月(注2)	○	公的年金制度 公的医療保険制度	公的年金制度 公的医療保険制度 公的雇用保険制度
スペイン	2010年12月	○	公的年金制度	公的年金制度
アイルランド	2010年12月	○	公的年金制度	公的年金制度
ブラジル	2012年3月	○	公的年金制度	公的年金制度
スイス	2012年3月	○	公的年金制度 公的医療保険制度	公的年金制度 公的医療保険制度
ハンガリー	2014年1月	○	公的年金制度 公的医療保険制度	公的年金制度 公的医療保険制度 公的雇用保険制度
インド	2016年10月	○	公的年金制度	公的年金制度
ルクセンブルク	2017年8月	○	公的年金制度 公的医療保険制度	公的年金制度 公的医療保険制度 公的労災保険制度 公的雇用保険制度 公的介護保険 公的家族給付
フィリピン	2018年8月	○	公的年金制度	公的年金制度
スロバキア	2019年7月	○	公的年金制度	公的年金制度 公的医療保険制度(現金給付) 公的労災保険制度 公的雇用保険制度
中国	2019年9月	―	公的年金制度	公的年金制度 (被用者基本老齢保険)
フィンランド	2022年2月	○	公的年金制度 公的雇用保険制度	公的年金制度 公的雇用保険制度
スウェーデン	2022年6月	○	公的年金制度	公的年金制度
イタリア	2024年4月	―	公的年金制度 公的雇用保険制度	公的年金制度 公的雇用保険制度

(注1)「二重加入防止の対象となる社会保障制度」は、各社会保障協定の対象制度となっている年金制度、医療保険制度、労災保険制度、雇用保険制度の一般的な関係をまとめたものです。なお、具体的には各社会保障協定や各国の国内制度によります。

(注2)2018年8月1日に協定の一部を改正する議決書が発効しました。

●出典・参考「協定を結んでいる国との協定発効時期および対象となる社会保障制度」(日本年金機構)

URL https://www.nenkin.go.jp/service/shaho-kyotei/kunibetsu/kyoteitimesystem.html

▶各国との交渉状況(2024年1月時点)

署名済み	オーストリア
政府間交渉中	トルコ、ポーランド
予備協議中など	ベトナム、タイ

SECTION 117

人事労務の年間スケジュール

月	期限	内容	
1月	10日	・雇用保険被保険者資格取得届の提出（前年12月雇入分）	
	31日	・社会保険料（健康保険・厚生年金・介護保険）の納付（前年12月分） ・労働保険概算保険料の納付（分割納付第3期分） ・労働者死傷病報告の提出（休業4日未満、前年10～12月分） ・外国人雇用状況届出書の提出（前年12月雇入・離職分）	
2月	10日	・雇用保険被保険者資格取得届の提出（1月雇入分）	
	28日	・社会保険料（健康保険・厚生年金・介護保険）の納付（1月分） ・外国人雇用状況届出書の提出（1月雇入・離職分）	
3月	10日	・雇用保険被保険者資格取得届の提出（2月雇入分）	
	31日	・社会保険料（健康保険・厚生年金・介護保険）の納付（2月分） ・外国人雇用状況届出書の提出（2月雇入・離職分）	
4月	10日	・雇用保険被保険者資格取得届の提出（3月雇入分）	○新入社員の入社手続
	30日	・社会保険料（健康保険・厚生年金・介護保険）の納付（3月分） ・労働者死傷病報告の提出（休業4日未満、1～3月分） ・預金管理状況報告（3月31日以前1年間分） ・外国人雇用状況届出書の提出（3月雇入・離職分）	
5月	10日	・雇用保険被保険者資格取得届の提出（4月雇入分）	
	31日	・社会保険料（健康保険・厚生年金・介護保険）の納付（4月分） ・外国人雇用状況届出書の提出（4月雇入・離職分）	
6月	10日	・雇用保険被保険者資格取得届の提出（5月雇入分）	○賞与の支給がある場合は5日以内に賞与支払届を提出（6月支給の場合、社会保険料の納付期限は7月末）
	30日	・社会保険料（健康保険・厚生年金・介護保険）の納付（5月分） ・外国人雇用状況届出書の提出（5月雇入・離職分）	
7月	10日	・労働保険の年度更新（6/1～7/10まで）（概算・確定保険料申告書の提出） ・労働保険料概算保険料の納付（全期、分割納付第1期分） ・雇用保険被保険者資格取得届の提出（6月雇入分） ・社会保険の定時決定（7/1～10まで）（健康保険・厚生年金保険の報酬月額算定基礎届の提出）	
	15日	・高年齢者・障害者雇用状況報告書の提出	
	31日	・社会保険料（健康保険・厚生年金・介護保険）の納付（6月分） ・労働者死傷病報告の提出（休業4日未満、4～6月分） ・外国人雇用状況届出書の提出（6月雇入・離職分）	
8月	10日	・雇用保険被保険者資格取得届の提出（7月雇入分）	
	31日	・社会保険料（健康保険・厚生年金・介護保険）の納付（7月分） ・外国人雇用状況届出書の提出（7月雇入・離職分）	

<table>
<tr><th>月</th><th>期限</th><th colspan="2">内容</th></tr>
<tr><td rowspan="2">9月</td><td>10日</td><td>・雇用保険被保険者資格取得届の提出(8月雇入分)</td><td rowspan="8">○被保険者状況リストの提出(協会けんぽ)
○賞与の支給がある場合は5日以内に賞与支払届を提出(12月支給の場合、社会保険料の納付期限は翌年1月末)</td></tr>
<tr><td>30日</td><td>・社会保険料(健康保険・厚生年金・介護保険)の納付(8月分)
・外国人雇用状況届出書の提出(8月雇入・離職分)</td></tr>
<tr><td rowspan="2">10月</td><td>10日</td><td>・雇用保険被保険者資格取得届の提出(9月雇入分)</td></tr>
<tr><td>31日</td><td>・社会保険料(健康保険・厚生年金・介護保険)の納付(9月分)
・労働保険料概算保険料の納付(分割納付第2期分)
・労働者死傷病報告の提出(休業4日未満、7~9月分)
・外国人雇用状況届出書の提出(9月雇入・離職分)</td></tr>
<tr><td rowspan="2">11月</td><td>10日</td><td>・雇用保険被保険者資格取得届の提出(10月雇入分)</td></tr>
<tr><td>30日</td><td>・社会保険料(健康保険・厚生年金・介護保険)の納付(10月分)
・外国人雇用状況届出書の提出(10月雇入・離職分)</td></tr>
<tr><td rowspan="2">12月</td><td>10日</td><td>・雇用保険被保険者資格取得届の提出(11月雇入分)</td></tr>
<tr><td>31日</td><td>・社会保険料(健康保険・厚生年金・介護保険)の納付(11月分)
・外国人雇用状況届出書の提出(11月雇入・離職分)</td></tr>
</table>

第4章

会社成長の助成金・補助金

SECTION 118 助成金・補助金の活用

●助成金・補助金とは

助成金・補助金は国や自治体等の政策目標に沿って、さまざまな分野で募集されています。これらは事業者（個人事業主や法人など）の取り組みを支援するために資金の一部が給付される制度です。主として助成金は人（従業員）を対象とし、補助金は販路の拡大などに関するものを対象としています。助成金は厚生労働省が管轄し、補助金は経済産業省が管轄する場合が多いです。

助成金・補助金の適切な活用により、新規事業への取り組みのリスクを軽減し、従業員の安定した雇用と労働意欲の向上が期待できます。さらに、これらを活用することで事業計画が明確になり、会社の労務環境の改善にもつながります。

助成金の財源は主に雇用保険料であり、補助金の財源は税金です。これらは原則として返済不要であり、収益と同様の効果が得られますが、すべての経費が支給されるわけではありません。また、受給要件があり、申請書類の準備や社内の整備も必要となります。

助成金・補助金は年度の予算や政策方針およびその目的に応じた制度であるため、今年度の制度が来年度も継続されるとは限りません。したがって、申請のための十分な情報収集が不可欠です。メリットとデメリットを十分に理解した上で検討することが望ましいでしょう。

●助成金と補助金の比較

	助成金	補助金
管轄	厚生労働省、地方自治体、財団など	経済産業省（中小企業庁）、地方自治体、財団など
目的	従業員の雇用維持や雇用促進、能力向上、職場環境の改善など	新規事業や起業促進、研究開発、産業振興、地域振興、販路拡大、生産性向上など
財源	雇用保険料（一部税金などを含む）	税金
受給要件	①労働保険の適用事業所であること ②労働保険料の滞納がないこと ③就業規則、出勤簿、賃金台帳など、法律で作成が義務付けられている帳簿を備えていることなど	①税金の滞納がないこと ②事業者として、法律で作成が義務付けられている帳簿を作成していることなど
支給金額	数万～百万円程度	数百万～数千万円程度 ※採択件数や金額が決まっているものが多く、規定に達すると支給されない
募集期間	通年の場合が多いが、予算がなくなると受付を終了することもある	1週間～2カ月程度と短い
サポート	社会保険労務士など	行政書士、中小企業診断士、税理士など
注意点	・対象経費の100%が支給されるわけではない（1/2、2/3など助成率・補助率が設定されている） ・原則、精算払い（後払い）であるため、申請から受給までの資金繰り対策が必要となる ・事業に収益が生じた場合は返納しなければならないことがある（収益納付）※公募要領等で要確認 ・受給した事業者は、労働局や会計検査院などの調査が入る可能性がある	

●「中小企業」とは

助成金・補助金では、中小企業が対象となっているものが多くあります。ただし、「中小企業者」「小規模企業者」「中小企業事業主」など、使われている呼称もさまざまです。実際の中小企業の定義は法律によって異なるため、公募要領などで申請前に確認する必要があります。

▶中小企業者の定義

業種分類	中小企業基本法の定義
製造業その他	資本金の額または出資の総額が3億円以下の会社 または常時使用する従業員の数が300人以下の会社および個人
卸売業	資本金の額または出資の総額が1億円以下の会社 または常時使用する従業員の数が100人以下の会社および個人
小売業	資本金の額または出資の総額が5千万円以下の会社 または常時使用する従業員の数が50人以下の会社および個人
サービス業	資本金の額または出資の総額が5千万円以下の会社 または常時使用する従業員の数が100人以下の会社および個人

▶小規模企業者の定義

業種分類	中小企業基本法の定義
製造業その他	従業員20人以下
商業・サービス業	従業員5人以下

●出典・参考「中小企業・小規模企業者の定義」(中小企業庁)
URL https://www.chusho.meti.go.jp/soshiki/teigi.html

▶雇用関係助成金における中小企業事業主等の範囲

雇用関係助成金における「中小企業事業主」の範囲は、次の通りです。

	資本金の額・出資の総額		常時雇用する労働者の数
小売業(飲食店を含む)	5,000万円以下	または	50人以下
サービス業	5,000万円以下	または	100人以下
卸売業	1億円以下	または	100人以下
その他の業種	3億円以下	または	300人以下

医療法人などで資本金・出資金を有している事業主についても、上記の表の「資本金の額・出資の総額」または「常時雇用する労働者の数」により判定します。

ただし、「人材確保等支援助成金(中小企業団体助成コース)」の助成金については、範囲が異なります。上記の表に加えて、次の表の「資本金の額・出資の総額」か「常時雇用する労働者の数」のいずれかを満たす企業なども「中小企業者」に該当します。

	資本金の額・出資の総額		常時雇用する労働者の数
ゴム製品製造業(注1)	3億円以下	または	900人以下
ソフトウェア業または情報処理サービス業	3億円以下		300人以下
旅館業	5,000万円以下		200人以下

(注1)自動車・航空機用のタイヤ、チューブ製造業や工業用ベルト製造業を除きます。

●主な助成金(中小企業の場合・助成額は1人あたり)

<table>
<tr><th colspan="2">助成金の種類</th><th colspan="2">内容</th><th>助成率／助成額</th></tr>
<tr><td rowspan="7">雇用維持・訓練</td><td>雇用調整助成金</td><td colspan="2">経済上の理由により労働者を一時的に休業させたり、教育訓練または出向を行い、雇用維持を図った場合に、休業手当・賃金などの一部を助成</td><td>助成率:1/2〜2/3
教育訓練加算額:
1,200円または1,800円</td></tr>
<tr><td rowspan="6">キャリアアップ助成金</td><td rowspan="6">有期労働者、短時間労働者、派遣労働者など非正規雇用の労働者(正社員待遇を受けていない無期雇用労働者を含む)のキャリアアップを促進するために助成</td><td>正社員化コース</td><td>①有期→正規　80万円
②無期→正規　40万円</td></tr>
<tr><td>障害者正社員化コース</td><td>①有期→正規　90万円〜
②有期→無期　45万円〜
③無期→正規　45万円〜</td></tr>
<tr><td>賃金規定等改定コース</td><td>①3%以上5%未満　5万円
②5%以上　6.5万円</td></tr>
<tr><td>賃金規定等共通化コース</td><td>1事業所当たり　60万円</td></tr>
<tr><td>賞与・退職金制度導入コース</td><td>1事業所当たり　40万円</td></tr>
<tr><td>社会保険適用時処遇改善コース</td><td>①手当等支給メニュー　50万円
②労働時間延長メニュー　30万円</td></tr>
<tr><td rowspan="8">新規雇用</td><td rowspan="2">トライアル雇用助成金</td><td rowspan="2">安定的な就職が困難な対象者などを一定期間トライアル雇用する場合に助成</td><td>一般トライアルコース</td><td>月額4〜5万円(最長3カ月)</td></tr>
<tr><td colspan="2">障害者トライアルコース
・精神障害者
上限8万×最長3カ月、その後、上限4万×最長3カ月
・精神障害者以外
上限4万×最長3カ月</td></tr>
<tr><td rowspan="5">特定求職者雇用開発助成金</td><td rowspan="5">高年齢者や障害者などの就職が特に困難な対象者を、継続して雇用する場合に助成</td><td>特定就職困難者コース</td><td rowspan="5">各コースは対象者や期間によって助成額が異なる</td></tr>
<tr><td>発達障害者・難治性疾患患者雇用開発コース</td></tr>
<tr><td>就職氷河期世代安定雇用実現コース</td></tr>
<tr><td>生活保護受給者等雇用開発コース</td></tr>
<tr><td>成長分野等人材確保・育成コース</td></tr>
<tr><td>65歳超雇用推進助成金(高年齢者無期雇用転換コース)</td><td colspan="2">50歳以上かつ定年年齢未満の有期雇用労働者を無期雇用に転換し、6カ月以上継続雇用している場合に助成
※1支給申請年度1適用事業所あたり10人まで</td><td>30万円</td></tr>
</table>

助成金の種類	内容	助成率／助成額
両立支援 両立支援等助成金	子育てや介護等を行う労働者の雇用継続を図るため、就業環境整備の取り組みをした場合に助成	
	<出生時両立支援コース>	
	①第1種（男性の育児休業取得） 対象労働者が子の出生後8週間位以内に育休開始	1人目　20万円 2～3人目　10万円
	②第2種（男性育休取得率の上昇等） 第1種受給年度と比較し男性育休取得率（%）が30ポイント以上上昇した場合など	1年以内達成　60万円 2年以内達成　40万円 3年以内達成　20万円
	<育児休業等支援コース>	
	①育休取得時 プランに基づき3カ月以上の休業取得	30万円
	②職場復帰時 育休からの復帰後、継続雇用 ※無期雇用者、有期雇用労働者各1人限り	30万円
	<育休中等業務代替支援コース>	
	①育児休業中の手当支給（最大125万円）	・業務体制整備経費　5万円 ・業務代替手当 支給額の3/4（上限10万/月、最長12カ月）
	②育短勤務中の手当支給（最大110万円）	・業務体制整備経費　2万円 ・業務代替手当 支給額の3/4（上限3万/月、子が3歳まで）
	③育児休業中の新規雇用（最大67.5万円） ※①～③合計で1年度10人まで、初回から5年間	代替期間に応じて支給 ・最短7日以上　9万円 ・最長6カ月以上　67.5万円
	<柔軟な働き方選択制度等支援コース>	
	A始業終業時刻の変更等 B育児のためのテレワーク等 C短時間勤務制度 D保育サービスの手配・費用補助制度 E子の養育のための有給休暇 ※1年度5人まで	左記A～Eから ・制度2つ導入し、対象者が制度利用　20万円 ・制度3つ以上導入し、対象者が制度利用　25万円
	<介護離職防止支援コース>	
	①介護休業　・休業取得時 ・職場復帰時	30万円
	②介護両立支援制度 ※休業、両立支援制度それぞれ1年度5人まで	30万円
	<不妊治療両立支援コース>	
	環境整備、休暇の取得等 対象労働者が5日（回）以上制度を利用 ※1回限り	30万円

●出典・参考「2024（令和6）年度両立支援等助成金のご案内」（厚生労働省）
URL https://www.mhlw.go.jp/content/001240558.pdf

助成金については、下記URLも参照してください。

●「雇用関係助成金検索ツール」（厚生労働省）
URL https://www.mhlw.go.jp/stf/seisakunitsuite/bunya/koyou_roudou/koyou/kyufukin/index_00007.html

●主な補助金

補助金の種類	内容	補助率	補助額
小規模事業者持続化補助金	小規模事業等が直面する制度変更(働き方改革や被用者保険の拡大、賃金引上げ、インボイス導入など)などに対応するため、経営計画を作成し、それらに基づいて行う販路開拓の取り組みなどを補助	2/3〜3/4	50万円〜250万円
IT導入補助金	中小企業・小規模事業者等が、業務の効率化やDXの推進、セキュリティ対策など自社の課題やニーズに合ったITツールなどの導入費用を補助	1/2〜4/5	下限なし〜450万円(複数社の場合は例外あり)
中小企業省力化投資補助金	中小企業等の売上拡大や生産性向上を後押しするために、人手不足解消効果のある省力化の設備投資(IoT、ロボットなど)に対する補助	1/2	200万円〜1,500万円
事業再構築補助金	ポストコロナ・ウィズコロナ時代の経済社会の変化に対応するために、新分野展開、事業転換、業種転換、業態転換、または事業再編という思い切った事業再構築に意欲を有する中小企業などの取り組みを補助	1/2〜4/3	100万円〜5億円

●出典・参考「小規模事業者持続化補助金」(全国商工会連合会)
URL https://www.shokokai.or.jp/jizokuka_r1h/jizokuka.html

●出典・参考「IT導入補助金2024」
URL https://it-shien.smrj.go.jp/

●出典・参考「中小企業省力化投資補助金」(経済産業省)
URL https://shoryokuka.smrj.go.jp/

●出典・参考「事業再構築補助金」
URL https://jigyou-saikouchiku.go.jp/saikouchiku.html

補助金については、下記URLも参照してください。

●「ミラサポplus」(中小企業庁)
URL https://mirasapo-plus.go.jp/

●不正受給について

助成金・補助金の不正受給が明らかになった場合には、次のような処分が行われるケースがあります。

①事業主の名称･代表者氏名、事業所の名称･所在地･事業概要、支給決定取消日、不正受給の金額・内容の公表
②受給された助成金・補助金の全額返還、返還までの利息が加算
③不正受給の後5年間は雇用保険を財源とする助成金の申請ができない
④悪質の場合は詐欺罪（刑法246条）として告訴される

●助成金を受給できない要因

- 支給申請の前年度までに労働保険料の未納期間がある
- 支給申請日の前日から過去1年間に労働関連法令の違反がある
- 不正受給につき事業主名などの公表についての事前同意がない
- 不正受給後5年以内である　など

■MMP経営実務書製作委員会

杉田 利雄（すぎた としお）

株式会社経営財務支援協会代表。元MJS税経システム研究所客員研究員。一社国家ビジョン研究会顧問。大手情報処理会社にてシステムコンサルタント・マネージャー、TKCにて情報センター長など歴任後、1989年独立。株式会社エム・エム・プランを創業し企業向けには経営管理指導を得意とする一方、士業・コンサルタント向けにはマーケティング強化を支援している。

横田 道仁（よこた みちひと）

横田税務会計事務所所長、NPO東日本事業支援機構理事。適正な税務および会計が必ず日本を良くするということを信条に日々クライアントと向き合っている。業務内容は税務に関する相談・解決は勿論、企業再生やM&A、資産対策である。

根來 隆元（ねごろ りゅうげん）

88社会保険労務士・行政書士事務所代表、株式会社OFFICE88代表取締役。宅建士・FP・キャリアコンサルタント。特定社会保険労務士・特定行政書士として25社以上の顧問を務め、沖縄から北海道まで年間300件以上の補助金・助成金申請を行う。補助金を契機として経営基盤の強化を行うことを日々提案し、計画作成だけでなくブランディング、コンサルティングまで行っている。50万円～1億円まで多様な補助金採択実績がある。

編集担当：吉成明久 / カバーデザイン：秋田勘助（オフィス・エドモント）

賢い経営のための税務・経理・人事労務ハンドブック
2024年度版

2024年6月3日　　初版発行

著　者　MMP経営実務書製作委員会

発行者　池田武人
発行所　株式会社　シーアンドアール研究所
新潟県新潟市北区西名目所4083-6（〒950-3122）
電話　025-259-4293　　FAX　025-258-2801
印刷所　株式会社　ルナテック

ISBN978-4-86354-444-4 C2034